freedom
letters

Nº 12

Людмила Штерн

Довлатов —
добрый мой приятель

Freedom Letters
Бостон
2024

freedom letters

Сайт издательства freedomletters.org
Телегам-канал freedomltrs
Инстаграм freedomletterspublishing

Издатель *Георгий Урушадзе*
Технический директор *Владимир Харитонов*
Художник *Ольга Бегак*
Редакторы
Нора Медведева, Георгий Урушадзе
Корректор *Злата Климас*

Людмила Штерн. Довлатов — добрый мой приятель. — Бостон: Freedom Letters, 2024.

ISBN 978-1-998084-71-5

Это одна из самых честных книг о большом русском писателе Сергее Довлатове, родившемся в 1941 году в Уфе и скончавшемся в 1990 году в Нью-Йорке. Его подруга и биограф Людмила Штерн рассказывает о комических и трагических эпизодах жизни своего героя, о литераторах, ставших символами поколения: Бродском, Рейне, Набокове, Хемингуэе, Ефимове, Гордине... Книга будет полезна всем интересующимся литературой XX века и историей эмиграции.

Содержание

Дане и Вике,
моим англоязычным внукам,
с надеждой,
что они прочтут
эту русскую книгу

Я в этой жизни жажду только мира;
Уйдем, покуда зрители-шакалы
На растерзанье Музы не пришли!
Когда бы грек увидел наши игры...
Осип Мандельштам

Людмила Штерн опасна,
как всякий повзрослевший романтик...
Сергей Довлатов в письме Игорю Ефимову

Я глубоко признательна семье, близким и друзьям Сергея Довлатова, а также моим друзьям за неоценимую помощь, которую они оказали мне при написании этих воспоминаний.

В процессе работы я пользовалась содействием и неизменной поддержкой Елены и Кати Довлатовых, а также письмами и фотографиями из их личного архива. Я им обеим крайне благодарна за дружескую помощь в моей работе. Но следует признаться, что первое издание этой книги им не понравилось, и они объявили его «контрафактным». С тех пор нашей многолетней дружбе пришел конец.

Мне также любезно предоставили архивные материалы Борис Шварцман, Игорь Ефимов, Тамара Зибунова и Саша Довлатова, Ася Пекуровская, Алевтина Добрыш и Нина Аловерт.

Кроме того, я хочу поблагодарить Якова Гордина и, в особенности, моего мужа Виктора Штерна за советы и конструктивные замечания, которые они сделали в процессе работы над рукописью.

Предисловие

Как-то после лекции, которую я прочла в университете во Флоренции, один студент спросил меня: «Чья судьба вам кажется наиболее трагической: Набокова, Бродского или Довлатова? И кто из них больше всех страдал?»

Этот детский вопрос застал меня врасплох, и я забормотала невнятно: с одной стороны, с другой стороны...

Не хотелось разочаровывать юношу неприятной правдой, но, в философском смысле, любая жизнь трагична. Достаточно вспомнить слова Бродского: «Вы заметили, чем это все кончается?»

Вероятно, юноша имел в виду всего лишь трагичность жизни поэта или писателя, вынужденного жить и работать вне своего отечества и своего языка.

— Это смотря какого отечества, — поспешил высказаться другой студент. — Что могло быть страшнее судьбы писателя или поэта в своем отечестве, в России? Вспомните судьбу Мандельштама, Гумилева, Бабеля, Цветаевой, Маяковского.

Трагичность жизни может вообще не зависеть от внешних обстоятельств, которые складываются для данного индивидуума вполне благополучно. Но если меня судьба когда-нибудь еще сведет с тем студентом, я отвечу ему, что упомянутый им список «трагических» эмигрантов, наверно, следует начать с его односельчанина — божественного Данте, вынужденного бежать из любимой Флоренции, преследуемого, но не раскаявшегося, так и не вернувшегося на родину, и не узнавшего, что через четыреста лет после его смерти он будет считаться гордостью Флоренции и одним из величайших поэтов западной цивилизации.

Как и Данте, ни один из упомянутых тем студентом наших соотечественников-эмигрантов тоже не вернулся на родину. Владимир Набоков категорически отказывался даже рассматривать такую возможность. «Страны, которую я покинул, больше не существует», — писал он своей сестре Елене Владимировне. Однако писатель вовсе не был равнодушен к покинутой отчизне и, более того, пребывал в абсолютной уверенности, что его произведения дойдут до российского читателя и останутся важнейшей вехой в русской литературе.

В 1959 году он писал:

> Но как забавно, что в конце абзаца,
> Корректору и веку вопреки,
> Тень русской ветки будет колебаться
> На мраморе моей руки.

На вопросы, тосковал ли Набоков по России, мучила ли его ностальгия, отвечают многие его стихи. Например, «К России», написанное в Париже в 1939 году:

> Отвяжись, я тебя умоляю!
> Вечер страшен, гул жизни затих.
> Я беспомощен. Я умираю
> от слепых наплываний твоих.
>
> Тот, кто вольно отчизну покинул,
> волен выть на вершинах о ней,
> но теперь я спустился в долину,
> и теперь приближаться не смей.
>
> Навсегда я готов затаиться
> и без имени жить. Я готов,
> чтоб с тобой и во снах не сходиться,
> отказаться от всяческих снов;
>
> обескровить себя, искалечить,
> не касаться любимейших книг,
> променять на любое наречье
> все, что есть у меня, — мой язык.
>
> Но зато, о Россия, сквозь слезы,
> сквозь траву двух несмежных могил,
> сквозь дрожащие пятна березы,
> сквозь все то, чем я смолоду жил,

дорогими слепыми глазами
не смотри на меня, пожалей,
не ищи в этой угольной яме,
не нащупывай жизни моей!

Ибо годы прошли и столетья,
и за горе, за муку, за стыд, —
поздно, поздно! — никто не ответит,
и душа никому не простит.

Не забудем, что детство и отрочество Набоков прожил счастливо в богатой, родовитой семье, принадлежавшей к сливкам петербургского общества. Его Россия, описанная с такой любовью в «Других берегах», пошла в одночасье ко дну, как «Титаник». И он тосковал по своей России и по своему безоблачному детству. У него были обычные для эмигранта трудности, облегченные, однако, прекрасным знанием языков и первоклассным образованием. Кроме того, рядом с ним всю жизнь была любимая жена, друг и помощница Вера Евсеевна. А после опубликования «Лолиты», принесшей ему, наконец, всемирную славу, Набоков жил в полнейшем материальном комфорте.

…И все-таки трагична ли судьба поэта или писателя, живущего в изгнании, вдали от своих корней? Однозначного, как сейчас принято выражаться, ответа нет.

Судьбу Бродского, несмотря на выпавшие на его долю испытания, трагичной я бы назвать не решилась. Главным образом благодаря его характеру. Бродский попытался Россию «преодолеть». И ему это, кажется, удалось. Он много путешествовал, жил в Италии, Англии, Франции, Скандинавии, побывал в Мексике и всюду имел любящих и преданных ему друзей. Он искренне считал себя гражданином мира. Его поэтическая звезда оказалась на редкость счастливой: он успел вкусить мировую славу, насладился уникальными почестями, очень редко выпадающими на долю писателей и поэтов при жизни. В возрасте пятидесяти лет он женился на молодой красивой женщине. Она родила ему дочь Анну, которую он обожал. Трагедией стала его ранняя смерть.

Трагичной ли была жизнь Довлатова? Думаю, что да. Сергей каждой клеткой был связан с Россией. Европой он не интересовался, Америку знал только эмигрантскую и добровольно не выходил за пределы так называемого русского гетто. Он не принял эту страну, хотя заочно любил ее со времен ранней юности, и хотя именно Америка первая оценила масштаб его литературного дарования. Мало того, почти все, что он написал, издано на английском языке. Десять публикаций в журнале «Нью-Йоркер», которые осчастливили бы любого американского прозаика, были Довлатову, разумеется, лестны и приятны, но не более того.

Вот, что он писал о себе: «Я — этнический писатель, живущий за 4000 километров от своей аудитории. При этом, как выяснилось, я гораздо более русский, точнее — российский человек, чем мне казалось, я абсолютно не способен меняться и приспосабливаться, и, вообще, не дай тебе бог узнать, что такое жить в чужой стране, пусть даже такой сытой, румяной и замечательной...»[1].

Поэтому я посмею не согласиться с Петром Вайлем, который утверждал: «Что до чужбины, то Сергею в Америке нравилось. Плюс к его преданной любви к американской литературе, плюс к тому, что только здесь он утвердился, как писатель... Довлатову тут нравилось по-настоящему...»[2].

К сожалению, Америка ему не нравилась. Точнее, он ее не знал. Настоящей трагедией для Довлатова была глухая стена, которую советская власть воздвигла между ним и его читателями в России. До своего отъезда в эмиграцию он опубликовал лишь несколько работ, в том числе повесть в журнале «Юность», сам считая это произведение ничтожным. То есть, в отличие от Бродского, он пошел на компромисс. Будучи еще в Ленинграде, Иосиф отказался от предложенной ему публикации в той же «Юности», когда в редакции пытались то ли урезать, то ли отредактировать его стихи.

Довлатов страстно мечтал о литературном признании на родине, и по трагической иронии судьбы не дождался его. При жизни он довольствовался славой на Брайтон-Бич, и в России был известен в основном как журналист радиостанции Свобода. Он ушел на пороге славы, не зная, что станет любимейшим прозаиком миллионов соотечественников. Не знал, но чувство-

---

1 Письмо Тамаре Зибуновой от 16 февраля 1986 года.

2 Петр Вайль, «Без Довлатова».

вал. В 1984 году, за шесть лет до своей кончины, в интервью американской журналистке Довлатов сказал: «Моя предполагаемая [русская — *Л. Ш.*] аудитория менее изысканная и тонкая, чем, например, у Бродского, зато я могу утешать себя надеждой, что она — более массовая».

Его надежды оправдались. За годы, прошедшие со дня его кончины, его слава разрослась невообразимо. Произведения Довлатова издаются и переиздаются огромными тиражами. Его творчеству посвящают международные конференции, о нем ставятся спектакли. Количество книг о Довлатове, опубликованных за столь короткий срок после его смерти почти беспрецедентно в русской литературе (если не считать книг об Иосифе Бродском).

Почему невинный вопрос флорентийского студента так задел меня и вовлек в попытку сравнения абсолютно несравнимых по творческим параметрам Набокова, Бродского и Довлатова?

Наверное, потому что, «по жизни» между ними было много общего, особенно между Довлатовым и Бродским. Они — погодки, ленинградцы, эмигранты, оба жили и умерли в Нью-Йорке. Оба ушли от нас непростительно рано, и ни тот, ни другой не вернулся домой. Вернулись их произведения, и один при жизни, а другой посмертно стали идолами и кумирами любителей русской словесности. Впрочем, слава Бродского и популярность Довлатова имеют совершенно разные корни.

Бродский, хоть многие и считают его первым поэтом России конца XX столетия, в силу своей элитарности и сложности не стал народным поэтом, как по той же причине не стали народными, массовыми поэтами ни Мандельштам, ни Пастернак, ни Цветаева. А популярность Сергея Довлатова среди читающей России на стыке двух веков сравнима разве что с популярностью Владимира Высоцкого в 1960–1970-х годах. Причины этой невероятной популярности сложны и многогранны, и раскрытие их еще ждет своих исследователей.

Разумеется, «виноват» в этом и образ самого автора, умело спаянный с образом его героя: несчастливого, непрактичного, щедрого, великодушного, полупьяного, слегка циничного и романтичного, необычайно созвучного эпохе, стране и ее обитателям.

Я много раз слышала стереотипную фразу о Довлатове: «Довлатов — наш человек, он понял самую душу народа!» Вероятно, обладая волшебной отмычкой, он умудрился открыть дверцу к загадочной русской душе. Кстати, именно этим талантом, а не собиновским тенором и не армстронговским хрипом был так дорог всем нам Владимир Высоцкий.

В последние 10–15 лет мемуары, наравне с детективами, стали чуть ли не самым популярным литературным жанром. В океане мемуарной литературы, разлившейся по книжным магазинам, плавают, словно радиоактивные мутанты, ее неузнаваемые герои. Часто в такой литературе правды кот наплакал. Жаль, что кто-то когда-то по таким воспоминаниям будет изучать эпоху и писать диссертации.

Опубликованные мемуары о Сергее Довлатове — восторженные, разоблачительные, мстительные, ядовитые — убедительный тому пример. Одно созвездие названий чего стоит! «Довлатов вверх ногами», «Довлатов и окрестности», «Мне скучно без Довлатова», «Сквозь джунгли безумной жизни», «Когда случилось петь С. Д. и мне», «Эпистолярный роман Сергея Довлатова с Игорем Ефимовым». Некоторые из этих книг вызвали извержение нешуточных страстей. Скрещивались шпаги, расторгались браки, обрывались многолетние дружбы, дошло и до суда.

Понятно, что после такого цунами «Довлатиады» не так уж просто написать еще одни воспоминания о Сергее Довлатове. Но я рискнула, и, прежде чем начать, решила посоветоваться с опытным мемуаристом.

— Ты обратила внимание, — спросил он, — что зачастую является главной задачей мемуаристов? Наградить героя букетом разнообразных пороков, чтобы он выглядел глупее, злобнее, корыстнее, завистливее автора мемуаров. Достигается это разными методами: или при помощи кривых зеркал, едва уловимым искажением фактов, или бреющим полетом авторской фантазии. А главное — тоном.

— У меня и в мыслях нет очернять Довлатова, — возразила я.

— Ну и получится скука адова, леденец в липкой обложке.

— Я постараюсь написать правду.

— Тогда убери себя из мемуаров.

— Как это — убери?

Это можно, если вместо мемуаров написать биографию. Биографический жанр не требует ни дружбы с героем, ни вражды, ни романа, ни делового сотрудничества, ни просто личного знакомства. Например, задумай я написать биографию Джонатана Свифта, меня там было бы не видно и не слышно. Но в мемуарах присутствие автора неизбежно. И, действительно, их тоном мемуарист выдает себя с головой, то есть делается прозрачным, как богемский хрусталь. Как бы ни были льстивы слова, по тону легко определить, любил ли автор своего героя, ненавидел ли, завидовал ли ему, сочувствовал ли.

— Бог в помощь, — раздражился знакомый мемуарист. Видно, я ему надоела…

Я дружила с Сергеем Довлатовым двадцать три года, и в этих воспоминаниях попробую, как говорят американцы, дать его *close up*, то есть нарисовать его портрет с близкого расстояния. Сложность задачи заключается в том, что Довлатов был необыкновенно разнообразен. Многоликий Янус — плоская тарелка по сравнению с нашим героем. Если бы три-четыре его ипостаси встретились в одном пространстве, они, возможно, друг друга бы не узнали. Я также собираюсь вспомнить общих знакомых и друзей. И, конечно, не избежать рассказа о наших с Сергеем нетривиальных отношениях. Таким образом, мне придется в избытке появляться на страницах этой книги. Хотелось бы избежать упреков и обвинений типа: «Тоже мне, нашлась литературная гувернантка Довлатова». Конечно, не я одна стояла у его литературной колыбели. Довлатов часто вспоминал своих литературных наставников. И возможно, они еще напишут свои воспоминания. Я же ограничусь своими.

Закончить свое предисловие мне хочется кратким упоминанием неких, возможно несущественных, но ощутимых различий между Первым Поэтом и Первыми Прозаиками:

1. Бродский писал трагические стихи высочайшего духовного накала, но при этом был человеком веселым. Довлатов писал очень смешную, абсурдистскую прозу, но нравом обладал пессимистическим. Набоков мог писать что угодно и как угодно — он владел языками как Паганини скрипкой. Но с каждым годом в его произведениях эмоций становилось все меньше, а ребусов все больше.

2. Набоков и Бродский в свою литературную кухню никого не пускали и терпеть не могли ни писать, ни рассказывать о своих делах. Довлатов щедро делился с читателями своими хождениями по мукам, сделав из них большую литературу.

3. С Набоковым я, к сожалению, не была знакома и не знаю, искрометны ли были его устные рассказы и шутки. Бродский, человек насмешливый и остроумный, щедро разбрасывал свои *mots*, никогда к ним не возвращаясь. Ироничный Довлатов из придуманных, услышанных и подслушанных острот, реприз, реплик и анекдотов умудрился создать новый литературный жанр.

4. Набоков владел четырьмя языками и с равным блеском писал по-русски и по-английски. Бродский владел двумя. Стихи предпочитал писать по-русски, а эссе и прозу — по-английски. Довлатов владел только русским, но владел им виртуозно.

5. И главное: Владимир Набоков любил бабочек, Иосиф Бродский — кошек, а Сергей Довлатов — собак.

Глава первая
У Пяти углов

Название этой главы ностальгическое. Во-первых, почти что вышедшая в Таллине книга Довлатова называлась «Пять углов». На нее он возлагал все надежды на литературную жизнь в Советском Союзе, но набор был рассыпан по указанию КГБ. Во-вторых, Пять углов в Петербурге — это сцена, на которой разыгрывались спектакли нашего детства, отрочества и юности.

Я родилась на улице Достоевского в доме № 32, в нескольких минутах ходьбы от Пяти углов, училась в 320-й школе на улице Правды на полпути между улицей Достоевского и Пятью углами. Мои школьные друзья жили на Загородном, на Разъезжей, на Социалистической, на Малой Московской, на улице Рубинштейна и на Марата.

На улице Рубинштейна в доме № 23, кроме Сережи Довлатова, с которым я познакомилась, миновав и детство, и отрочество, и юность, жил зубной врач, доктор Каушанский, к которому меня водила мама, под мои завыванья, чтоб этот дом провалился сквозь землю. Какая удача, что мои пожелания не исполнились.

На улице Марата, кроме подруг, жил в мои школьные годы наш идол и кумир, актер ТЮЗа Владимир Сошальский. В детстве спектакли с его участием — «Аттестат зрелости» и «Ромео и Джульетта» — я видела раз по тридцать. В «Аттестате» он играл десятиклассника Валентина Листовского, заносчивого, оторвавшегося от коллектива отличника, которого в конце третьего акта судьба и школьная общественность больно клюнули в темечко. Но в первом и втором актах, в ярко-синей рубашке, которую ленинградцы называли «москвичка», а москвичи — «ковбойка», высокий, с каштановой шевелюрой и томными глазами, он покорял одноклассниц на сцене и девиц в зрительном зале. Одна из героинь спектакля написала ему письмо, которое я более полвека помню наизусть (лучше бы Некрасова так запоминала). Негодяй Листовский, разумеется, над ней посмеялся. Итак,

> Это письмо никому. Адреса нет на конверте.
> Это письмо тому, кого не найду до смерти.
> Может быть, мимо пройду, может, промчусь как ветер,
> Счастье свое не найду. Много ли счастья на свете?

Сошальского я умудрялась видеть чаще других, менее удачливых поклонниц. У меня был Джек, собака с омерзительным характером, но невообразимой красоты: помесь шпица с сибирской лайкой. И я три раза в день его выгуливала, и не где попало, а на улице Марата, вдоль дома, где жил кумир. Он мог невзначай выйти из подъезда или вернуться домой, а тут как раз я совершенно случайно прогуливаю Джека. Так что он даже иногда кивал на мое задыхающееся от волнения «здрасьте». Девчонки же, не обладавшие собакой, писали ему любовные стихи и подсовывали под дверь, благо в те времена подъезды не запирались.

Помню много шедевров, но не желая мучить читателей, возможно, не влюбленных в Сошальского, процитирую скромное четверостишие одной подающей надежды поэтессы:

> Счастливая Петрова Шура,
> Вчера вы ей сказали «дура».
> О, если б я могла от вас
> Услышать это хоть бы раз.

Однажды будущая поэтесса, измученная безответной страстью, полезла к актеру в окно по водосточной трубе (на третий этаж, прошу заметить). Почти долезши до подоконника, она почувствовала головокружение и закричала. Окно было открыто, и, к счастью, Сошальский был дома, но, к несчастью, брился в этот момент опасной бритвой. У него дрогнула рука, он полоснул себя по горлу, но подлетел к окну и втащил полуобморочную рабу любви в комнату.

Картина: кумир с окровавленной рожей держит на руках бесчувственную девицу, в дверях влетевшие на крик соседи — квартира, естественно, коммунальная — и счастливый для актера финал — получение отдельной квартиры вдали от обезумевших поклонниц. Интересно, не забыл ли Владимир Борисович этот эпизод полувековой давности?

Почему я вдруг вспомнила актера Сошальского? Наверно потому, что когда я впервые увидела Сергея Довлатова, мне показалось, что они похожи. При ближайшем рассмотрении оказалось — ничего общего.

Я прожила в Питере у Пяти углов лучшие годы своей жизни, в конце пятидесятых переехала в переулок Пирогова, около Исаакиевского собора, а в середине семидесятых оказалась в Америке...

Через пятнадцать лет после отъезда в эмиграцию, в 1990 году, я впервые вернулась в родной город, пришла к Пяти углам, и память начала услужливо рисовать передо мной картины канувшей в Лету молодости...

Первый маршрут — улица Правды, теперь, наверное, опять Кабинетская? В доме № 20 по этой улице я провела десять лет. Это 320-я школа, в прошлом прославленная гимназия Марии Стоюниной, которую закончила в 1917 году моя мама. Там же, пятью годами позже, училась Леночка Набокова, младшая сестра писателя, с которой мы полвека спустя очень подружились. А ее старший брат Володя несколько лет занимался почти напротив — в Первой гимназии — в наше время это была 321-я школа, — пока не перешел в Тенишевское училище.

От нашей школы никаких следов. Общарпанное жилое здание, даже знаменитый козырек над резными дверьми отвалился. В одном квартале от школы — Дом культуры хлебопекарной промышленности по прозвищу, кажется, «Хлеболепешка». Там после войны крутили трофейные фильмы. Многие из них были не немецкими, а американскими, будто мы воевали с Америкой. Помню Марику Рёкк в «Девушке моей мечты», Дину Дурбин в «Сестре его дворецкого» и «Ста мужчинах и одной девушке», Франческу Гааль в «Петере» и «Маленькой маме». Весь этот хлам внушил мне абсолютную уверенность в том, что голливудская продукция является высшим проявлением человеческого гения.

Рядом с «Хлеболепешкой», в доме № 12 на пятом этаже, жили гораздо позже моей школьной поры Толя Найман с Эрой Коробовой. Найман начинал свою литературную жизнь изящными и благородными стихами. На улице Правды он жил недолго, переехал в Москву к новой жене, моей лучшей подруге Гале Наринской. А вот Эра, ничуть не изменившаяся за последние много-много лет, живет все там же и, не задыхаясь, взлетает к себе на верхотуру.

Улица Рубинштейна, дом № 23. Сейчас из ворот этого желтого дома появится Сережа Довлатов в коричневом пальто нараспашку, в шлепанцах на босу ногу, с ядовитой сигаретой «Прима» в зубах. Рядом семенит фокстерьер Глаша, метко названная Сережей березовой чурочкой. Когда Сережа куда-нибудь спешит, он несет Глашу подмышкой. Ему — 26 лет, он худ, небрит и ослепителен.

— Я достоин сострадания, — говорит он вместо приветствия. — Мать меня презирает, а Лена уже три дня не здоровается. Обе правы: я выбросил в окно пишущую машинку...

Еще квартал по той же стороне. Из подъезда выходит губастый Женя Рейн в полувоенном френче а-ля Мао Цзедун, с тремя авоськами пустых бутылок и сталкивается нос к носу с Яшей Гординым. Яша живет на Малой Московской, в трех минутах ходьбы. В данный момент Яша направлялся к своему младшему брату Мише, жившему с Рейном в одной квартире. Встретившись с Рейном, Яша меняет свои планы, забирает из Жениных рук одну авоську, и они вместе идут освобождаться от бутылочной ноши. Я не слышу, о чем они говорят, но полагаю, что обсуждается вчерашний поэтический вечер у Рейна. Читали стихи: сам хозяин, Гордин, Бродский, Найман, московская гостья Наташа Горбаневская (в августе 1968 года она, в числе семерых человек, выйдет на Красную площадь протестовать против вторжения советских войск в Чехословакию).

Комната Рейна набита поэтами и слушателями, лица плавают в сигаретном дыму. Художник Миша Беломлинский притулился на стуле возле шкафа и рисует в блокноте шаржи. Мне их прекрасно видно, потому что кто-то посадил меня на шкаф. Вот Миша набросал портрет моего мужа Вити, и мне не нравится, что он нарисовал ему нос уточкой и утвердил очки на самом его кончике. В знак протеста я тоненькой струйкой лью Мише вино за воротник рубашки.

— Лей белое вино, а не красное, мерзавка, — кричит его жена Вика. — Красное не отстирывается!

На дворе, кажется, 1967 год.

Двадцать три года спустя я брожу взад-вперед между Сережиным и Жениным домами, заглядываю во дворы, смотрю в слепые глазницы окон, в наглухо закрытые для меня подъезды. Сколько в этих домах прочитано стихов и прозы! Сколько выпито водки, рассказано сплетен! Сколько раскрыто секретов и тайн! Сколько дано и нарушено клятв!

На память приходят посвященные Сереже строки Рейна:

> Неужели выходили оба окнами на Щербаков переулок,
> У Пяти углов назначали утреннее свиданье?
> Что осталось от этих прогулок?
> Ничего не успел я тебе сказать на прощанье.
>
> Вот теперь говорю: Ты был самым лучшим
> в этом деле, где ставят слово за словом,
> самым яростным, въедливым, невезучим,
> и на все до конца навсегда готовым.

...Возвращаюсь на Разъезжую. Полвека назад, заглянув во двор дома № 13, можно было увидеть в компании, играющей в волейбол, маленького, прыгучего Анри Волохонского. Тогда он еще не носил своего знаменитого бархатного берета. Зайдя эдак лет 10–12 спустя в соседний подъезд, мы оказались бы в гостях у Игоря Ефимова. С его женой Мариной Рачко мы учились в одной 320-й школе.

Итак, Разъезжая, дом № 13, большая ефимовская коммуналка. Коридор украшен настенными велосипедами и корытом, на кухне соседи, как мне казалось, круглосуточно жарили котлеты. Перепадало и ефимовским гостям.

Марининой бабушке Олимпиаде Николаевне принадлежит бессмертная фраза, до сих пор являющаяся неоспоримым аргументом в любом философском споре. Заходит ли речь о политике, театре, кино, книгах, прошлогодней погоде или способах жарки котлет, мы цитируем покойную Олимпиаду Николаевну, отсылавшую нас к последней, высшей инстанции: «ВЫЙДИ НА КУХНЮ, СПРОСИ КОГО ХОЧЕШЬ».

В этой коммунальной квартире, на дне рождения Марины, 15 ноября 1967 года, я впервые увидела Сергея Довлатова.

Обычно в день Марининого рождения у них собиралось около тридцати человек — поэты, писатели, художники, в большинстве не печатаемые и не выставляемые, однокашники Марины и Игоря по Политехническому институту, а также школьные или соседские приятели вроде меня.

Накануне дня рождения я позвонила Марине с обычными вопросами:

1. Что подарить?
2. Что надеть?
3. Кто приглашен?

На третий вопрос Марина ответила, что будут «все, как всегда, плюс новые вкрапления жемчужных зерен».

— Например?

— Сергей Довлатов, знакома с ним?

— Первый раз слышу... Чем занимается?

— Начинающий прозаик.

— Способный человек?

— По-моему, очень.

— Как выглядит?

— Придешь — увидишь, — засмеялась Марина и повесила трубку.

Глава вторая
Эта неаполитанская наружность

На Маринин праздник я пришла не одна, а с Эльжбетой Мыслинской, коллегой из Польши, которую мне поручили в университете развлекать в порядке общественной нагрузки. Мы опоздали на час, вечеринка была в разгаре. Народ толпился в кухне и коридоре — ефимовским соседям полагаются медали за терпимость и добродушие. Большие приемы Игорю и Марине разрешалось устраивать в комнате, где жили Маринина мама, бабушка и дочь Лена. Когда мы пришли, стол с яствами уже был придвинут к стене, около него толпились знакомые лица. Сигаретный дым застилал глаза, под стенания аргентинского танго — даже в молодости мы были вызывающе старомодны — в центре покачивалось несколько пар.

Я не сразу заметила «новое жемчужное зерно». Но уж когда заметила, не могла отвести от него глаз. Он полусидел одним боком на письменном столе и разговаривал с Володей Марамзиным, который тогда уже был заметным писателем. На вид «зерну» было лет двадцать пять (оказалось, что двадцать шесть), и он был невероятно хорош собой. Брюнет, подстрижен под бобрик, с крупными, правильными чертами лица, мужественно очерченным ртом и трагическими восточными глазами. На нем были джинсы, клетчатая рубаха и рыжий потертый пиджак (то есть он был одет почти так же, как был одет Бродский, когда я впервые увидела его в 1958 году, за девять лет до описываемых здесь событий).

О господи! Где же я видела эту неаполитанскую наружность? Я определенно встречала этого человека, такую внешность забыть невозможно…

Вот он встал, оказавшись на голову выше всех гостей, похлопал себя по карманам, извлек пачку смертоносных сигарет «Прима» и чиркнул спичкой, лелея огонь в лодочке из ладоней. И я вспомнила…

Весна. Залитый солнцем Невский проспект, толпа, сплошной рекой текущая мимо Пассажа, тающие сосульки посылают с крыш за воротник ледяные капли, смуглые мальчишки протягивают веточки мимозы. Близится Восьмое марта. Внезапно в толпе образуется вакуум, и в нем я вижу молодого гиганта с девушкой. Оба в коричневых пальто нараспашку, оба коротко стриженые брюнеты, черноглазы, чернобровы, румяны, ослепительны. Они неторопливо шествуют, держась за руки — непринужденные, раскованные, занятые исключительно друг другом. Они знают, что ими любуются, но как бы никого вокруг не замечают, отделенные от остального мира магнитным полем своего совершенства. Они хозяева жизни. И кажется, что этот первый весенний день принадлежит только им, только для них светит солнце и звенят сосульки, и только им протягивают мальчишки веточки мимозы.

«Если мы захотим похвастаться перед инопланетянами совершенством *Homo sapiens*, мы должны послать в космос именно эту пару, — подумала я. — Ну уж, если не в космос, так в Голливуд. Черт знает как хороши».

Они прошли мимо, а я смотрела им вслед, пока они не скрылись из виду. Сперва она, а его стриженый круглый затылок был виден даже у Аничкова моста.

— По-моему, я не знаком ни с одной из вас, — сказал Сергей, протягивая руку сперва Эльжбете, потом мне. — Довлатов моя фамилия.

Я тоже назвалась.

— Люда Штерн… Люда Штерн, — пробормотал Довлатов. — Что вы пишете, стихи или прозу?

В тот период его жизни, впрочем, как и во все последующие, человечество в глазах Довлатова делилось на Тех, Кто Пишет, и остальных…

— Ничего не пишу. Я инженер-геолог и занимаюсь слабыми грунтами, точнее суглинками и глинами. А Эльжбета — специалист по скальным породам.

— И где же вы этими глинами занимаетесь?

— В Ленинградском университете.

— Как же, знаю, я там бывал. Меня выгнали с третьего курса филфака.

— За что вас выгнали?

— Точно не помню, но наверняка не за глины… Кажется за то, что недостаточно свободно говорил по-фински и провалил немецкий. Как странно, что вы ничего не пишете… У вас обеих довольно интеллигентные лица…

— Извините, что я вас разочаровала.

— Нет, серьезно, зачем вам глина? Это же просто грязь. Допустим, я, пьяный, свалился в канаву и вымазал брюки в том, что вы называете глиной. Затем они высыхают, и я стряхиваю эту глину рукой или щеткой. На химчистку, как правило, нет денег. А вы что с глиной делаете?

В тот период моей жизни я училась в аспирантуре геологического факультета, писала диссертацию на тему «Состав, микроструктура и свойства глинистых пород», и именно это занятие на данном этапе считала самым значительным в жизни. Ну, может, и не самым значительным, но достаточно важным, чтобы не терпеть насмешек.

— От человека с такой неаполитанской наружностью неудивительно услышать подобную пошлость, — прошипела я и увлекла Эльжбету к другим гостям. Но она заныла, что устала, плохо понимает по-русски, потерялась в чужой компании и хочет домой, в гостиницу. Пришлось проводить ее до Пяти углов и посадить в троллейбус. Когда я снова позвонила в ефимовскую квартиру, дверь мне открыл Толя Найман.

— Тут Довлатов тебя разыскивает. Он утверждает, что тебя обидел.

Увидев меня, Сережа закричал на всю комнату:

— Как вы могли уйти, не выслушав моих извинений? Я терпеть не могу производить плохое впечатление. Но вы тоже хороши — «с такой неаполитанской наружностью». Я ненавижу, когда комментируют мою наружность. А те, кто ею восхищаются, раз и навсегда становятся моими врагами.

— Кто это восхищается вашей наружностью?

— Обидеть, Люда, меня легко, понять меня невозможно.

— Эту фразу я уже много раз слышала от Наймана.

— Она точно описывает мой внутренний мир.

— Кажется, вы собирались извиниться. Или я ослышалась?

— Прошу прощения за непочтение к глинам, как к представителям слабых грунтов. Я искуплю это почтительностью к вам, как к представителю слабого пола. О господи, и чего это меня сегодня заносит?

— Только сегодня?

— Не грубите… Скажите лучше, вы замужем?

— Очень даже.

— И где же ваш муж?

— В командировке, в Красноярске… А вы женаты?

— Еще как… И не раз.

— И где же ваша жена?

— Первая — понятия не имею. А вторая — дома. Укладывает спать нашу дочь.

— Наверно, я вас с женой видела на Невском несколько лет назад. Стриженная под мальчика, яркая, красивая, с веселым и дерзким взглядом.

— Это была Асетрина, моя первая жена. Теперь я женат на Лене. Она еще красивее, с загадочным древним ликом, как сказала бы Ахматова. А кто вас сегодня провожает домой?

— Пока не знаю.

— Тогда на это претендую я. Постараюсь не напиться и произвести впечатление приличного человека.

Мы вышли от Ефимовых около двух часов ночи. Было холодно и ветрено, моросил дождь. Автобусы и троллейбусы закончили рабочий день, такси в поле зрения не попадались. Довлатов поднял воротник и глубоко засунул руки в карманы. Мы молча пересекли Загородный проспект и оказались на улице Рубинштейна.

— Оцените мое джентльменство, — сказал Довлатов, показывая на дом № 23. — Я здесь живу, мог бы через пять минут лежать в постели.

В этот момент около нас остановилось такси. Пассажирка и шофер долго пререкались по поводу платы и сдачи. Довлатов снаружи дернул дверцу.

— Девушка, я оплачу ваш счет, выходите поскорей, моя дама, кажется, промочила ноги.

Обрадованная девица выпорхнула из машины, а шофер почтительно пробормотал «во дает».

Этот эпизод был немного похож на то, как я ехала домой с Бродским после нашей встречи на свадьбе Гали Дозмаровой. Но куда было Бродскому как кавалеру до Довлатова. Бродский ему и в подметки не годился. Когда мы наконец поймали такси и я предложила сначала отвезти его, а уж потом поехать домой, Бродский сказал: «А как могло быть иначе?».

Я назвала адрес, и мы помчались по пустынному Невскому.

— Скажите, Люда, возле вашего дома есть лужа? — спросил Довлатов, когда мы въехали на Исаакиевскую площадь.

— Не помню… А зачем вам лужа?

— Лужа нужна как воздух. Представьте. Если есть лужа, я выскакиваю из машины первый, небрежно скидываю пальто, бросаю его в лужу, подаю вам руку, и вы прямо из машины ступаете по нему как по ковру. Помните, в «Бесприданнице»? Этот жест входит в программу обольщения и действует безотказно. Проверял сотни раз.

— Сколько же у вас пальто?

— Одно, но ему ничего не сделается. Смотрите, какая подкладка! И не вздумайте говорить, что это дешевый трюк. Будто я сам не знаю.

Подкладка, действительно, выглядела царской: нейлон под горностай.

У моего подъезда лужи не оказалось. Сережа расплатился с таксистом, и мы очутились в абсолютно безлюдном переулке Пирогова. Невзрачный наш переулок таит один секрет, а именно, он — тупик и упирается в стену задних строений Юсуповского дворца. Если знать, в какую нырнуть калитку, окажешься в закрытом и незаметном с улицы дворцовом саду. Мы вошли в сад, сели на мокрую скамейку и закурили. В своем пальто на «горностае» Довлатов чувствовал себя вполне уютно, мне же показалось, что я уселась прямо в лужу. Но до того ли было…

Желая продемонстрировать Довлатову, что сфера моих интересов не ограничивается глиной, я заговорила о поэзии, декламируя наизусть Блока, Анненского, Гумилева и Мандельштама… Боже, какая была память! Сережа вежливо молчал, но как только я на секунду закрыла рот, он занял площадку и во всех подробностях пересказал роман «Голубой отель» Стивена Крейна. Счет сравнялся — 1:1.

Благодаря маминой работе на студии научно-популярных фильмов у меня был доступ в Дом кино, и я видела множество западных кинокартин, недоступных для простого советского человека. В моменты интеллектуальных схваток это было неоценимое преимущество. И я двинула вперед тяжелую артиллерию, изложив содержание фильма Бунюэля «Виридиана».

Мне показалось, что Довлатов сражен, но я его недооценила.

— Как вы относитесь к Фолкнеру? — спросил Сергей после секундной паузы.

— Вероятно, также как и вы, — снисходительно усмехнулась я, холодея от ужаса. Я до конца не одолела ни одного его романа. Фолкнер казался мне утомительным из-за длинных сложноподчиненных предложений. Моим кумиром в те годы все еще оставался папа Хэм.

— Тогда, возможно, вам будут интересны малоизвестные детали его жизни, — и Довлатов рассказал две новеллы о Фолкнере.

Придя домой, я записала их в свой дневник и поэтому уверена в точности пересказа. Впрочем, понятия не имею, есть ли в них доля правды или они целиком плод довлатовской фантазии.

Новелла первая
Уильям Фолкнер и Шервуд Андерсон

— Приходило ли вам в голову, что вся золотая плеяда американских прозаиков начала века вышла из Шервуда Андерсона?

Я сделала невнятный жест: то ли покивала головой (как бы, конечно, приходило), то ли покачала головой (нет, не приходило). Довлатов не заметил моей уловки.

— Но, возможно, вы не знаете, почему Фолкнер вообще стал писателем? — с надеждой спросил Довлатов. Я пожала плечами: может, да, а может, и нет.

— Он стал писателем чисто случайно, просто из ревности или зависти, что ли, — начал Сергей. — А дело было так.

В начале двадцатых годов Фолкнер и Шервуд Андерсон жили в одном городке. Они каждый вечер встречались в баре, выпивали, болтали, но даже фамилий друг друга не знали, а уж тем более понятия не имели, кто чем занимается. Впрочем, Фолкнер ничем особенно и не занимался. Как-то он пришел в бар, а Шервуда нет. Нет его ни на второй, ни на третий день, нет его неделю. Фолкнер спрашивает у бармена, не знает ли он, куда дружок его подевался. Бармен говорит: «Черт его знает, пойди к нему домой, узнай». И сказал Фолкнеру адрес. Подходит Фолкнер к этому дому и слышит стук пишущей машинки. Окно было открыто, Фолкнер подошел, облокотился на подоконник и заглянул в комнату. Его приятель строчит на машинке, ничего вокруг не замечая.

— Чего это ты делаешь? — спросил Фолкнер.

— Рассказ сочиняю, — отвечает Андерсон. — Пока не кончу, не выйду из дому.

— Ну, извини, — говорит Фолкнер, — не буду тебе мешать.

Прошло дней десять. Шервуд Андерсон закончил свой рассказ и пришел в бар. А Фолкнера нет. Нет его ни на другой, ни на третий день.

— Не знаешь, куда это дружок мой подевался? — спросил он у бармена.

— Откуда мне знать? Пойди да узнай, он живет за углом, второй дом налево.

Андерсон подошел к дому, позвонил. Фолкнер приоткрыл дверь и говорит:

— Извини, я занят. Не могу уделить тебе ни минуты.

— А чего ты делаешь?

— Роман пишу! А ты что же думаешь, только ты один писатель?

Так появился на свет первый роман Фолкнера «Солдатская награда».

И, не переводя дух, Довлатов рассказал мне содержание этого романа.

Новелла вторая
Уильям Фолкнер и Альберт Эйнштейн

— Знаете ли вы о необъяснимой дружбе Фолкнера и Эйнштейна? В самом деле, что могло быть общего у великого прозаика, южанина, сына плантатора из штата Миссисипи, с великим физиком-теоретиком, немецким евреем из северного города Принстона? Над этой загадкой бились многие биографы и журналисты, но безрезультатно — оба гиганта ревниво охраняли свою тайну. Было лишь известно, что они видятся несколько раз в год, всегда без свидетелей, наедине. Тайну их отношений удалось разгадать одному прыткому репортеру. Однажды разведка ему донесла, что Эйнштейн собирается к Фолкнеру в гости.

Путешествие ученого на старом шевроле заняло несколько дней. В день приезда Эйнштейна репортер прикинулся водопроводчиком, проверяющим в фолкнеровском доме трубы. Он что-то там намеренно испортил или отвинтил и принялся это чинить. Раздался звонок. Фолкнер, опередив прислугу, бросился к дверям. За окном бушевала гроза. На пороге стоял дрожащий от холода Эйнштейн в насквозь промокшем плаще [Непонятно, правда, почему промокший, он ведь подрулил к фолкнеровскому дому на автомобиле. — *Л. Ш.*]. У него не было с собой никаких вещей, только скрипка в потертом футляре. Гении молча обменялись рукопожатиями, Фолкнер помог снять, стряхнул и повесил на вешалку эйнштейновский плащ, после чего они проследовали к хозяину в кабинет. Через минуту репортер услышал звуки настраиваемой скрипки. И вот раздалась соната Моцарта для скрипки и фортепьяно. Писатель и ученый играли с упоением. Но звучала соната ужасающе. Оба спотыкались, фальшивили и пропускали ноты. В их исполнении не было ни величия, ни грации, ни радости, ни печали. Через час эта мука закончилась. Служанка внесла в кабинет поднос с чаем и вазочку с печеньем. А еще через полчаса Фолкнер помог Эйнштейну надеть не успевший просохнуть плащ, и старик Альберт отчалил через всю Америку к себе, в Принстон.

Музыка и Эйнштейн… Эта комбинация была мне послана Богом. Если о Фолкнере я не могла проблеять ничего вразумительного, то об Эйнштейне и музыке мне было что сказать. Мой троюродный брат, ныне покойный физик-теоретик и философ

Генрих Соколик, сочинял философские сказки, которые впоследствии, уже в Израиле, были собраны в книжку под названием «Огненный лед». Одна из сказок была посвящена Эйнштейну и музыке, и несомненно забивала интеллектуальный гол в довлатовские ворота. Разумеется, эта сказка никакого отношения к литературе не имела, но не уползать же мне побитой с поля боя. Пусть терпит. И я пересказала Сергею своими словами сказку.

Об Эйнштейне и музыке

Грустный царь ехал по улицам своей столицы, погруженный в высокие царственные думы. На углу, возле старого дома, стоял музыкант и играл на скрипке. Царь обратился к нему:

— Ты беден, но по лицу твоему я вижу, что ты счастлив. Почему же я не знаю радости?

Музыкант ответил:

— Уже много лет я играю эту прекрасную сонату. Века прошли с тех пор, как ее создали, а она все та же. Как же не радоваться, если мне покорно время? Ты же повелеваешь только пространством. Тебе не дано возвращать прошлое, и поэтому ты несчастен...

— Когда-то я прочел в старых книгах, — сказал царь, — что в государстве не быть гармонии, пока цари не станут музыкантами.

— Но кто же сможет учить царей музыке? — возразил музыкант. — Игре учатся в комнатах, запертых так плотно, что их называют консерваториями. А цари живут на виду у всех.

— Но ведь я повелитель пространства, — сказал царь. — Что же помешает мне основать консерваторию?

И царь поехал по свету искать музыканта, способного превратить его дворец в консерваторию. Однажды он увидел на пороге покинутого дома того же скрипача, но седого и постаревшего, с печальными глазами. Грустный стоял он и играл на скрипке.

— В чем твое горе, незнакомец? — спросил его царь. — Ведь ты посвятил себя музыке.

— Меня зовут Альберт Эйнштейн, — ответил скрипач. — Когда-то дни и ночи я играл Прекрасную Сонату и не знал печали.

Но однажды мне пришла в голову несчастная мысль. Я захотел объединить пространство и время. Но, соединившись с пространством, время утратило прежнюю музыкальность и стало невоспроизводимым. Теперь уже невозможно отгородиться от пространства стенами консерватории. Адепты приходили ко мне, чтобы послушать Прекрасную Старую Сонату. Но я каждый раз играл им что-то совершенно новое. Неудивительно, что все ученики меня покинули — чему может научить тот, кто никогда не повторяется?

***

Довлатов кротко выслушал непонятную сказку. Похоже, что она его озадачила, но не тронула. Мы молча встали со скамейки и вышли из сада. Когда подошли к моему подъезду, было пять часов утра.

— Не уходите, — сказал Сережа. — Давайте вместе проведем остаток вечера. Я только должен сделать несколько звонков.

И он стал оглядываться в поисках телефона-автомата.

— Нет, нет, какие могут быть звонки? Уже утро.

— Когда я хочу разговаривать с друзьями, время суток не имеет значения, — сказал Довлатов, мрачнея. — Вы едете со мной или нет?

— Сегодня я никуда больше не еду, я иду спать.

— Вы серьезно?

— Абсолютно. Сегодняшний вечер кончился без остатка.

— Добрых снов! — Он развернулся и пошел прочь, огромный, как скала.

— Подождите, у вас есть клочок бумаги записать мой телефон?

— Ваш телефон? — Довлатов остановился и смерил меня тяжелым взглядом. — Зачем мне, скажите на милость, ваш телефон?

— И правда, зачем? — Я умудрилась рассмеяться и войти в подъезд с величественно поднятой головой.

Смотрите, какая цаца! Зачем мне ваш телефон! Конечно, красавец. Импозантен. Остер на язык. Блестящий рассказчик. Весь прямо соткан из литературы. Но самомнение! Но гонор!

Ну, Довлатов, погоди! Если когда-нибудь тебя увижу, даже не поздороваюсь. Не замечу. Или не узнаю.

На утро я позвонила Ефимовым поблагодарить за вчерашний бал.

— Вечерок на редкость удался, Мариша, — пела я в трубку. — Еда была отменная, никто не напился, не поругался. Я замечательно провела время.

— Как тебе понравился Довлатов?

— Кто, кто?

— Людон, не притворяйся. Сережа позвонил нам чуть свет, рассказал, что вы до пяти утра гуляли, что он распушил павлиний хвост и тебя очаровал. Признался, что исчерпал все свои знания по американской литературе.

— А что он еще говорил?

— Спрашивал про твою семью и обрадовался, что твою дочь зовут Катя, потому что его дочка тоже Катя. И еще сказал, что хотел приехать к нам с тобой доесть, допить и договорить, но ты отказалась. Жаловался на твой несговорчивый характер и попросил твой телефон. Я, конечно, дала… Надеюсь, ты не возражаешь?

На этом можно было бы и закончить главу о знакомстве с Довлатовым. Но много лет спустя я перечитала рассказ Довлатова «Хочу быть сильным», где Сергей описывает наше знакомство под несколько другим углом и со свойственным ему мастерством детали и сжатого стиля. Почему бы, подумала я, не предоставить Довлатову слово в моих мемуарах? В Сережином рассказе я фигурирую под именем Фриды Штейн:

Познакомили меня с развитой девицей Фридой Штейн.
— Вы из какого круга? — спросила она.
— Из четвертого, если вы подразумеваете круги ада.
— Браво! — сказала девушка.
Я тотчас же заказал шампанское.
— О чем мы будем говорить? — спросила Фрида. — О Джойсе? О Гитлере? О Пшибышевском? О черных терьерах? О структурной лингвистике? О неофрейдизме? О Диззи Гиллеспи? А может быть, о Ясперсе или о Кафке?
— О Кафке, — сказал я. И поведал ей историю, которая случилась недавно.

Прихожу я на работу. Останавливает меня коллега Барабанов.
— Вчера, — говорит ,— перечитывал Кафку. А вы читали Кафку?

— К сожалению, нет, — говорю.

— Вы не читали Кафку?

— Признаться, не читал.

Целый день Барабанов косился на меня, а в обеденный перерыв заходит ко мне лаборантка Нинуля и спрашивает:

— Говорят, вы не читали Кафку. Это правда? Только откровенно. Все останется между нами.

— Не читал, — говорю.

Нинуля вздрогнула и пошла обедать с коллегой Барабановым. Возвращаясь с работы, я повстречал геолога Тищенко. Тищенко был по обыкновению с некрасивой девушкой.

— В Ханты-Мансийске свободно продается Кафка, — издали закричал он.

— Чудесно, — сказал я и, не оглядываясь, поспешил дальше.

— В Ханты-Мансийск, — говорю. Через минуту я был дома. В коридоре на меня обрушился сосед-дошкольник Рома. Рома обнял меня за ногу и сказал:

— А мы с бабуленькой Кафку читали! Я закричал и бросился прочь. Однако Рома крепко держал меня за ногу.

— Тебе понравилось? — спросил я.

— Более или менее, — ответил Рома.

— Может, ты что-нибудь путаешь, старик?

Тогда дошкольник вынес большую рваную книгу и прочел:

РУССКИЕ НАРОДНЫЕ КАФКИ!

— Ты умный мальчик, — сказал я ему, — но чуточку шепелявый. Не подарить ли тебе ружье?

Так я и сделал...

— Браво! — сказала Фрида Штейн.

Я заказал еще шампанского.

— Я знаю, что вы пишите новеллы, — сказала Фрида. — Могу я их прочесть? Они у вас при себе?

— При себе, — говорю, — у меня лишь те, которых еще нет.

— Браво! — сказала Фрида.

Я заказал еще шампанского...

Ночью мы стояли в чистом подъезде. Я хотел было поцеловать Фриду. Точнее говоря, заметно пошатнулся в ее сторону.

— Браво, — сказала Фрида, — вы напились как свинья!

С тех пор она мне не звонила...

Итак, два рассказа. Первый написан сентиментальной женской рукой. Второй набросан ироничными скупыми штрихами. Но оба, очевидно, об одном о том же, и оба — правда.

Глава третья
Тычки и задоринки

Довлатов позвонил через месяц и пригласил нас с мужем в Дом писателя на свое публичное чтение. Приглашение сопровождалось бесчисленными оговорками, как-то: «если вам в этот вечер совершенно нечего делать… если это не нарушит привычного уклада вашей жизни… если вам не отвратителен Дом писателя… если не страшитесь потерять два часа…».

Чтение происходило 13 декабря 1967 года в небольшом помещении на первом этаже. В парадных гостиных наверху в это время праздновали день рождения Генриха Гейне. Довлатовский вечер проводился под эгидой комиссии по работе с молодыми авторами. Председательствовал Давид Яковлевич Дар.

Правда, Лена Довлатова, прочтя первое издание этой книги, сказала, что председательствовал вовсе не Дар, а Яков Гордин, а Дар просто выступил. Может быть, ее память и точнее моей, но я рассказываю так, как я помню.

— Сегодня я хочу представить вам молодого прозаика Сергея Довлатова, — сказал Дар, раскуривая трубку. В душную комнату поплыл голубой запах капитанского табака. — Довлатов — мастер короткой формы. Он пишет рассказы уже несколько лет, но пока нигде не печатался, и это его второе публичное выступление. Подозреваю, что он очень волнуется. Поэтому я прошу вас сидеть тихо, не курить, — в зале раздались смешки и аплодисменты, — и не прерывать чтение остроумными репликами. Начинайте, Сергей.

Довлатов открыл папку и перевернул несколько страниц. Сидя в первом ряду, я заметила, как сильно дрожат у него руки.

— Я прочту вам несколько рассказов из моего армейского прошлого, — начал Довлатов хриплым от волнения голосом, — я три года служил на Севере, точнее говоря, в Потьме... Впрочем, зачем я объясняю...

Не помню всего, что он читал. Осталось общее впечатление строгой, точной прозы, без базарного шика, без жульнических метафор, без модных в те годы деревенских оборотов *a la russe*. Один рассказ — «Чирков и Берендеев» — до сих пор знаю почти наизусть. Он был такой смешной, что Сережин голос тонул в шквале смеха. Некоторые фразы из этого рассказа стали крылатыми в нашей среде. Например: «Разрешите у вас мимоходом питаться», «Не причиняйте мне упадок слез!», «Прошлую зиму, будучи холодно, я не обладал вегоневых кальсон и шапки», «Я отморозил пальцы ног и уши головы».

Через несколько дней после чтения в ЦК КПСС и в Ленинградский обком ВЛКСМ поступило заявление (жалоба) от руководителя литературной секции клуба «Россия». О героях этого произведения — Чиркове и Берендееве — было сказано следующее:

> То, как рассказал Сергей Довлатов об одной встрече бывалого полковника со своим племянником, не является сатирой. Это — акт обвинения. Полковник — пьяница, племянник — бездельник и рвач. Эти двое русских напиваются, вылезают из окна подышать свежим воздухом и летят. Затем у них возникает по смыслу такой разговор:
> — Ты как к евреям относишься? — задал анекдотический и глупый вопрос один. Полковник отвечает:
> — Тут к нам в МТС прислали новенького. Все думали — еврей, а оказался пьющим человеком!

Забавно, что эта «криминальная» довлатовская фраза стала в наших компаниях крылатой.

Вернемся, однако, к творческому вечеру. Выступавшие после чтения (имен я не запомнила) энергично хвалили молодого прозаика. Только один Борис Иванов пробормотал что-то неодобрительное. В конце вечера Довлатова окружили в коридоре тесным кольцом. Он возвышался над всеми в своем рыжем пиджаке, растерянный и смущенный. Ни следа надменности и высокомерия. Я тоже пробилась к нему с поздравлениями. Увидев меня, Довлатов встрепенулся.

— Где вы были? Я думал, что вам стало скучно и вы ушли.

— Я курила внизу. Вы могли бы дать мне почитать другие рассказы?

— Да, да, конечно, сейчас принесу. — Он ринулся в зал, опрокинув на ходу стоявший в проходе стул. «Боже, какой чувствительный», — подумала я. Почти сразу Довлатов появился со своей папкой.

— Вот, пожалуйста. Если понравятся, звоните в любое время дня и ночи, если не понравятся, — не звоните никогда. И не потеряйте, и не порвите.

— Буду обращаться с исключительной осторожностью.

«Обращаться с исключительной осторожностью» — цитата из популярной тогда книжки «Физики шутят». В ней ехидно расшифровывались клише из научных статей. Например, фраза «слегка повреждены в ходе эксперимента» означала, что прибор уронили на каменный пол и вдребезги разбили. А «обращались с исключительной осторожностью» означало, что прибор не уронили на пол и не потеряли от него жизненно важные винтики. Довлатов, вероятно, этой книжки не читал.

— Почему вы смеетесь? — Он впился в меня тяжелым взглядом. — Что-нибудь не так?

— Все так, буду беречь как зеницу ока.

— Когда вам позвонить?

— Через неделю.

— Я позвоню вам завтра.

— Боюсь, я не успею до завтра все прочесть.

— Постарайтесь успеть. Вы, может быть, не догадываетесь, но я не смогу нормально существовать, пока не услышу вашего мнения.

Сказано это было громко и торжественно. Народ вокруг умолк и уставился на меня.

— Господи, Сережа. Тоже нашли себе Белинского и Добролюбова. Какое значение может иметь мое мнение!

— Огромное. Должен вам сказать, что литература, точнее, мои рассказы — это единственное, что имеет для меня значение. Меня ничто и никто больше в жизни не интересует.

«А женщины?» — хотела я спросить, но постеснялась.

— Вы подумали сейчас, зачем этот амбал мне голову морочит? — ответил на мои мысли Довлатов и вдохновенно продолжал: — Я хочу, чтобы вы знали: кроме литературы, я больше ни на что не годен — ни на политические выступления, ни на любовь, ни на дружбу. От меня ушла одна жена и, наверно, скоро уйдет другая. И правильно сделает. Я требую постоянного внимания и утешения, но ничего не даю взамен. Ваше мнение о моих рассказах для меня важно, потому что я испытываю к вам доверие. Но упаси вас бог довериться мне. Я ненадежен и труслив. К тому же пьющий.

К концу его монолога я мечтала провалиться сквозь землю. Не каждый день в коридоре Дома писателей приходится слышать прилюдно от малознакомого человека подобные откровения. Я видела Довлатова второй раз в жизни, причем в первую встречу он показался мне ироничным и самонадеянным. Что же он на самом деле за человек?

За годы дружбы с Сергеем Довлатовым я так и не нашла ответа на этот вопрос. Блистательный, артистичный, остроумный, с безупречным литературным вкусом, он сочетал в себе несочетаемые черты характера. Он был вспыльчив и терпелив, добр и несправедлив, раним и бесчувствен, деликатен и груб, мнителен, подозрителен, коварен, злопамятен и сентиментален, закомплексован, не уверен в себе и высокомерен, жесток, щедр и великодушен. Он мог быть надежным товарищем и преданным другом, но ради укола словесной рапирой весьма искусно мог унизить и оскорбить. Если принимать его слова всерьез, то было больно. Но если помнить, что для него каждое слово было литературой, то к его выпадам и уничижительным характеристикам следовало относиться с юмором.

Бог наградил его многими талантами. Кроме, наверное, самого главного: таланта и уменья быть счастливым. Но тогда я ничего этого не знала. В тот вечер меня поразил его литературный дар и ошеломила его болезненная зависимость от мнения случайных людей, и, в частности, от моего.

Из Дома писателей мы отправились к Ефимовым выпивать. Довлатовы и Ефимовы жили в двух кварталах друг от друга, и на вечеринку пришла Сережина жена Лена, оставившая маленькую Катю на попечении бабушки.

Лена, с непроницаемым лицом и темными миндалевидными глазами, была очень хороша собой. Довлатов точно описал ее в первую нашу встречу: «с загадочным древним ликом». Напрашивалось сходство с Нефертити. Впрочем, в поведении ее ничего рокового не наблюдалось. Она охотно смеялась и произвела впечатление человека мягкого и добродушного.

Вечер затянулся. Мы приехали домой часа в три ночи. Витя отправился спать, а я с папкой довлатовских рассказов и пачкой сигарет устроилась на кухне. Утром я объявила, что в русскую литературу вошел новый гениальный писатель.

— А если бы он был низкорослым, корявым, горбатым и кривоногим, он тоже показался бы тебе гением? — медовым голосом спросил мой муж.

— Если бы он был низкорослым, корявым, горбатым и кривоногим, тебе не пришло бы в голову задавать такие вопросы.

Когда я вернулась из университета, мама сказала, что мне оборвал телефон бархатный баритон. Через несколько минут он позвонил снова.

— Говорит Довлатов. Вас весь день не было дома.

— Что случилось?

— Я переходил улицу Герцена, споткнулся, упал и перегородил автомобильное движение. На улице дождь. Я промок и измазал пальто и брюки.

— Надо было поехать домой переодеться.

— Переодеться мне не во что. У меня есть единственное пальто и единственные брюки.

— Вы хотели высушить их у меня?

— Я хотел вызвать сострадание и дать вам два новых рассказа, которые я сочинил ночью. Надеюсь, вы уже все прочли?

Я собиралась сказать, что у меня не было времени даже открыть его папку, но вместо этого вырвалось:

— Прочла, конечно.

— Вы свободны?

— Когда?

— Сейчас. Я на Исаакиевской, в двух шагах от вашего дома.

— Вы хотите забрать папку?

— Я хочу услышать ваше мнение. Вы вчера так смеялись... К тому же у меня завелось десять рублей, и мы можем пообедать. Если вы откажетесь, я их безобразно пропью.

— Я не откажусь.

— Буду у вашего подъезда через пять минут.

Я почувствовала себя польщенной и счастливой. Довлатов пригласил меня в ресторан «Дельфин» — поплавок, пришвартованный на Адмиралтейской набережной, почти под окнами дома № 10, где в бельэтаже жил наш приятель Юра Цехновицер.

В декабре, в четыре часа пополудни в Ленинграде вечерняя тьма. А для ресторанной толпы время раннее, мы были единственными посетителями. Довлатов заказал графинчик водки, щи и шницель, я — макароны по-флотски. Он сидел напротив и, пока не принесли еду, не спускал с меня тяжелого, пристального взгляда. Такой взгляд может быть у человека, судьба которого находится в твоих руках, но такой же взгляд может принадлежать и потенциальному убийце. Впоследствии я к взгляду этому привыкла. На самом деле, это было сочетание еврейской печали и армянского темперамента, приправленное пучком разнообразных комплексов.

Но тогда в «Дельфине», я чувствовала себя неуютно и от неловкости с излишним энтузиазмом рассыпалась в литературных комплиментах.

— Я очень дорожу вашим мнением, — мрачно сказал Довлатов. — Вы не можете себе представить, как я им дорожу.

— Жаль, что от моего мнения ничего не зависит.

— От него зависит мое будущее.

— Ох, если бы! К сожалению, это не так… Конечно, если вы в меня не влюбились (дернул же черт так примитивно кокетничать).

— Я в вас влюбился? — Довлатов откинулся на спинку стула. — Я не ослышался? Вы знакомы с моей женой Леной, и, кажется, видели мою бывшую жену Асетрину. Вы же не станете возражать, что обе они — красавицы?

— Не стану, — я кивнула, чуя недоброе.

— А что я могу сказать о вашей внешности?

— Что же вы можете сказать о моей внешности?

Чувствовала, что лезу на рожон, но отказали тормоза. Спина похолодела от предчувствия.

— Что непосредственно за вами идут инвалиды Отечественной войны…

Выплеснуть ему в лицо щи? Высыпать за воротник макароны по-флотски, или просто броситься его душить?

— Мерси, — я оскалилась, изображая улыбку, — очень изобретательно.

Довлатов пристально смотрел на меня, боясь упустить момент, когда я грохнусь в обморок.

— Объясните, Сергей, какого черта вы лезете ко мне со своей литературой?

— Насчет внешности я пошутил, — угрюмо сказал Довлатов. — Внешность как внешность. Просто она противоречит моим критериям женской красоты. Мой идеал — высокая, длинноногая, плоская блондинка. Пусть даже крашеная.

— Именно поэтому обе ваши жены яркие брюнетки.

— Поверьте, Люда, я говорю сейчас совершенно серьезно. Я вовсе в вас не влюбился. Гораздо хуже... Я осознал, что не могу без вас жить.

— Сергей, перестаньте кривляться.

— Слушайте, Люда, выходите за меня замуж.

— Что-о?

— Вы слышали. Я приглашаю вас замуж.

— Это зачем?

— Вы принесете мне удачу.

— Сергей, вы пьяный или ненормальный?

— Пока что ни то, ни другое. Но если вы откажетесь, непременно напьюсь. Серьезно, выходите за меня замуж, — повторил Довлатов. — Если я стану большим писателем, как, например, Аксенов, вы будете мною гордиться.

— Я вижу вас третий раз в жизни.

— Если мы поженимся, то будем видеться довольно часто.

— Я в некотором роде замужем...

— Даю вам неделю на размышления, но предупреждаю честно: вы намучаетесь. Я пьющий неврастеник. Люда, скажите честно, вы считаете мои рассказы настоящей литературой?

— Я считаю ваши рассказы замечательной прозой.

— Тогда вы не пожалеете, хотя как муж я полное ничтожество.

Дальше развивать эту тему было нелепо. Я вспомнила, что в Эрмитаже открылась выставка японского рисунка, и вместо ответа предложила Довлатову зайти на вернисаж. Сергей покачал головой:

— Ни в коем случае. Я хочу, чтобы вы знали заранее. Больше всего на свете я ненавижу живопись, скульптуру, спорт и природу. Поэтому ни о каких вернисажах, верховой езде, эскизах на пленэре и фигурном катании не может быть и речи.

— Как насчет музыки?

— В филармонии не был ни разу. Приемлю только джаз. Мечтал бы родиться Луи Армстронгом или Диззи Гиллеспи.

— А балет? — не унималась я.

— Не пришлось. Но если вы настаиваете, «Лебединое» или «Щелкунчик» попробую осилить.

Я посмотрела на часы: без пяти шесть. В это время муж Витя возвращается с работы, дочь Катя кончает делать уроки.

— Сережа, мне пора…

— Я показался вам занудой и наскучил?

— Нет, просто уже поздно.

— Зовет очаг семейный?

— Вы проводите меня?

— Вам о ч е н ь хочется, чтобы я вас проводил?

Все-таки он меня «достал».

— Нет, не очень… Не беспокойтесь. Спасибо за обед.

Я встала и направилась в гардероб. Довлатов рванулся было за мной, но вспомнил, что надо расплатиться. Пока он дожидался официанта, я схватила пальто и вылетела в декабрьскую тьму.

— С меня довольно, — бормотала я, оглядываясь на дверь. Хотелось удостовериться, что после всех этих грубостей он попытается меня догнать.

Я перебежала дорогу и нырнула в парадную цеховицеровского дома. Заодно вспомнила Сошальского и горючую смесь своего характера: нахальства и желания спрятаться.

Из-за приоткрытой двери подъезда вход в «Дельфин» виден как на ладони. Минут через пять появился Довлатов, потоптался в луже, повертел, как дятел, головой и устремился по набережной в сторону «Медного всадника» — кратчайшего пути до моего дома. Когда его спина скрылась в морозной пыли, я покинула свое укрытие, обогнула Адмиралтейство, вышла на Невский, свернула на улицу Герцена и вскочила в автобус. Проезжая Исаакиевскую площадь, я увидела молодого прозаика. Довлатов возвышался на углу Майорова и Мойки, оглядываясь по сторонам. Я вышла на следующей остановке, у Дома связи, перелетела мостик через Мойку и оказалась дома.

Семья была проинструктирована не звать к телефону, если меня будет спрашивать «бархатный баритон». Когда никого из домочадцев не было дома, я просто не отвечала на звонки, изнывая, разумеется, от любопытства. Несколько раз домашние докладывали, что кто-то дышит в трубку. Так прошло две недели.

Однажды очередной раунд моей борьбы с электронным микроскопом был прерван вторжением в лабораторию коллеги Славы Усова (теперь он стал известным прозаиком).

— Тебя спрашивает какой-то громила.

В коридоре стоял Довлатов в распахнутом настежь пальто на горностаевой подкладке, с папкой в руках. Он был без шапки, и черный бобрик его волос покрылся корочкой заледеневшего снега.

— У вас найдется для меня несколько минут? — не здороваясь, спросил Довлатов. Подавляя ликование, я ответила, что освобожусь через полчаса. Если он хочет, может подождать меня на кафедре.

— Я буду в библиотеке, в читальном зале, — сказал Довлатов.

Когда он вышел, меня обступили сотрудники:

— Откуда взялся такой красавец? Ему б усы, вылитый Петр Первый!

— Коллега из Горного. Мы пишем статью о микроструктурах глин.

— Ни хрена себе, какие соавторы бывают, — вздохнула Ольга Коровкина, специалист по мерзлым грунтам. — У нас послезавтра в школе вечер встречи. Нельзя ли его одолжить, чтобы девки попадали замертво?

Я выключила электронный микроскоп под кодовым названием «керосинка», однако промаялась на кафедре положенные полчаса. Зато в библиотеку по нашему знаменитому коридору неслась как газель и затормозила у самых библиотечных дверей.

Довлатов был сама сдержанность и благородство.

— Я написал новый рассказ... Хотите прочесть?

— С удовольствием... Почту за честь.

За этот дурацкий политес я тут же мысленно обругала себя идиоткой.

Довлатов молча протянул мне папку с рассказом.

— Я собираюсь домой, Сережа, если хотите, проводите меня.

— К сожалению, не могу. Через пятнадцать минут у меня свидание у Казанского собора. — Довлатов как бы виновато улыбнулся, пожал мне руку и вышел из библиотеки.

Ну что, опять нарвалась? Слава богу, хватило ума не спросить: «Когда вы мне позвоните?». С другой стороны, почему он не сказал, что позвонит завтра?

Как же вести себя с Довлатовым? Обычно моими конфидентами и советчицами были Марина Ефимова и Галя Наринская, в прошлом жена Жени Рейна, в настоящем — Толи Наймана. Однако, я подозревала, что в этой ситуации их опыт был недостаточен. Мне мог помочь мужчина, ориентирующийся в лабиринтах психологии «пьющего неврастеника». Я позвонила своему лучшему другу Гене Шмакову.

— Реши сперва, зачем он тебе.

— Он талантливый, обаятельный, яркий, с ним интересно.

— И только?

— И лестно. Но если ты намекаешь на сам знаешь что, то об этом не может быть и речи.

— Это почему же?

— Уж очень он избалован и самоуверен. Мне с ним не справиться.

— Ошибаешься. Он просто куражится, а на самом деле закомплексован до ушей, — уверенно сказал Гена. — Он — начинающий литератор, нуждается в постоянном поощрении, как наркоман в героине. И тут появляешься ты с репутацией «литературной дамы» и считаешь шедевром каждый его рассказ. Ты для него баллон с кислородом. Ему просто необходимо держать тебя при себе.

— Так зачем он куражится?

— Изображает рокового мужчину, чем и подцепил тебя на крючок. Тем более, что весь этот кураж-эпатаж — тоже литература, только устная. Это во-первых. А во-вторых, полагаю, что он собирает материал для худпроизведений... Что-нибудь вроде «Мадам Бовари», «Дамы с собачкой» или «Люмпена с камелией».

— Так что делать?

— Что хочешь. Развлекайся, но не принимай его выходки всерьез, а то наплачешься.

— Как реагировать?

— С д е р ж а н н о, а то он будет тебя таскать в зубах, как собака тапку. Не расточай комплиментов направо и налево, рассказы хвали умеренно, не лезь в бутылку при приглашении замуж и не прячься в чужих подъездах. Конечно, для тебя тут таится опасность.

— Какая?

— Он найдет другую шлепанцу, то есть даму. И жизнь твоя лишится цвета, вкуса и запаха.

— Можно ему хотя бы позвонить, когда я прочту рассказ?

— Ни в коем случае.

— Но он будет нервничать.

— Вот и прекрасно. Предоставь ему эту возможность: поиграй в «психопинг-понг».

Проползли томительные три дня. Телефон молчал. На четвертый день Довлатов «моргнул», то есть позвонил первый. Я сдержанно одобрила рассказ. Он всполошился и спросил, может ли он сейчас за ним зайти и поговорить подробно. Я сказала, что занята, но вечером собираюсь к Ефимовым и оставлю рассказ у них. Кстати, Игорь еще этого рассказа не читал.

— Когда вы будете у Ефимовых?

— Около девяти.

К Ефимовым я заехала на минуту прямо из университета, оставила рассказ, и предупредила, что вечером у них наверно появится молодой прозаик.

Как в воду глядела. Ефимовы утверждали, что он был явно разочарован, не застав меня, и не на шутку загрустил.

Итак, как и советовал Гена Шмаков, игра в психопинг-понг началась.

Довлатов был очень мнителен. Он обладал гипертрофированной зависимостью от людской хулы и людской хвалы. Он дорожил комплиментами, даже от людей им не уважаемых, и нестерпимо страдал от равнодушия. Естественно, что его — начинающего писателя — должны были волновать суждения писателей-коллег и слушателей. Ведь читателей у него тогда не было. Но Сергей страстно желал нравиться всем: нервно расспрашивал, упомянут ли он был в разговоре *A* и *B*, почему на него косо взглянул «презираемый» им *Y*, и как посмел «жалкий» *Z* не пригласить его на какое-то домашнее чтение. Кстати, если те же *X, Y* и *Z* приглашали его, он с видимым удовольствием отказывался. Ему важно было быть позванным. Невнимание к себе Довлатов воспринимал очень болезненно. И еще: с одной стороны, он утверждал, что стыдится своей импозантной внешности. Во всяком случае, выражал опасение, что его яркая брутальная наружность маскирует деликатную душу и литературный талант. С другой стороны, он своей эффектной наружностью пользовался в хвост и в гриву, сражая наповал продавщиц, парикмахерш и официанток. Но не только представительницы этих профессий попадали под его мартин-иденовское обаяние. Я сама была свидетелем, как в Нью-Йорке, где множество «литературно-художественных» мужчин-гомосексуалов, одинокие, средних лет литературные редакторессы впадали при его появлении в транс.

Как-то на ранней стадии развития нашей враждебной дружбы я все же затащила Довлатова в Эрмитаж. Он стойко продержался минут пятнадцать, на шестнадцатой затосковал, побежал куда-то звонить и, наконец, появился, вдохновенный, с сообщением, что мы немедленно едем в гости к Андрюше Арьеву.

— Никаких гостей, я иду домой. У меня есть семья, в конце концов.

Мои частые отказы проводить с Довлатовым вечера в напоенной алкоголем компаниях вызывали раздражение, толкавшее его на поступки «повышенной абсурдности» (выражение моего научного руководителя). В тот «эрмитажный» день Сергей сказал:

— Только ненормальная может отказаться провести со мной вечер. Давайте поставим эксперимент. Покажите мне самую красивую девицу в этом зале. Мне нужно пять минут, чтобы уговорить ее поехать со мной на край света. Хотите пари?

— Ну зачем вы фиглярничаете?

— А что мне еще остается делать?

К счастью, чувство юмора и самоирония часто выручали его из ситуаций «повышенной нелепости».

Что же на самом деле Довлатов хотел от меня? Он вбил себе в голову, что его литературный успех зависит от того, буду ли я при нем. Именно поэтому, случайно попав в его орбиту, я стала, как он выражался, жизненно ему необходима. И я, действительно, осталась в его орбите надолго, точнее, навсегда. Я была восторженной поклонницей его таланта, что послужило Сергею основанием считать, что у меня абсолютный слух и соколиный глаз на современную прозу. Насчет слуха и глаза не знаю, но вкусы наши, действительно, совпадали. Оказалось, что мы замирали от одних и тех же стихов.

Помню, как стоя на Исаакиевской площади под проливным дождем, мы хором декламировали Мандельштама:

Я слово позабыл, что я хотел сказать,
Слепая ласточка в чертог теней вернется.
На крыльях срезанных, с прозрачными играть.
В беспамятстве ночная песнь поется.

Мы любили одних и тех же писателей. Исключение составляли Фолкнер, до которого не доросла я, и Пруст, до которого не дорос Довлатов. Я бы сама тоже не доросла до Пруста, но мой друг и гуру Гена Шмаков строго следил, чтобы я не зацикливалась на одних американцах.

В первый год нашего знакомства мы с Сергеем виделись очень часто. Способствовала этому куча свободного времени. Геологическая аспирантура, а точнее — синекура, не требовала ежедневного присутствия на кафедре. Довлатов, вопреки ссылкам на «страшную занятость», тоже не убивался в своей газете «За кадры верфям». Проблема для Сережи заключалась в том, что я не могла, да и не хотела проводить с ним вечера, как говорила наша няня, «незнамо где». Тот опыт, который я приобрела, отправившись с ним раза два в дебри новостроек, оставил тяжкое впечатление. Незнакомые, правда, суперлитературные алкаши, квартира без телефона, городской транспорт не ходит, на такси денег нет, как добраться домой — непонятно, на часах полтретьего ночи, и Витя обзванивает больницы и морги. Сережу абсолютно не волновало, что те же морги наверняка обзванивают Нора Сергеевна и Лена.

Поэтому я предпочитала общаться с Довлатовым при свете дня, и это было замечательно. Мы встречались раза три в неделю в десять утра на углу Невского и Литейного у кинотеатра «Титан» и направлялись по Литейному к Неве, с заходом в «Академкнигу» (напротив улицы Жуковского) и в рюмочную на углу Белинского.

За один рубль десять копеек мы становились обладателями двух рюмок водки и двух бутербродов с крутым яйцом и килькой. Затем начиналось обсуждение написанного им накануне рассказа. Обычно оно сводилось к панегирикам.

Тем не менее на солнечном фоне взаимного восхищения я нет-нет да и оказывалась одураченной простофилей. Вероятно, героиней будущего эскиза для «Дамы с собачкой». Вот одна из его вероломных козней. Звонок в девять часов утра.

Довлатов (*голос драматически-глухой*): «У меня несчастье. Я звоню, чтобы попрощаться. Не пытайтесь меня разыскивать».

Я: «Что случилось?» — Если ему повезет, у меня может сорваться что-нибудь, вроде: — «Где вы? Хотите, я приеду?»

Секундная пауза и затем: «Только не сегодня. Я иду на день рождения».

В разыгрывании таких «шахматных» этюдов Довлатов был неистощим. Добавьте к этому безграничное обаяние и блестящий артистизм. Одна барышня рассказывала мне, что на закате двухнедельного романа, «опалившего ей крылья», Довлатов позвонил ей с таким зловещим текстом:

— Я понял, что не могу без вас существовать. Но жизнь сложилась так, что нам не суждено… Никогда… Никогда… — и повесил трубку.

Девица, прорыдав час, снова набрала его номер. Это было предусмотрено. К телефону подошла Нора Сергеевна. В прошлом драматическая актриса, она тоже любила театральные эффекты.

— Сережи нет, — прозвучало замогильное контральто. — Нет совсем. Он ушел из жизни.

Тут следовал вопль отчаяния, и Нора Сергеевна поторопилась с утешением:

— Он оставил письмо. Наверно, вам. Как вас зовут? — Жертва называлась. — Нет, к сожалению, не вам…

Наши конфликты были частыми и яростными. Помню, что Довлатов приходил в неистовство, если я осмеливалась дружелюбно отозваться о каком-нибудь начинающем прозаике или поэте. Поэтом имел право быть только Бродский, вокруг него, как вокруг солнца, имели право вращаться Рейн и Найман. Бобышев был презираем Сергеем почти что с самого начала их знакомства. Из прозаиков, кроме Аксенова и Битова, он испытывал почтение к «Горожанам»: Вахтину, Ефимову, Губину и Марамзину. В его отношения с бывшими университетскими товарищами я не вникала, и, более того, узнала о них только из книжки Аси Пекуровской «Когда случилось петь С. Д. и мне». Помню, что он очень любил Андрюшу Арьева и даже время от времени затаскивал меня к нему в гости. И не любил Федю Чирскова, который мне был очень симпатичен.

Я же приходила в ярость, когда он подставлял мне психологические подножки. Поскольку характеры у нас обоих были не шелковые и не саржевые, наши отношения стали напоминать родео. Роли быка и ковбоя исполнялись попеременно.

Обладай я талантом Николая Васильевича, описание наших диалогов выглядело бы примерно так:

— Что Вы, Люда, носитесь со своим провинциальным, полуграмотным Кочурой из Красножопинска, как дурень с писаною торбою, — сказал Сергей Донатович с досадой, потому что действительно начинал уже сердиться.

— Во-первых, его фамилия не Кочура, а Качурин, а во-вторых, он из Челябинска. И там живут очень талантливые люди.

— Ну, уморили. Вы понимаете в литературе, как свинья в апельсинах.

— Зачем же вы тогда тычите свинье в нос свою писанину?

— Найман сказал, что это гениально.

— Найман слова такого не знает. Это мог сказать только Рейн, и он добряк — он отзывается так о любой макулатуре.

— Рейн и сказал, и уж наверное, не без оснований. А то какого-то Качуру вытащила из нафталина.

— Он на три года моложе вас, а вы ведете себя, как сноб, то есть настоящий гусак.

— Что вы такое сказали, Люда Штерн?

— Я сказала, что вы похожи на гусака, Сергей Довлатов!

— Как же вы смели, сударыня, позабыв приличие и уважение к моей выдающейся наружности, обесчестить меня таким поносным именем?

— Что же тут поносного? Да что вы, в самом деле, так размахались своими ручонками, Сергей Донатович? И что это в вашей наружности такого выдающегося? Вы, сударь, чистой воды, гуталин (так Бродский называл бывшего товарища Сталина).

— Я повторяю, как вы осмелились, в противность всех приличий, назвать меня гусаком и гуталином?

— Начхать вам на голову, Довлатов! Что это вы так раскудахтались? Вы, может быть, Качуре в подметки не годитесь!

Поскольку оскорбления на «вы» звучали недостаточно убедительно, весной 1968 года, полгода спустя после знакомства, мы перешли на «ты».

Отношение Довлатова ко мне являло собой клубок противоречивых эмоций, среди которых поочередно преобладали то положительные, то отрицательные.

Среди положительных:

1. Довлатов «держал меня» за лакмусовую бумажку. Он полагал, что если рассказ мне понравился, он удался. А мне, как я уже упоминала, нравилась каждая его строчка.

2. Он был убежден, что мое присутствие в его жизни обеспечит ему литературную удачу. В идеальном варианте, мне полагалось бы висеть на шнурке у него на шее в качестве талисмана. Но ввиду неисполнимости этого варианта я должна выйти за него замуж.

3. Он также подозревал наличие у меня неких магических свойств. Экстрасенс — не экстрасенс, но чем-то таинственным обладаю. Для этого кое-какие основания имелись. Однажды зимой мы задумали навестить приятелей в Доме творчества в Комарове. Был холодный и ветреный день. Только приехали на Финляндский вокзал, как Довлатов скис. Он был без перчаток, и у него замерзли руки. К тому же душа требовала немедленной выпивки, а денег, кроме как на билеты, не было. Молодой прозаик мрачнел на глазах, и пока мы дошли до железнодорожных касс, начал грубить и нарываться. Я было решила послать его подальше и вернуться домой, как вдруг заметила под ногами перчатки. Мужские кожаные перчатки, даже не заляпанные грязью. Сергей слегка повеселел. Мы купили билеты и вышли на платформу. Подходя к электричке, я чуть не наступила на втоптанную в снег красную бумажку. Нет, не фантик – вчетверо сложенную десятирублевку.

Довлатов преобразился. В вагон вскочил, пританцовывая и мурлыча: «Мне декабрь кажется маем, и в снегу я вижу цветы-ы-ы».

В Комарове, в лавке рядом со станцией, мы купили две бутылки водки, сайру, сервелат, и в Дом творчества явились как баре. Слухи, что я «магиня» и волшебница поползли по городу.

— Где же клубок противоречий?

Клубок выражался в том, что направленные на меня положительные эмоции успешно гасились отрицательными той же, если не большей, силы.

Среди отрицательных:

1. Раздражение, вызванное «нормальностью» моей жизни. По утрам члены нашей семьи отправлялись на работу, в школу и в университет, вечером вместе ужинали и делились впечатлениями прожитого дня. По выходным ездили за город то на лыжах, то за грибами — в зависимости от времени года. Все эти «ИТРовские», как он их называл, развлечения он искренне и глубоко презирал.

2. Отвращение к барству, которое «по Довлатову» выражалось в том, что никто в нашей семье не украшал друг друга фингалами, не выбрасывал в окно пишущие машинки, не валялся сутками в чьем-то подвале и — в результате домашнего скандала — не путешествовал по городу со своим матрасом.

3. Убеждение, что моя жизнь представляет собой сплошной праздник без антрактов. Горят люстры и свечи, звучит музыка небесных сфер, и занавес никогда не идет вниз.

Все это буржуазно-омерзительное благополучие Довлатов люто ненавидел, и старался как мог его разрушить и, тем самым, по его выражению, выбить у меня из под ног табуретку.

— Хоть бы тебя грузовик переехал, что ли, и стала бы ты калекой, — мечтательно говорил он. — Виктуар бы тебя бросил, а я бы поднял.

Глава четвертая
Литературные будни

Шестидесятые годы в Ленинграде останутся в истории русской литературы как своего рода литературный ренессанс. Этому способствовала, прежде всего, политическая ситуация. При Сталине до 1953 года и еще лет семь-десять после его смерти в стране царило литературное оледенение, когда ни одного не одобренного властями слова не могло не только появиться в печати, но даже быть написанным из-за страха доносов, обысков, арестов. В сфере искусств — в литературе, музыке, изобразительном искусстве — страна напоминала покрытую вечными льдами безлюдную Антарктику.

Но теплые ветры шестидесятых начали медленно растапливать ледниковые культурные слои. И сквозь толщу окаменелого льда стали пробиваться молодые зеленые ростки, давшие впоследствии русской литературе богатый и разнообразный урожай. При Доме писателей, при институтах, при дворцах культуры возникали литературные объединения, так называемые ЛИТО. Вспомним хотя бы Центральное литературное объединение при Союзе писателей, которое возглавляли Леонид Николаевич Рахманов и тетка Довлатова Маргарита Степановна, сестра Норы Сергеевны. Рахманов был человеком огромной культуры и редкого благородства, но имел несколько меньше власти, чем Маргарита. Она в то время была главным редактором издательства «Молодая гвардия», членом партии, и как бы персонально отвечала за чистоту коммунистических идеалов в произведениях молодых авторов. Сергей в своей статье «Мы начинали в эпоху застоя» перечисляет несколько ставших известными писателей, которые занимались в этом ЛИТО. Отметим среди них Виктора Голявкина, Глеба Горышина, Эдуарда Шима, Виктора Конецкого, Александра Володина.

После Рахманова и Маргариты Степановны бразды правления в Центральном ЛИТО принял на себя Геннадий Самойлович Гор. Человек высокообразованный, страстный библиофил, он тем не менее не обладал энергией и волей, которые были необходимы для «проталкивания» молодых авторов в печать. Но он оказал значительное влияние на пишущую молодежь, из его ЛИТО вышел Андрей Битов. В этом же ЛИТО занимались и Борис Вахтин, и Валерий Попов.

Вероятно, это был конец 1965 или, скорее, начало 1966 года. Сергей недавно вернулся из армии и на занятиях у Гора был не более двух-трех раз. Геннадия Гора сменил Израиль Моисеевич Меттер, которого близкие и друзья называли Селик. Мои родители очень дружили с ним и его женой, балериной Ксаной Златковской. Более того, в эвакуации в Молотове (Перми) мы жили в соседних комнатах, в гостинице-семиэтажке, отданной эвакуированным из Ленинграда Союзу писателей, Мариинскому театру и Хореографическому училищу.

Старший брат Селика Исаак Моисеевич Меттер был профессором физики в Электротехническом институте имени Бонч-Бруевича и преподавал один курс у нас в Горном институте. Я физику ненавидела, боялась, как чумы, и представляла себе издевательства, которым подвергнусь на экзамене. Ну и вызубрила все, не понимая ни единого слова. Исаак Моисеевич слушал мой ответ, подняв очки на лоб с выражением величайшего изумления, а по окончании пытки сказал:

— Не понимаю, в чем дело, но ты сдала на крепкую четверку. А у меня со вчерашнего дня было плохое настроение, боялся, что придется тебе по блату натягивать тройку.

Возвращаясь к Селику Меттеру. Он сыграл важную роль в Сережиной литературной судьбе, или точнее, в его самоощущении как писателя. Вот как Довлатов пишет об этом: «Он (И. М.) сказал, что я с некоторым правом взялся за перо, что у меня есть данные, что из меня может выработаться профессиональный литератор, что жизненные неурядицы, связанные с этим занятием, не имеют абсолютно никакого значения и что литература — лучшее дело, которому может и должен посвятить себя всякий нормальный человек».

Израиля Моисеевича Меттера сменил в ЛИТО Виктор Семенович Бакинский. Довлатов относился к нему сердечно за его чуткость и доброжелательность.

…Моей задачей в этих мемуарах не является описание различных ленинградских ЛИТО. Этому посвящена прекрасная книжка Марка Амусина «Город, обрамленный словом», изданная в Италии в 2003 году. Мне хочется упомянуть только наиболее близкое мне Литературное объединение Горного института, возглавляемое в то время Глебом Сергеевичем Семеновым. Хотя я ничего ни прозаического, ни поэтического в те годы не сочиняла, но исправно посещала их собрания, была знакома почти со всеми поэтами-горняками и, благодаря хорошей памяти, знала наизусть десятки их стихотворений. Тем не менее, прежде чем рассказывать о довлатовской литературной жизни и моем в ней участии, мне хочется поделиться мыслями о так называемой Ленинградской литературной школе.

Действительно, Ленинградская литературная школа: миф или реальность? Существовала ли она?

Марк Амусин в уже упомянутой книге пишет, что у ленинградских писателей, даже в лучшую пору шестидесятых годов, было гораздо меньше возможностей печататься, чем у москвичей. В Ленинграде функционировали всего три «взрослых» литературных журнала — «Звезда», «Нева», «Аврора» и один детский — «Костер». О тамошней обстановке Довлатов замечательно написал в «Ремесле».

В Москве же были и «Новый мир», руководимый Твардовским, и «Знамя», и «Октябрь», и «Дружба народов», и «Юность». Кроме того, исторически сложилось, что Ленинград находился под надзором более суровой и жесткой цензуры. Эти факторы способствовали рождению камерного стиля в ленинградской литературе, большей замкнутости и большей сосредоточенности на внутреннем мире человека, на его психологическом состоянии. Да и сам город, утопающий в литературных реминисценциях, подыгрывал мистическому слиянию автора и героя. Это можно сказать почти о каждом ленинградском писателе, но особенно — о Довлатове. Его рассказы производят такое «автобиографическое» впечатление, что читатель перестает отличать автора от героя.

Я осмелюсь сказать, что литературная жизнь в Ленинграде шестидесятых была на самом высоком уровне. Существование Ленинградской литературной школы признавалось и московскими критиками. Например, мои любимые рассказы Довлатова «Марш одиноких» и «Наши». Я не сомневалась, что «Марш» откроет ему дорогу в большую литературу. В декабре 1967 года Сергей послал шесть рассказов в «Новый мир», считая его самым либеральным, на том основании, что там печатался Солженицын. Вскоре пакет со всеми рассказами в сопровождении рецензии Инны Соловьевой пришел обратно. Это была первая официальная рецензия, которую Сережа получил в своей жизни. Хотя она и напечатана в его «Невидимой книге», мне хочется привести здесь отрывок — мнение Соловьевой о молодом литераторе.

> Беспощадный дар наблюдательности, личная нота автора. <…> Программным видится демонстративный, чуть заносчивый отказ от морали. <…> Сама демонстративность авторского невмешательства становится системой безжалостного зрения. Хочется сказать о блеске стиля, о некотором щегольстве резкостью, о легкой браваде в обнаружении прямого знакомства автора с уникальным жизненным материалом. <…>
> Но в тоже время рассказы Довлатова — это прежде всего рассказы «школы», то, что автор — ленинградец, узнаешь не по обратному адресу. Молодая ленинградская школа так и впечатана в каждую строку. <…> От нее эти бесспорные уроки советской прозы двадцатых годов, этот пристальный авторский взгляд.
> На рассказах лежит особый узнаваемый лоск «прозы для своих». Я далека от желания упрекать молодых ленинградцев в том, что их рассказы остаются «прозой для своих». Это беда развития школы, не имеющей доступа к читателю, лишенной такого выхода насильственно, <…> загнанной внутрь.

Эта восторженная рецензия заканчивается таким редакционным заключением: «ни один из предлагаемых рассказов не может быть отобран для печати».

На мой взгляд, рецензия блестящая, она правильно описывает характерные черты прозы Довлатова. Но помочь Сергею Соловьева не сумела, тем более, что она повесила на прозу Довлатова ярлык «проза для своих».

Являлась ли, действительно, ленинградская проза литературой для своих? Нет, конечно. Когда так называемая проза для своих была наконец опубликована, ее восторженно приняли читатели в Америке, Японии, Голландии, Германии и еще в дюжине стран, не говоря уже о сотнях тысяч читателей России и ее окрестностей.

Московская же литературная жизнь была более яркой и эффектной. Этому способствовали два очага либерализма. Один из них был «Новый мир», руководимый Твардовским, благодаря которому страна увидела «Один день Ивана Денисовича» и произведения Грековой, Тендрякова и Домбровского. Вторым очагом была «Юность», из которой вышли Аксенов, Искандер и другие.

Литературная ситуация в Ленинграде была более жесткая. И тем не менее даже в этой суровой среде существовали два литературных потока, два направления. Одно из них было как бы продолжением русской классической традиции. Ее представляли Андрей Битов и Игорь Ефимов. В своих произведениях они рассматривали внутренний мир героев, и решали проблемы морального выбора и сложности человеческих отношений. К другому направлению — малым формам — тяготели такие авторы как Виктор Голявкин, Рид Грачев, Володя Марамзин, Сергей Вольф, Вадим Шефнер. Позже к ним присоединились Валерий Попов и Сергей Довлатов. Им свойственен гротеск, сатира, развитие острых, абсурдных ситуаций.

Моим любимым молодым прозаиком в конце 50-х был Сергей Вольф. Мы жили по соседству: он — на Подъяческой, я — на Пирогова, и часто сталкивались нос к носу на Исаакиевской площади. Я катила перед собой коляску с дочкой Катей. Что может быть скучнее гулянья с грудным ребенком? Встреча с Вольфом была, по карточной терминологии, неожиданной радостью. Он никогда никуда не спешил, и мы вместе выгуливали Катюню. Не имея при себе рукописей, Вольф не читал, а рассказывал свои короткие очаровательные новеллы. Например: «Вдоль дома на самокате, от угла и до угла», или «Страна Боливия». Я только сожалела, что моя Катерина слишком мала, чтобы оценить юмор, нежность и прелесть этих детских рассказов.

Необычным литературным явлением стала в эти годы группа «Горожане», которую образовали такие разные писатели как

Игорь Ефимов, Борис Вахтин, Владимир Марамзин и Владимир Губин. В интересном и подробном интервью, которое Ефимов дал Алексею Митаеву, он рассказал о целях и задачах «Горожан». Первый сборник был подготовлен и предложен в издательство «Советский писатель». Поскольку Ефимов еще раньше заключил договор с этим издательством на книгу «Смотрите, кто пришел!», у группы была надежда, что сборник тоже пройдет. Его обсуждали, давали на рецензии, но в результате «Горожане» получили отказ. Рецензентов было трое, среди них — Гранин и Вера Кетлинская, и рецензии были положительные. Второй сборник «Горожан» был составлен из других рассказов и повестей. Каждый автор включил по два своих произведения. Игорь Ефимов — «Месяц в деревне», вошедший потом в его повесть «Лаборантка», и сборник афоризмов. Владимир Губин предложил в сборник «Бездорожье до сентября» и «Впечатления, потери». Владимир Марамзин предложил «Человек, который верил в свое особое назначение» и «Сам, все сам». Борис Вахтин дал для сборника «Одна абсолютно счастливая деревня» и «Несколько страниц из дневника без имен и чисел». Этот второй сборник датирован 1966 годом. Предисловие написал Давид Яковлевич Дар. Сборник не был опубликован.

Казалось бы, на этом можно было успокоиться — лбом стену не прошибешь. Тем не менее было решено сделать и третий сборник. Борис Вахтин пригласил Довлатова присоединиться к «Горожанам», кажется, в 1968 или 1969 году. В интервью с Ефимовым Митаев спросил, почему Вахтин выбрал Сергея Довлатова в качестве еще одного «горожанина», Ефимов ответил: «Он как-то виделся нам в нашем кругу. Тоже горожанин, пишет про город, тоже невероятно открыт иронии, всему смешному, тоже вглухую не печатается. Абсолютно тот же изгойский статус. Все сводило нас вместе». Для Довлатова это приглашение было очень важным, как знак признания со стороны состоявшихся писателей.

Но третий «Горожанин» не был, увы, даже собран. Участники сборника продолжали встречаться после этого, обмениваться рукописями, но совместное выступление в печати им казалось в то время уже безнадежным. «Горожане» так и не вышли.

В те годы Довлатов был так неуверен в себе (когда дело касалось общения с уже сложившимися литераторами), что требовал, чтобы я ходила с ним на все собрания «Горожан». Я до сих пор помню, как у него дрожала рука со свернутыми в рулон рукописями.

***

Некоторые писатели не выпускают из рук своего произведения, пока оно не закончено, не отшлифовано и не отполировано до блеска. Другие, и к ним относился молодой Довлатов, не могут не только закончить рассказа, но просто продолжать писать, не получив, как говорят американцы, *feedback*, то есть обратной связи. Часто Сергей звонил, чтобы прочесть по телефону всего лишь новый абзац.

Эта особенность свойственна не только начинающим. Евгений Шварц в своем эссе «Превратности характера» пишет о Борисе Житкове: «Борис работал нетерпеливо, безостановочно, читал друзьям куски повести, едва их закончив, очень часто по телефону. Однажды он позвал Олейникова к себе послушать очередную главу. Как всегда не дождавшись, встретил его у трамвайной остановки. Здесь же, на улице, дал ему листы своей повести, сложенные пополам, и приказал: „Читай! Я поведу тебя под руку!“».

Почти так же вел себя и Довлатов. Мы бесконечно разговаривали, гуляя по городу. Наши прогулки затягивались на несколько часов, и часто мы забредали то в Новую Голландию, то на Стрелку Васильевского острова, то в Александро-Невскую Лавру. В Лавру мы с Довлатовым отправились по моей просьбе. Мне хотелось найти могилу близкого папиного друга, Павла Павловича Щеголева, сына знаменитого историка Павла Алексеевича Щеголева. Пал Палыч, тоже историк, умер на операционном столе в возрасте тридцати с чем-то лет. Папа часто ездил на его могилу и брал меня с собой, но после папиной смерти я не была там ни разу и забыла место. Я помню, как мы с Сергеем стояли на заросшем берегу речки Монастырки. Был разгар тихой ленинградской осени, светло-желтые листья бесшумно кружились, падали в темную воду и через несколько минут исчезали из виду.

— Я бы не прочь обосноваться здесь, когда все это закончится, — сказал Довлатов, сделав рукой неопределенный жест, захвативший и бледно-голубое небо, и речку, и хилые деревца, и неухоженные могилы. Кажется, он забыл в эту минуту, что ненавидит природу.

— Сережа, а ты веришь в Бога? — спросила я. Он помолчал, как бы пытаясь найти точный ответ.

— Не знаю, — наконец сказал он. — Очень мало об этом думал, то есть редко поднимал рыло вверх.

Могилу мы не нашли, и я позвонила бывшей жене Пал Палыча Ирине Щеголевой, которая в те годы была замужем за художником Натаном Альтманом. Она объяснила, где находится могила, и через несколько дней Сережа опять поехал со мной в Лавру.

Вспоминая наши разговоры во время этих долгих прогулок, я как-то считала нормальным, что 99 процентов времени мы обсуждали его произведения. Он никогда не спрашивал о моей диссертации. Если я пыталась рассказать о состоянии моих университетских дел, у него стекленели глаза. Его действительно ничто больше не интересовало. В те годы Довлатов давал мне читать каждую написанную им строчку. Поначалу мое восхищение его прозой было безграничным, и я, захлебываясь, хвалила его при встрече или по телефону. Очевидно, мои постоянные восторги действовали как эликсир или бальзам для неуверенного в себе Довлатова.

Со временем я несколько отрезвела и начала замечать и литературное кокетство, и заметное подражание папе Хэму. Стала позволять себе критические замечания. Иногда, с разрешения автора, я делала эти замечания в письменном виде, на полях рукописи. Видит бог, я старалась быть деликатной, но, по молодости лет или по неопытности, видимо, все же недооценивала Сережиной ранимости. Он чувствовал себя несправедливо обиженным и переходил в атаку. Тогда возникали ссоры, и я становилась мишенью разнообразных шпилек. Часто довольно колючих. Когда по каким-то причинам нам несколько дней не удавалось встретиться — Сергей оставался в Комарове у Пановой или я уезжала в командировку — мы переписывались. И продолжали переписку, живя на расстоянии шести автобусных остановок друг от друга.

Приведенное ниже письмо, судя по всему, написано после очередной ссоры.

Май 1968 года, из Комарова
Милая Люда!

Письмо получил. От него зловеще повеяло холодом и душевным покоем. Придется разочаровать тебя: первые три дня следующей недели я проведу в городе. Так что твои надежды, что я исчезну с лица земли, не обоснованы. Андрей [Арьев — *Л. Ш.*] уезжает 5 июня. Я читал несколько Фединых писем [Федор Чирсков — *Л. Ш.*]. Он в них обычно притворяется флегматичным русским мелкопоместным барином, который в полдень, распахнув окно, глядит на пробегающую мимо дворню и слушает гудение пчелы. «А сны мне все больше снятся хорошие, море да горы».

Я его не люблю, наверно просто за то, что мы не похожи.

Что касается автодеклараций по поводу моих рассказов, то запомни раз и навсегда: *литература цели не имеет*. Вернее, к ней применима любая цель, укладывающаяся в рамки человеческих надобностей (врач, учитель, конферансье и т. д.). Для меня литература — выражение порядочности, совести, свободы и душевной боли. Я не знаю, зачем я пишу. Уж если так стоит вопрос, то ради денег. И я не уверен, что мои рассказы зарождаются именно во мне. Я их не создавал, я только записывал, мучительно подбирая слова, которые бы кое-как отвечали тому, что я слышу как голос извне. Ты знаешь, что я не отличаюсь большим самомнением. А сейчас пишу тебе совершенно искренне: все, что говорят о моих рассказах, как бы они ни были несовершенны, для меня откровение. И я не уверен, что над ними довлеет моя личная воля, то есть у меня нет и никогда не было такого ощущения. Разница же, соотношение между ценностью и истиной такое же, как между несдерживаемыми воплями на ложе любви и первым криком ребенка…

Слово «эссе» пишется двояко (оба варианта равноценны). Мне нравится «эссей» — так определенней. В русском языке есть прецеденты такого рода. Например: Корнейчук и Корней Чуковский (ха-ха-ха!).

Слово «экскременты» или, как ты пишешь, «экскрименты» вызывает у меня такие же сомнения, как и у тебя. По-моему, не так уж плохо, что мы с тобой оба не являемся эрудитами в этой смрадной области…

Я никогда не принимала дурные отзывы Довлатова о людях (в данном случае, о Феде Чирскове, но мы знаем куда больше примеров) всерьез. Они не столько выражали его мнение, сколько являлись проявлением его внутренней необходимости играть словами в любой ситуации — сочиняя прозу, обсуждая смысл жизни или злословя о друзьях. Так и здесь: он выговаривает мне за мою критику, но не может удержаться и от «пинка» Феде: «Не люблю, наверное, просто за то, что мы не похожи».

Или «…соотношение между ценностью и истиной такое же, как между несдерживаемыми воплями на ложе любви и первым криком ребенка». Понятно, что за второй фразой ничего не стоит, но звучит замечательно. Или, например: «Я не знаю, зачем я пишу. Уж если так стоит вопрос, то ради денег». Да не ради денег он так «мучительно подбирал слова». Деньги можно было заработать более легким трудом.

***

Весной 1969 года Сергей покинул кораблестроительную газету «За кадры верфям», посадив на свое место жену Лену, а сам решил получить новую профессию, способную прокормить его и его семью, а попутно придать ему сходство с Микеланджело. Задумал он стать резчиком по камню и поступил учеником к какому-то скульптору (фамилию его не помню). Мы виделись в это время реже, но письма шли своей чередой.

Без даты
Милая Люда!
Последнее время у меня не было ни малейшей возможности увидеться или поговорить с тобой. Мы работаем с утра до вечера. На днях сдадим работу, несколько дней пробудем в мастерской на Пискаревке, оттуда я смогу тебе звонить, а потом уедем на неделю охотиться, после чего отправляемся в Баку рубить некоего Мешада Азизбекова [Мешад Азизбеков (1876-1918) — один из расстрелянных бакинских комиссаров — *Л. Ш.*], одного из 26 неврастеников. На службе у меня все в порядке. Тружусь я с большим усердием, потому что хочу в течение года получить квалификацию резчика по камню, с которой я нигде не пропаду. После литературы это самая подходящая профессия.
Я прочел твои заметки на полях рукописи романа и повести. Все они справедливы и уместны, но меня обидел немного залихватский и чуть ли не злорадный тон этих записей. Ты порезвилась, Люда, а это нехорошо. Ты ведь знаешь, что литературные дела — главное в моей жизни и единственное, пожалуй. Я пишу очень старательно и с большим трудом, а в последний год с большим напряжением, потому что решил поломать свой стиль и отказаться от многих приемов, которыми в какой-то степени овладел, и истребить то, с чем освоился. Я знаю, что у меня пока не выходит, я со всеми твоими указаниями согласен, но иронизировать в таком случае не стал бы. В этих делах желательно быть таким же деликатным, как если ты обсуждаешь наружность чужого ребенка…

В Баку Довлатов не поехал, и с идеей стать резчиком по камню вскоре расстался. Но изображать из себя этакую незначительную персону не перестал. Летом 1968 года тяжело заболевшая писательница Вера Панова предложила Довлатову быть два-три раза в неделю ее секретарем. Она со своим мужем Давидом Яковлевичем Даром жила в Доме творчества. Сережа ездил к ним в Комарово и делился в письмах ко мне своими впечатлениями.

1968 год, Комарово
Дорогая!
Попытаюсь отнестись к твоей жизни мудро, хотя, разум, грубо говоря, не мой конек. Я хочу, чтобы ты была честной, осмотрительной и корыстной по отношению ко мне. Дни милого безумия прошли. Наступила эра планомерного умопомешательства.
Если уж сегодня не околею, это будет просто чудо. Вскочил я без пяти восемь, не жравши, с опухшим рылом, вниз бегом по эскалатору, вверх бегом по эскалатору... Электричка, песни под гитару. А в электричке все твердое, голова падает, ударяется. Одно утешение — читать будем «Историю рассказчика».
Дом творчества набит веселым, мохнатым зверьем с человеческими глазами. Среди писателей довольно часто попадаются однофамильцы великих людей. В частности, Шевченко и Белинский. Мне нестерпимо захотелось взглянуть на писателя по фамилии Белинский, и я зашел к нему как бы за спичками. Белинский оказался довольно вялым евреем с бежевыми встревоженными ушами. Между Пановой и Даром происходят такие прелестные дискуссии.

Дар: «Все-таки Хемингуэй в романе „Прощай, оружие" очень далеко плюнул».
Панова (*раздумчиво*): «Однако „Войны и мира" он не переплюнул».
Дар (*раздумчиво же*): «Это верно. Но тем не менее он очень далеко плюнул».
Я (*молча*): «п?№%=!=!§!»

«Записки тренера» подвигаются довольно быстро и сулят сто страниц. 40 — готовы. В этой повести я использую совершенно новый для себя стиль, который замыкается не на слове, не на драматическом соприкосновении слов, а на тех состояниях, на той атмосфере, что должна быть воссоздана любой ценой, любым языком. В этой повести слова гораздо облегченнее, прохладнее. Я хочу показать мир порока, как мир душевных болезней, безрадостный, заманчивый и обольстительный. Я хочу показать, что нездоровье бродит по нашим следам, как дьявол-искуситель, напоминая о себе то вспышкой неясного волнения, то болью без награды. Еще я хочу показать, что подлинное зрение возможно лишь на грани тьмы и света, а по обеим сторонам от этой грани бродят слепые.

Так вот скромненько выглядят мои творческие планы. Но вообще-то настроение у меня неважное. Я знаю, как возвращаются мужья из дальних странствий, привозят подарки, все садятся за стол и выпивают немножко спирта, который ты для меня пожалела.

Вот и все. Пишу в электричке, получилось неразборчиво и, наверно, глупо. Никогда не перечитываю писем, а то бы все порвал...

И здесь хлесткость характеристик объектов его сатиры, как и описание новой манеры письма, — все это составляет живую ткань его литературы. Что бы он ни делал, чем бы ни занимался, он занимался литературой. Даже когда писал: «Дни милого безумия прошли. Наступила эра планомерного умопомешательства».

...Кто-то сказал о Толстом: «Лев Николаевич весил 80 килограммов, но это были 80 килограммов чистой литературы». Я бы сказала то же самое о Довлатове с той оговоркой, что он весил в два раза больше.

Иногда от Сергея по почте приходили шутливые стишки а-ля Николай Олейников, мини-новеллы, а иногда, как он выражался, «Мысли». Например:

1. Роковой мужчина

По Разъезжей шла кошка, черная как ночь. Подвыпивший Далметов[3] перебежал ей дорогу, направляясь в гастроном. Кошка загляделась на неземную его красоту и в ту же минуту провалилась в люк, где и умерла в страшных мучениях.

2. Старый ученый

Профессор В. Я. Пропп был очень стар. Умственные усилия вконец утомили его. Однажды он присутствовал на ученом совете и задремал во время своего собственного выступления.

---

3 В университете, в армии, в редакциях его довольно редкую фамилию искажали, и Сережа время от времени пользовался различными ее вариантами.

Или вот еще:

Среди всех других предметов
Выделяется Далметов
Несравненной красотой,
Неоцененной тобой.

Удивительно и мило,
Что пришла ко мне Людмила.
Напоила молоком,
И растаял в горле ком.

***

В нашей домашней библиотеке имелся уже довольно редкий в то время сборник Николая Олейникова. Как-то я весь вечер читала его стихи, и Довлатов пришел от них в восторг. Например, к красавице Ирине Щеголевой, вдове папиного друга Пал Палыча и близкой приятельнице моих родителей:

Тянется ужин.
Блещет бокал
Пищей нагружен,
Я задремал.

Вижу: напротив
Дама сидит.
Прямо не дама,
А динамит.

Гладкая кожа,
Ест не спеша…
Боже мой, Боже,
Как хороша.

Я поднимаюсь
И говорю:
— Я извиняюсь,
Но я горю!

— Я не весталка,
Мой дорогой!
Разве мне жалко?
Боже ты мой!

Жук-антисемит

И солнышко не греет,
И птички не свистят.
Одни только евреи
На веточках сидят.

Ох, эти жидочки!
Ох, эти пройдохи!
Жены их и дочки
Носят только дохи.

Дохи их и греют,
Дохи их ласкают,
Кто же не евреи —
Те все погибают.

Довлатов воодушевился и ответил Олейникову таким стихом:

Все кругом евреи,
Все кругом жиды.
В Польше и Корее
Нет другой среды.
И на племя это
Смотрит сверху вниз
Беллетрист Далметов —
Антисемитист.

Сергей впитывал смешное, как губка, и, слегка редактируя и видоизменяя, производил собственные шутки и остроты. Например, его фраза «две хулиганки — Сцилла Абрамовна и Харибда Моисеевна» почерпнута из любимого высказывания Рейна «что мне Гекуба Борисовна, что я Гекубе Борисовне?».

Мои родители очень дружили с одним из самых остроумных людей XX столетия Валентином Иосифовичем Стеничем (Сметаничем). Он был первоклассным переводчиком и перевел, в частности, «Улисса» Джойса и Дос Пассоса. Был расстрелян в 1938 году. Мама рассказывала, что его острого языка боялись, как чумы, и помнила множество его шуток. Довлатов, услышав их, очень расстраивался, что не он их автор.

Например, в редакции, где работал Стенич, не было вешалок, и все сотрудники и визитеры бросали пальто на столы и стулья. В один прекрасный день Стеничу это надоело, и он отправился к начальнику отдела снабжения. Тот, между прочим, еврей, как и Стенич. Стенич входит и говорит:

— Ну, допустим, вешалок у вас нет. Дайте хотя бы несколько гвоздей вбить в стену.

Снабженец отвечает:

— Гвоздей у нас тоже нет.

Тут Стенич прищурился и спрашивает:

— А Христа нашего батюшку распинать у вас были гвозди?

Мама рассказывала и про шутки Хармса, Олейникова и Евгения Шварца. Как-то Хармс вошел в редакцию и сказал: «Мне поставили телефон. Номер 32-08. Запомнить легко: 32 зуба и восемь пальцев».

Через несколько дней я позвонила Сергею и попросила телефон нашего общего знакомого. Дело было срочное. Он тут же его продиктовал. Я звонила несколько раз, но попадала не туда. Опять звоню Довлатову:

— Ты уверен, что 475-93 правильный телефон?

— Не 93, а 97.

— Ты сказал 93.

— Подумаешь, ошибся на четыре цифры. Какая разница!

Вообще ошибался он часто. Я как-то показала ему путеводитель по Ленинграду, где было написано, что в центре Дворцовой площади установлен Александрийский столп, увенчанный позолоченной фигурой ангела в натуральную величину с лицом Александра I. Довлатов тут же украсил этой информацией свое «Соло на ундервуде» следующим образом: «Писатель Уксусов: Над Ленинградом сияет шпиль Адмиралтейства. Он увенчан фигурой ангела в *натуральную* величину!»

Сергея (он же писатель Уксусов) не смутило, что шпиль Адмиралтейства увенчан не ангелом, а корабликом.

Я как-то упомянула, что люблю Тулуз-Лотрека и через несколько дней мне была преподнесена «Биография Тулуз-Лотрека» с такой дарственной надписью:

Я дарю тебе Тулуза,
Несравненного француза.
Пусть послужит сей Тулуз
Укрепленью наших уз.

К сожалению, я не могла похвастаться перед друзьями подарком. Печати свидетельствовали, что Сергей стащил Тулуза из библиотеки Дома писателей.

Вообще, отношения с чужими книгами у Довлатова складывались излишне интимные. Как-то он увидел у меня на полке первоиздание сочинений Белинского в кожаном тисненом переплете с золотым обрезом. Издание, надо сказать, редкое и ценное. Сергей сказал, что мечтает наконец прочесть классика русской критической мысли, потому что до той поры не пришлось. Я первоиздания и ценные книги из дома выносить не разрешала, и предложила ему взять советское издание Белинского в любой районной библиотеке. Довлатов настаивал, клянясь, что будет беречь ее, как собственный глаз. Я уступила. На другой день они с Валерой Грубиным отнесли Белинского в букинистический магазин на Литейный и загуляли.

Поскольку было трудно провести разграничительную черту между журналистской правдой и писательской выдумкой, я часто интересовалась, обсуждая Сережины рассказы, почему он одарил того или иного героя именно такой внешностью. Правда ли, что он (она) так выглядели, или он сочетает его (ее) наружность с придуманным им стилем поведения. Сережины ассоциации вызывали недоумение. Я как-то спросила, как бы он описал меня в своем рассказе. «Тебя я в своих рассказах вижу совсем непохожей на тебя по внешнему облику. Перечти „По прямой“. Когда я писал сцену в библиотеке в этом рассказе, я думал о тебе».

Однажды вечером я шел пешком из клуба. Музыка доносилась все слабее. Фонари не горели. Дорога была твердой от первых морозов. Помедлив, я неожиданно свернул к дощатому зданию библиотеки. Крутыми деревянными ступенями поднялся на второй этаж. Затем отворил дверь и стал на пороге. В зале было пусто и тихо. Вдоль стен мерцали шкафы. Я подошел к деревянному барьеру. Навстречу мне поднялась тридцатилетняя женщина, в очках, с узким лицом и бледными губами. Женщина взглянула на меня, сняв очки и тотчас коснувшись переносицы. Я поздоровался.
— Что вас интересует? Стихи или проза?
Я попросил рассказы Бунина, которые любил еще школьником. Расписался на квадратном голубоватом бланке. Сел у окна и начал читать.

Женщина несколько раз вставала, уходила из комнаты. Иногда смотрела на меня. Я понял, что внушаю ей страх. Тайга. Лагерный поселок, надзиратель. Женщина в очках.

Как ее сюда занесло? Зачем она передвигала стулья? Я встал, чтобы помочь. Разглядел ее старомодное платье из очень тонкой, жесткой, всегда холодной материи и широкие зырянские чуни...

Тут я случайно коснулся ее руки. Мне показалось, что остановилось сердце. Я с ужасом подумал, что отвык... Просто забыл о вещах, ради которых стоит жить... А если это так, сколько же всего успело промчаться мимо? Как много я потерял? Чего лишился в эти дни, полные ненависти и страха?!

Единственное сходство библиотекарши со мной заключалось в чунях. У меня, действительно, были чуни, или пимы, которые Витя привез мне в подарок из Воркуты. Ну, и узкое лицо, и очки. Впрочем, писателю виднее.

Итак, переписка с Довлатовым стала частью нашей жизни. Содержала она не только шутки и литературные раздумья, но и бытовые новости, и откровенные изъявления чувств. В те годы я полагала, что являюсь его единственным корреспондентом. Насколько Довлатов тяготел к эпистолярному жанру, я узнала только после его кончины, когда были опубликованы буквально сотни его писем семье, родственникам, друзьям и знакомым. Любовь Довлатова к писанию писем поразительна. Для писателя это качество редкое, для читателей — бесценное, тем более, что многие его письма ни что иное как разновидность рассказа, где героями выступают выдуманные им персонажи, но под реальными фамилиями. Поэтому ни в коем случае нельзя принимать за чистую монету даваемые этим персонажам характеристики.

***

Довлатов – Штерн
Здравствуй, моя железная и бескомпромиссная пожирательница перцовки!
Я прочел два американских романа, и вот что я понял. Янки не очень далеко продвинулись в смысле истины; кстати, истина, очевидно, не является для них краеугольным камнем ни в жизни, ни в искусстве, ни в политике. Зато они создали новые внезапные ценности, сумев придать им известную притягательность и силу воздействия на сердце, если не на ум.

Новости спорта: «Вчера во время хоккейного матча между динамовцами столицы и харьковским „Авангардом“ нападающий Диденко ударил полузащитника Петрова клюшкой по голове. „Это что еще за новости?!“ — сказал обиженный Петров…».

Почему истина не является краеугольным камнем для янки, непонятно, как не ясно, где же она является краеугольным камнем. Зато абсолютно понятно, на что обиделся Петров. Но почему, надо-не надо, обижался Довлатов, оставалось для меня долгое время загадкой. А может, делал вид, что обижен? Он перенял у Наймана шутливую фразу «обидеть меня легко, понять меня невозможно».

Необходимость прочесть мне только что написанные главы (или даже строчки) приводили иногда к самым непредсказуемым последствиям. Особенно если эта необходимость была подогрета ощутимым количеством алкоголя.

Однажды вечером Сергей позвонил и сказал, что ему надо незамедлительно обсудить «Чужую смерть». У нас были гости, и не простые, а кафедральные, во главе с моим научным руководителем. Впереди, в конце бесконечного туннеля, брезжила защита диссертации. Я предложила отложить обсуждение до завтра. Он заявил, что «водка Клааса стучит в его сердце», что звонит он из бани, и, если я не хочу, чтобы он «ввалился в таком виде в дом», пусть встречусь с ним на банной лестнице около медведя (мы жили в переулке Пирогова, и в нашем доме со стороны Фонарного переулка размещались знаменитые Фонарные бани). Я попросила его не валять дурака. Он попросил меня через три минуты выглянуть в окно. Я выглянула.

Январь. Пятнадцать градусов мороза. На улице темно и бело от снега. Под окнами мерцает Довлатов в одной рубашке. Рыжий пиджак и знаменитое пальто на горностае валяются у него в ногах. Сергей держит в руке горсть мелочи и бросает копейки в наши окна.

Нормальная *femme fatale*, иначе говоря, роковая женщина задернула бы портьеру и продолжала развлекать гостей. Шефа полагалось ублажать пирожками с капустой и беляшами. Но перед моим еврейско-материнским взором возникли картины плеврита, бронхита и воспаления легких. Накидываю пальто и вылетаю на улицу. Окутанный алкогольным туманом, молодой прозаик приветствует меня жестом братьев Фиделя и Рауля, то есть высоко поднятыми, сцепленными руками. В ярости начинаю его тузить. Довлатов хватает меня за горло. Все это без текста, но тяжело сопя. Тут заверещали проходившие мимо тетки. Довлатов, оставив жертву, подхватил пиджак и пальто и устремился через Фонарный мост к улице Герцена.

На следующее утро телефон разрывался, но я не снимала трубку. К вечеру принесли телеграмму: «Ваш телефон отключен за неуплату. Целую. Сергей».

Затем последовала серия писем:

1969 год, из Ленинграда в Ленинград
Милая Люда!
Как твоя шейка? Исполнитель несчастного мавра слегка переусердствовал. Ему ужасно стыдно, он проклинает систему Станиславского и обязуется в дальнейшем придерживаться условных традиций мейерхольдовского театра. Вторые сутки печатаю «Чужую смерть» и ничего не понимаю. Хорошо это или плохо. <...>
Ты столько занималась моими делами, что я решил со своей стороны поделиться отдельными афористическими соображениями по поводу твоей профессии. Должен тебя разочаровать. То, что вы претенциозно называете грунтами, на 80 процентов состоит из полусгнивших останков пяти миллиардов (точнее, 5,382,674,000) почивших на этой планете людей. Неисчислимые мегатонны человеческих экскрементов (я уж не говорю об испражнениях домашних животных, пушного зверя и птичьем помете) пропитали ту неорганизованную материю, которую вы кокетливо называете грунтами. Романтики! Наивные идеалисты! <...> Разложившиеся трупы нацистов, прах Сергеева-Ценского, Павленко, Рабиндраната Тагора, моча и кал ныне здравствующих членов Союза советских писателей (кстати, тебе известно, что в ССП в полтора раза больше членов, чем голов) — таков далеко не полный перечень отталкивающих ингредиентов, которые вы, ошельмованные простаки, самозабвенно нарекли грунтами. <...> На этом заканчиваю свой оптимистический эссей.

***

Довлатов был безукоризненно грамотным. Он должен был родиться профессором Хиггинсом. Его бросало в жар от неграмотного правописания и произношения. Конечно, этому способствовала Нора Сергеевна, много лет проработавшая в издательстве корректором, и тетка редактор Маргарита Степановна. Сергей был нетерпим к пошлым пословицам и поговоркам, к ошибкам в ударениях, к вульгаризмам. Люди, говорившие «позвОнишь», «катАлог», «пара дней», переставали для него существовать. Он мог буквально возненавидеть собеседника за употребление слов «вкуснятина», «ладненько», «кушать» («мы кушаем в семь часов»), «на минуточку» («он, на минуточку, оказался ее мужем»). «Звякни мне завтра утром» или «я подскочу к тебе вечером». Как-то в его присутствии одна барышня, описывая свой восторг по забытому мной поводу, сказала: «Мы пИсали кипятком». «Надеюсь, обварили себе ноги», — учтиво отреагировал Довлатов.

Петя Вайль в статье «Без Довлатова» вспоминает: «Достаточно было произнести при нем вялую пошлость типа „жизнь прожить — не поле перейти“, чтобы Сергей занудно приставал весь вечер: „Зачем ты это сказал? Что ты имел в виду?“».

Забавно, что его безупречный литературный вкус и слух оказались непреодолимыми препятствиями для описания сексуальных сцен.

— Знаешь, как я провел вчерашний вечер? — как-то пожаловался он. — Пытался описать любовную сцену. Отстукал страниц восемь и порвал, чтобы, не дай бог, мама или Лена не прочли. Наверно я страдаю повышенным целомудрием. А может, русский язык для этого не приспособлен.

— Очень даже приспособлен. Но надо быть Набоковым. Вспомни «Лолиту». Боюсь, что ты до нее не доплюнул. — Я, конечно, тоже не стеснялась в выражениях.

Сергей несколько раз показывал мне фрагменты одного рассказа. В нем описывалась тоска по любимой женщине, которая оставила его. Это было мужественное и трогательное описание потери и воспоминания об упущенных возможностях. К эротике никакого отношения не имело.

Через много лет, уже в Нью-Йорке, Довлатов предложил нам (мне и себе) написать в качестве упражнения две эротические страницы и прочесть друг другу. Не грубое порно, а именно эротические. Без хамских наименований предметов, участвующих в этом деле, а как бы метафорически. На следующий день я была в «Новом русском слове». Главный редактор Андрей Седых, он же Яков Моисеевич Цвибак, ко мне благоволивший, пригласил меня на ланч в рыбный ресторанчик за углом. Он часто посещал это рыбное место, потому что дружил с владельцем, и тот вывесил в витрине большой портрет Седыха, державшего на вытянутых руках живого лобстера.

В ресторане, разомлевши от мозельского вина, я пожаловалась старшему товарищу на предстоящую задачу, которая по моему темпераменту казалась очень трудной. У Якова Моисеевича загорелись глазки, и он сказал, что если я не буду шокирована, он расскажет эпизод из своей жизни, который, по его мнению, элегантно начал бы описание эротической сцены. Я думаю, что не нанесу ущерба его памяти, рассказав его, потому что, во-первых, уже тогда главному редактору было за восемьдесят, во-вторых, — если это правда, — то он в молодости был большим молодцом, а в-третьих, я уверена, что он это выдумал.

Итак, они с Женькой (так он называл ее в рассказе) недавно поженились. Он был безумно влюбленным мужем, все время желал ее развлечь и ублажить. Раннее утро. Женька в объятиях Морфея. Яков Моисеевич просыпается первый, идет на кухню и готовит завтрак, который собирается подать ей в постель. Кипящий чайник он надевает на… сами знаете что, через него же перекидывает две салфетки, в обеих руках держит саксонские чашки на блюдцах и с ложечками, а в зубах — свежую розу. Если ему удастся не споткнуться и не ошпарить себя кипятком, он, наклоняясь, будит ее, щекоча розой ее лицо.

Рассказ меня растрогал, но не помог. Я не чувствовала ничего эротического в транспортировке кипящего чайника на… сами знаете чем. Я решила написать сцену, как невинная, робкая девица отдается брутальному мужчине (скажем, субтильная Джульетта Мазина Энтони Куинну из фильма Феллини «Дорога»). Важно помнить, что задачей было описать не изнасилование, а эротическую сцену. Существенное, между прочим, различие. Дзампано должен каким-то образом пробудить в ней сексуальность. Спрашивается, каким?

Я начала свое упражнение так:

Джина надела белое платье с кружевным воротником, забилась в угол стойла и, устроившись на куче душистого сена, прислушивалась к его шагам. За перегородкой мирно похрустывала сеном ее любимая вороная Перл. Джина пригладила копну пшеничных волос, и в этот момент ворота распахнулись, и Георг, вместе с ветром и солнцем, ворвался внутрь. Не глядя на Джину, он набросил засов на ворота, быстрым, спортивным движением скинул брюки и бросил их в угол на кучу сена…

Чтение происходило в гостях у Гены Шмакова. Хозяин ушел на кухню за чайником. Не помню, на чем он собирался принести его к столу. Мое чтение было прервано тонким завываньем. У Довлатова, моего единственного слушателя, по его выражению, «хлынула водка из носа», когда он уронил голову в пельмени. Таким образом, ни он, ни остальное человечество не узнало, как Георг разбудил Джинину сексуальность, а Довлатов, отхихикавшись, сказал, что его эротическая сцена еще в работе. Вероятно, он с ней так и не справился.

Много лет спустя, анализируя в письме Ефимову его роман «Архивы страшного суда», Довлатов писал:

> Не понравились сексуальные сцены. В них есть какая-то опасливая похабщина. Мне кажется, нужна либо миллеровская прямота: «моя девушка работала, как помпа», либо — умолчания, изящество, а главное — юмор. Всякие натяжения в паху, сладкие истомы, искрящиеся жгуты в крестцах, краснота, бегущая волнами к чему-то там — все это у меня лично вызывает ощущение неловкости.

Последнее описание вовсе не принадлежит Ефимову. Где Довлатов его подцепил, понятия не имею. Ефимов утверждает, что он ничего такого не писал. Впрочем, возвращаясь назад в 1968 год, я вспоминаю, как высоко Довлатов оценил любовную сцену в романе Хемингуэя «По ком звонит колокол» (в переводе Н. Волжиной и Е. Калашниковой), написанную без всякого юмора, которого Сергей требовал от Ефимова, но зато с избытком красных и золотисто-желтых цветов:

> Потом был запах примятого вереска, и колкие изломы стеблей у нее под головой, и яркие солнечные блики на ее сомкнутых веках, и казалось, он на всю жизнь запомнит изгиб ее шеи, когда она лежала, запрокинув голову в вереск, и ее чуть-чуть шевелившиеся губы, и дрожанье ресниц на веках, плотно сомкнутых, чтобы не видеть солнца, и ничего не видеть, и мир для нее был тогда красный, оранжевый, золотисто-желтый от солнца, проникавшего сквозь сомкнутые веки, и такого же цвета было все — полнота, обладание, радость, — все такого же цвета, все в такой же яркой слепоте. А для него был путь во мраке, который вел никуда, и только никуда, и опять никуда, и еще,

и еще, и снова никуда, локти вдавлены в землю, и опять никуда, и беспредельно, безвыходно, вечно никуда, и уже больше нет сил, и снова никуда, и нестерпимо, и еще, и еще, и еще, и снова никуда, и вдруг в неожиданном, жгучем, последнем весь мрак разлетелся и время застыло, и только они двое существовали в неподвижном остановившемся времени, и земля под ними качнулась и поплыла…

Отдавая должное довлатовскому вкусу вообще и литературному вкусу в частности, не могу не отметить, что и он, бывало, давал петуха. Иногда спохватывался и охотно над собой подтрунивал, объясняя это «эстрадными генами» своего отца.

Из письма к И. Ефимову:

> Переписывая «Зону», я обнаружил, застонав от омерзения, такую фразу: «Павел! — пожаловалась она ему на эти руки, на эти губы пожаловалась она ему. — Павел!».
>
> Вообще, моя мать считает, что у меня плохой вкус. Может быть, это так и есть. Во всяком случае, я долгие годы подавляю в себе желание носить на пальце крупный недорогой перстень.

Мне кажется, даже эта жалоба на плохой вкус сформулирована с изяществом, которое говорит о безупречном вкусе. Это не он подавляет желание, а его эстетическое чутье сопротивляется. Для крупного перстня — хоть дорогого, хоть дешевого — у Сергея были слишком маленькие руки и короткие пальцы.

А вот другой пример. Когда создавался «Новый американец», Довлатов с гордостью сообщил мне, что они с Бахчаняном придумали для газеты удачные рубрики — «Я тебя умоляю» и «Архипелаг Гудлак». В начале восьмидесятых советские ГУЛАГи были еще в расцвете, а Гудлак по-английски значит «желаю удачи».

— Вопиющая безвкусица! — взвыла я, умоляя его не позориться. Сергей внял.

Но вовсе не всегда он был таким покладистым. Однажды он сообщил о замечательной находке, которую собирался включить (и включил) в «Соло на ундервуде», а именно фразу «Самое большое несчастье моей жизни — гибель Анны Карениной».

— Сережа, постыдись, это самореклама и безвкусица.

— Бродский сказал, что вкус нужен только портным, — парировал Довлатов.

— Это сказал Ларошфуко.

— Лично мне это сказал Бродский, — упрямо повторил Сергей.

— А хочешь знать, что сказал о тебе Мандельштам? «Сестры — поза и фраза — одинаковы ваши приметы».

На самом деле у Мандельштама: «Сестры — тяжесть и нежность — одинаковы ваши приметы». Этой «позы и фразы» Довлатов не простил мне до конца своей жизни.

***

В юности он бредил Америкой. Как и вся наша компания, восторгался американской литературой, американским джазом, американскими вестернами, американским пост-экспрессионизмом и американскими детективами, хотя впоследствии утверждал, что не любит этот жанр. Сергей посмеивался над своим, как любили тогда писать в газетах, «преклонением перед Западом» и, чтобы продемонстрировать ироническое отношение к себе и к предмету поклонения, сочинил пародию на шпионский роман — сентиментальный мини-детектив «Ослик должен быть худым». Это прелестный, смешной фарс, написанный с довлатовской наблюдательностью и строгим соблюдением правдивых деталей на общем фоне полного абсурда. Впрочем, мы поссорились по поводу самой первой фразы, из которой явствовало, что завтрак героя, шпиона Джона Смита, состоял из чашки кофе и крепчайшей сигареты «Голуаз».

Я утверждала, что американцы из принципа не курят французские сигареты и предлагала заменить «Голуаз» на «Кэмел». Кроме того, я возражала против «маленького служебного бугатти» — американские разведчики, полагала я, в своей стране ездят на бьюиках и фордах.

— И вообще, откуда ты взял бугатти?

Оказалось, что у актера Николая Черкасова, с женой которого дружила Нора Сергеевна, был трофейный бугатти.

Довлатов был мастер придумывать заглавия. Он придумал удачное название моей первой книги «По месту жительства», за что я ему глубоко признательна. Что касается его детектива «Ослик должен быть худым» или нашего с ним несостоявшегося голливудского фильма «Солнечная сторона улицы», о котором я напишу позже, эти названия интриговали и ошеломляли своей полнейшей бессмысленностью.

Глава пятая
Кавказские мотивы

1. Армянские

Полу-армянин Довлатов в Армении никогда не был. Он вообще не бывал на Кавказе и вблизи не видел гор. Его блестящие описания армянской родни в «Наших» основаны на рассказах Норы Сергеевны. Но пятьдесят процентов армянской крови себя очень даже «оказывали» в характере и поступках Сергея и, вообще, в его интересе к этой стране.

Например, он гордился тем, что американский писатель Уильям Сароян и английский писатель Майкл Арлен армяне. Мы вместе читали роман Майкла Арлена «Зеленая шляпа» и не могли решить: 1) за что его терпеть не мог Хемингуэй, и 2) за что им восхищался Набоков.

В пьесе Хемингуэя «Пятая колонна» есть такая сцена. Филип и Дороти проводят последнюю перед расставаньем ночь и мечтают о том, как они будут счастливы вместе после войны.

«ФИЛИП: ...И мы будем глотать коктейль с шампанским в баре и спешить к обеду у Ларю, а в субботу ездить в Салонь стрелять фазанов. Да, да, чудесно. А потом еще слетать в Найроби и посидеть в уютном «Матайга-клубе», а весной немного рыбной ловли для разнообразия. Да, да, чудесно. И каждую ночь вдвоем в постели. Чудесно, правда?

ДОРОТИ: О, милый, просто изумительно! Но разве у тебя так много денег?

ФИЛИП: Было много, пока я не пошел на эту работу.

ДОРОТИ: И мы поедем во все эти места? И в Сен-Мориц тоже?

ФИЛИП: Сен-Мориц? Какое мещанство! Китцбухель, ты хочешь сказать. В Сен-Морице рискуешь встретиться с кем-нибудь вроде Майкла Арлена.

ДОРОТИ: Но тебе вовсе незачем с ним встречаться, милый. Ты можешь не узнавать его. А мы на самом деле туда поедем?

ФИЛИП: А ты хочешь?

ДОРОТИ: О, милый!»

(Перевод Е. Калашниковой и В. Топер)

Я была в Армении задолго до знакомства с Довлатовым. После третьего курса Горного института я провела целое лето на практике в селе Цамакаберд, на озере Севан. Закончив полевые работы, я два месяца занималась обработкой полевых данных (камералкой) в Ереване. Память сохранила персиково-розовый город, звон цикад, аромат душистого горошка, разноцветные брызги подсвеченных по вечерам фонтанов. Особенно торжественным и прекрасным был город Эчмиадзин, духовный центр апостольской церкви армян, потому что летом 1956 года в то время, когда я там оказалась, из Румынии прибыл (ныне уже покойный, а тогда молодой красавец) католикос Вазген. Мне даже посчастливилось познакомиться с ним и с его наместником, восьмидесятидвухлетним архиепископом Серпазаном, племянник которого Вартан, скрипач Ереванской филармонии, был моим приятелем детства. Мы оказались в Эчмиадзине в день освящения кафедрального собора после капитального ремонта, сделанного на пожертвования американских армян. День был яркий и особенно сияющий. Суетились журналисты, звонили колокола, призывая к вечерней службе.

Архиепископ, высокий старец с аметистовым крестом на груди, поразил меня своим величием и простотой. На вопрос наглого репортера: «А вы верите-то в Бога, Серпазан-джан?» он с мягкой улыбкой ответил: «Мой Бог, мальчик, это моя совесть». Когда Вартан подвел меня к архиепископу, Серпазан спросил: «Вы замужем?» Услышав «да», он благословил меня и сказал: «Желаю вам быть прабабушкой». Ну что ж, моему правнуку Саше скоро исполнится год.

…Довлатов мог часами слушать армянские байки. Как-то я рассказала ему о буровом мастере Саркисе Амирджаняне, знаменитом в Цамакаберде тем, что он, как в добрые старые времена, похитил свою будущую жену. Саркис пригласил меня на двадцатую годовщину свадьбы, и за праздничным столом развлекал гостей рассказами о своей женитьбе на Анаит.

Саркис умыкнул Анаит из родительского дома, и ее четыре брата, источая смертельные угрозы и размахивая шашками, саблями и шампурами для шашлыков, носились на взмыленных лошадях, разыскивая парочку по соседним селам с целью отрубить Саркису голову, а сестренку Анаит навеки запереть в подвале. Однако, к вечеру в доме невесты были накрыты столы, и население Цамакаберда сообразило, что родители Саркиса и Анаит — добрые друзья, женитьба их детей была предрешена, и погоня с проклятиями представляла собой пышное театральное представление.

Несколько дней спустя Довлатов сочинил рассказ «Когда-то мы жили в горах». У меня было впечатление, что он только что с них спустился. Рассказ смешной и трогательный, удивительно точно передающий черты армянского характера: необузданный темперамент, простодушие, широту и гостеприимство. Некоторые фразы из этого рассказа стали в нашем кругу крылатыми. Например, герой спрашивает старую тетушку о здоровье:

— Хвораю, — ответила тетушка Сирануш, — надо бы в поликлинику заглянуть.

— Ты загляни в собственный паспорт, — отозвался грубиян Арменак.

Вот уже более сорока лет, когда кто-нибудь жалуется на здоровье, наделенные чувством юмора друзья рекомендуют заглянуть в собственный паспорт.

Почти каждая фраза этого рассказа — маленький музыкальный шедевр. Вслушайтесь:

Когда-то мы жили в горах. Эти горы косматыми псами лежали у ног. Эти горы давно уже стали ручными, таская беспокойную кладь наших жилищ, наших войн, наших песен. Наши костры опалили им шерсть…
Когда-то мы жили в горах. Тучи овец покрывали цветущие склоны. Ручьи — стремительные, пенистые, белые, как нож и ярость — огибали тяжелые, мокрые валуны. Солнце плавилось на крепких армянских затылках. В кустах блуждали тени, пугая осторожных…
Шли годы, взвалив на плечи тяжесть расплавленного солнца, обмахиваясь местными журналами, замедляя шаги, чтобы купить эскимо. Шли годы…

У этого рассказа необычная судьба. Он оказался первым произведением Довлатова (не считая журналистских опусов), которое увидело свет в Советском Союзе до эмиграции Сергея. Появился рассказ в журнале «Крокодил». А дальше случилось вот что. Прочтя рассказ, некоторые армяне жестоко обиделись на автора, «глумившегося над великим армянским народом». В редакцию «Крокодила» посыпались жалобы и угрозы. Одни грозились расторгнуть подписку на «Крокодил», другие — не покупать журнал в киосках, третьи — не брать в библиотеках. Особо вспыльчивые обещали разделаться с автором и редактором физически. Наиболее оскорбительным показался читателям такой диалог:

> Дядя Хорен поднял бокал. Все затихли.
> — Я рад, что мы вместе, — сказал он, — это прекрасно! Армянам давно уже пора сплотиться. Конечно, все народы равны. И белые, и желтые, и краснокожие… И эти… Как их? Ну? Помесь белого с негром?
> — Мулы, мулы, — подсказал грамотей Ашот.
> — Да, и мулы, – продолжал Хорен, — и мулы.

Главный редактор «Крокодила» потребовал, чтобы Довлатов немедленно написал покаянное письмо. Сергей в панике позвонил мне в Москву, где я в то время писала в МГУ диссертацию. Я предложила ему приехать, чтобы лично, пустив в ход все ресурсы своего обаяния, уладить скандал. Мы написали письмо, в котором мели хвостом перед довлатовскими соотечественниками, и вместе пришли в «Крокодил». Один он идти на расправу отказывался, и я осуществляла моральную поддержку. Наше «объяснительное извинение» опубликовали, но в дальнейшем «Крокодил» рассказы Довлатова неизменно отклонял, хотя лично главному редактору (запамятовала его фамилию) они очень нравились.

2. Грузинские

У Довлатова есть ранний рассказ «Блюз для Натэллы», который, как и все его рассказы, долго ждал публикации. Этот изящный рассказ читается, как пьется драгоценное вино. Уже после смерти Довлатова Бродский писал, что рассказы Сергея держатся на ритме, на каденции авторской речи, что они написаны, как стихотворения. Он особенно восхищался ритмичностью «Блюза» и называл его поэмой в прозе.

Я сжимаю в руке проржавевшее это перо. Мои пальцы дрожат, леденеют от страха. Ведь инструмент слишком груб. Где уж мне написать твой портрет! Твой портрет, Бокучава Натэлла!

Кто же эта таинственная Натэлла?

После окончания Горного института меня распределили в проектный институт с непроизносимым названием Ленгипроводхоз на Литейном, дом № 37. Пришла я туда в состоянии необратимой беременности. Предвидя мой длительный декретный отпуск, начальница отдела меня возненавидела. Она громогласно объявила, что я «легла тяжелым бременем на бюджет отдела», и отправляла в командировки на самые гнусные объекты, куда надо было тащиться с ночными пересадками. Сотрудники норовили от них отбояриться. Но однажды молодая женщина, инженер из нашего отдела, Натэлла Бокучава, подошла к боссихе и сказала: «Кира Васильевна, она же (жест в мою сторону) едва ходит. Давайте я поеду, я свой проект как раз сегодня закончила».

До этого мы с Натэллой только здоровались и в приятельских отношениях не состояли. Но после ее королевско-джентльменского поступка очень подружились. Всем своим обликом Натэлла выделялась на сером фланелевом фоне советских итээров[4]. Во-первых, она была настоящей грузинской красавицей — высокая, статная, чернобровая, глаза, как сливы. И характер живой и смешливый. Чувство юмора у Натэллы было редкостное. Ее отец, оперный певец, жил в Сухуми, и Натэлла каждое лето уезжала к нему в отпуск. На Кавказе за ней назойливо, но как правило безуспешно ухаживали местные кадры, и, вернувшись домой после отпуска, Натэлла забавляла нас рассказами о романтических злоключениях своих поклонников.

В конце шестидесятых наши пути разошлись. Я поступила в аспирантуру в ЛГУ, Натэлла уехала «за длинным рублем» в Монголию. Потом мы эмигрировали. С Натэллой Бокучавой я не виделась, наверно, лет тридцать.

4 Инженерно-технический работник.

И вот в 1992 году у меня в Бостоне раздался телефонный звонок.

— Людмила, привет! Ни за что не угадаешь, кто это... Ну, не буду мучить... Это Натэлла Бокучава.

— Натэлла? Господи! Где ты?

— В Петербурге. Специально разыскала тебя, чтобы сказать, что я только что прочла рассказ о себе, довлатовский блюз. Я понятия о нем не имела. А тут напечатали в газете «Петербургский литератор», и весь город звонит и поздравляет. Ведь это с твоей подачи я стала знаменитостью!

— Слушай, Натэлла, — кричала я через океан, — освежи мою стареющую память! При каких обстоятельствах ты познакомилась с Довлатовым?

— Диктуй адрес, напишу письмо.

И вот отрывок из Натэллиного письма:

Теперь о Довлатове... 12 января 1968 года, в день моего рождения, ты позвонила и сказала: «Поздравляю... Желаю... Ну, все, что полагается в таких случаях. В прошлом году у тебя было так весело и вкусно!».
— Так в чем же дело? Где ты?
— Я из автомата, но я не одна.
— А с кем?
— С приятелем. Довлатов его фамилия.
— Кто такой Довлатов?
— Мой приятель, молодой писатель.
— Так давай приходи с Довлатовым!
И вы пришли. Народ у меня был разношерстный. Все уже изрядно выпили. Я усадила вас за стол. Когда приедешь, покажу даже место, где вы сидели — можно вешать мемориальную доску! Я вас угощала, чем могла. Вы выпили и что-то съели, очень тихо, почти молча. А остальная компания вела себя довольно развязно и шумно — рассказывали анекдоты, ржали, перебивали друг друга. Довлатов за весь вечер не проронил ни звука, и вы вскоре откланялись.

Прочтя письмо, я вспомнила тот вечер. Мы с удрученным трезвостью Довлатовым болтались по городу. Он был мрачен и суров, но домой идти не хотел. Я вспомнила о дне рождения Натэллы, и, надеясь его развлечь, напросилась к ней в гости. Веселья не получилось. Довлатов (особенно, если трезвый) тушевался в незнакомых бойких компаниях. Мне казалось, что он изнывал от скуки, и мы скоро ушли. Чтобы предотвратить разнос, я начала рассказывать истории о Натэллиных грузинских ухажерах. Несколько дней спустя, веселый и оживленный Сергей вручил мне для прочтения «Блюз». У меня долгое время хранился его первый машинописный вариант. Не могу избежать искушения привести его на этих страницах.

Блюз для Натэллы

В Грузии — лучше. Там все по-другому. Больше денег, вина и геройства. Шире жесты и ближе ладонь к рукоятке кинжала [Впоследствии Сергей сменил «кинжал» на «нож» и, по-моему, стало хуже. — *Л. Ш.*].

Женщины Грузии строги, пугливы, им вслед не шути. Всякий знает: баррикады пушистых ресниц неприступны.

В Грузии климата нет. Есть лишь солнце и тень. Летом тени короче, зимою — длиннее. В Грузии — лучше. Там все по-другому...

Я сжимаю в руке проржавевшее это перо. Мои пальцы дрожат, леденеют от страха. Ведь инструмент слишком груб. Где уж мне написать твой портрет! Твой портрет, Бокучава Натэлла!

О, Натэлла! Ты — чаша на пиру бородатых и сильных! Ты — глоток родниковой воды после драки! Ты — грустный мотив, долетевший сюда из неведомых окон! Ты — ливень, который застал нас в горах! И дерево, под которым спаслись мы от ливня! И молния, разбивающая дерево в щепки!.. Ты — юность прекрасной страны!..

Каждое утро Натэлла раздвигает тяжелые воды Арагвы. На берегу остается прижатый камнем сарафан, часы и летние туфли. Натэлла уплывает, изменчиво белея под водой. Тихо шелестят на берегу кусты винограда «Изабелла». А за кустами в этот момент бушуют страсти. Там давно сидит на корточках Арчил Пирадзе, зоотехник.

Час назад Арчил Пирадзе вышел из дому.

— Арчил, — заявила ему старуха Кеке Пирадзе, — я жду. Я переживаю, когда тебя нет. Вот смотри, я плюю на крыльцо. Пока оно сохнет, ты должен вернуться.

— Хорошо, — сказал Арчил.

Старуха плюнула и ушла в дом. Тогда ее сын начал действовать. Он вытащил из-под крыльца заржавленное ружье. Потом зарядил его и направился к реке.

Теперь он сидит на корточках и ждет. Наконец смыкаются воды Арагвы. Натэлла ступает по гладким камням...

Что на свете прекраснее этой картины?! Каково это видеть Арчилу Пирадзе?! Арчилу, который приходит в беспамятство от гипсовой статуи, изображающей лошадь? И тогда Арчил Пирадзе хватает свое заржавленное ружье. Он поднимает его выше и выше. Затем нажимает курок.

Дым медленно рассеивается, смолкает грохот. Затихает далекое эхо в горах.

— Это опять вы, Пирадзе? — строго говорит Натэлла. — Так я и знала. Сколько это может продолжаться? Я давно сказала, что не буду вашей женой. Зачем вы это делаете? Зачем ежедневно стреляете в меня? Как-то раз вы уже отсидели пятнадцать суток за изнасилование. Вам этого мало, Арчил Луарсабович?

— Я стал другим человеком, Натэлла. Не веришь? Я в институт поступил. Более того, я — студент.

— В это трудно поверить.

— У меня есть тетради и книги. Есть учебник под названием «ХИМИЯ». Хочешь взглянуть?

— Взятку кому-нибудь дали?

— Представь себе — нет. Бесплатно являюсь студентом-заочником.

— Я рада за вас.

— Так вернись же, Натэлла. Видишь козу, пасущуюся невдалеке? Она — твоя. У тебя будет все — патефон, холодильник, корова. Мы будем путешествовать.

— На чем?

— На карусели.

— Не могу. При всем обаянии к вам.

— Я изменился! — воскликнул Пирадзе. — Учусь. Потом и градом мне все это достается, Натэлла!

— Не могу. В Ленинграде, увы, ждет меня аспирант Рабинович Григорий, я дала ему слово.

— Я тоже выучусь на аспиранта. Прочту много книг. Можно сказать, я уже прочел одну книгу.

— Как она называется?

— Она называется — повесть.

— И больше никак?

— Она называется — Серафимович!

— Лично я импонирую больше Толстому, — сказала Натэлла.

— Я прочту его книги. Пусть не волнуется.

— Тихо! — сказала Натэлла, — вы слышите?

Из-за кустов доносились нежные слова:

> Ты сказала мне — нет!
> И по снегу, эх, по снегу ушла.
> Был суров твой ответ,
> Ночь в мученьях.
> Ах, в мученьях прошла...

По дороге медленно шел киномеханик Гиго Зандукели с трофейной винтовкой. Тридцать шесть лет оружие пролежало в земле. Его деревянное ложе зацвело молодыми побегами. Из дула торчал георгин.

Завидев Натэллу с Пирадзе, Гиго остановился. Винтовку он теперь держал наперевес.

— Вы пришли, чтобы убить меня, Гиго Рафаэлевич? — спросила Натэлла.

— Есть маленько, — ответил Гиго.

— Все только и делают, что убивают меня. То вы, Арчил, то вы, Гиго! Лишь аспирант Рабинович Григорий тихо пишет свою диссертацию о каракатицах. Он — настоящий мужчина. Я дала ему слово...

Тут вмешался Пирадзе:

— Кто дал тебе право, Гиго, убивать Бокучаву Натэллу?

— А кто дал это право тебе? — спросил Зандукели.

Одновременно прозвучали два выстрела.

Грохот, дым, раскатистое эхо. Затем — печальный и укоризненный голос Натэллы.

— Умоляю вас, не ссорьтесь. Будьте друзьями, Гиго и Арчил!

— И верно, — сказал Пирадзе, — зачем лишняя кровь? Не лучше ли распить бутылку доброго вина?!

— Пожалуй, — согласился Зандукели.

Пирадзе достал из кармана «маленькую». Сорвал зубами жестяную крышку.

— Наполним бокалы, — сказал он.

Закинув голову, Пирадзе с удовольствием выпил. Передал бутылочку Гиго. Тот не заставил себя уговаривать.

— Жаль, нечем закусить, — сказал Арчил.

— У меня есть луковица, — обрадовался Зандукели, — держи. Я захватил ее на случай, если меня арестуют.

— Будь здоров, Рабинович Григорий! — сказали они, допивая...

Два недели так быстро промчались. Закончился отпуск. В нашем промышленном городе — тесно и сыро. Завтра в одном ЦКБ инженер Бокучава склонится над кульманом. Ее загорелыми руками будут любоваться молодые, а также немолодые сослуживцы.

Натэлла шла вдоль перрона. Остался, наконец, позади стук колес и запах вокзальной гари. Забыта насыпь, бегущая под окнами. Забыты темные избы. Забыты босоногие ребятишки, которые смотрели поезду вслед.

Девушка исчезла в толпе, а я упрямо шел за ней. Я шел, хотя давно потерял Бокучаву Натэллу из виду. Я шел, ибо принадлежу к великому сословию мужчин. Я знаю, что грубый, слепой, неопрятный, расчетливый, мнительный, толстый, циничный — буду идти до конца. Я горжусь неотъемлемым правом смотреть тебе вслед. А улыбку твою я считаю удачей.

Довлатов видел Натэллу Бокучаву один раз в жизни. Рассказ о себе она впервые прочла два года спустя после его смерти.

Глава шестая
Алкогольная сюита

О своей литературной юности в «Невидимой книге» Довлатов пишет: «Ну и конечно же, здесь царил вечный спутник российского литератора — алкоголь. Пили много, без разбора, до самозабвения и галлюцинаций».

Это смотря какие литераторы. Вовсе не все пили до галлюцинаций. Такие литераторы, как Бродский, Рейн, Найман, Гордин и Ефимов, конечно же, любили кирнуть, но никто из них не погружался в длительные запои. То же самое можно сказать о моем муже Вите и его друзьях. Поэтому модус вивенди литературных и ученых алкоголиков был мне неведом, пока в середине шестидесятых в нашем доме не появилось двое серьезно пьющих друзей: молодой прозаик Сергей Довлатов и молодой ученый Юрий Дергунов.

Дергунов прозы не писал, но утверждал, что имеет прямое отношение к литературе, являясь поклонником Довлатова. Не исключено, что во время их совместных запоев и самозабвение, и галлюцинации имели место. Меня же всегда забавлял контраст в настроении и поведении наших героев под алкогольными парусами.

Юра Дергунов был коллегой и другом моего мужа Вити. Даже диссертации они защитили в один и тот же день. Почти такой же высокий, как Довлатов, но не тяжеловесный, а тонкий и легкий, он обладал необычайной природной грацией. Любой москвошвеевский пиджак сидел на нем превосходно, изящные руки были предназначены для лайковых перчаток лимонного цвета. Правда, я в жизни не встретила ни одного мужчины в лимонных лайковых перчатках. Зато я отлично помню папин рассказ, как в десятилетнем возрасте он сидел со своим отцом в кафе на Невском, и туда вошел граф Феликс Юсупов в желтых лайковых перчатках. Он купил кусочек рокфора и удалился. Мой маленький папа огорчился, что не успел его разглядеть. Но, к счастью, граф забыл на прилавке свои перчатки и вернулся за ними. Папа утверждал, что граф Юсупов, натягивающий лимонного цвета перчатки, запомнился ему как эталон элегантности.

Однако вернемся к Юре Дергунову. С русыми вьющимися волосами, римским носом и словно по лекалу очерченным ртом, Юра — одень его в бархатный камзол, алый плащ и шляпу с пером, — сошел бы за принца Альберта из «Жизели» или Зигфрида из «Лебединого озера». А выполненный в мраморе, возможно, напоминал бы римского императора. Голову он держал чуть набок, словно прислушиваясь к звукам своего внутреннего мира. Серые, как Балтийское море, глаза, смотрели на мир с выражением легкой, фальшивой печали. Дергунов был классическим алкоголиком. Но, в отличие от Довлатова, которого алкоголь делал агрессивным и несчастным, Юра во время запоев светился от радости. Его пьяные выходки были изобретательны и остроумны, и люди, которых они непосредственно не касались, находили их очаровательными. Няня Нуля, несравненная по части награждения наших друзей прозвищами, называла его Юрка Шкодливый.

Однажды Витя Штерн и Юра Дергунов были посланы в командировку на Волгоградский алюминиевый завод. Юра к самолету не явился. Витя улетел один и неделю батрачил за двоих, в ожидании коллеги, который запил где-то в Сосновой Поляне у некой Жанночки. Вообще все Юрины барышни имели забористые китчевые имена, употребляемые исключительно с ласкательными суффиксами. Например: Эльвирочка, Агнессочка, Мальвиночка. Итак, нагулявшись у Жанночки, Дергунов вспомнил про Волгоград, приехал в аэропорт и погрузился в самолет. В Волгограде у трапа стояла черная Волга с блондинкой.

— Ар ю мистер Бродхау? – спросила блондинка, будучи переводчицей Интуриста (как сказал бы Бродский, Дергунов легко канал за иностранца).

— Йес, оф корс, — ответствовал Юра, направив в барышню струю алкогольного пара.

— Ни хрена себе, британец в стельку, — сказала по-русски блондинка, — не только наши заливают.

— Уелком ту Волгоград! Нау ай уил тэйк ю ту ер хотел. Ю рефреш еселф зээр энд ин ан аур уи уилл го ту зе симпозиум (Сейчас я отвезу вас в отель. Там вы освежитесь, а через час мы поедем на симпозиум).

Она подвела Дергунова к блестящей «Волге», и они покатили в интуристовский отель для избранных иностранцев, где его вкусно и обильно накормили. Судьба настоящего мистера Бродхау осталась Юре неизвестной. Вполне возможно, он тоже опоздал на самолет по причине загула.

Вытерев крахмальной салфеткой остатки севрюги со своего мужественного подбородка, отрезвевший Дергунов поцеловал руку переводчице и на прекрасном русском языке информировал девицу, что никакого симпозиума в его планах не значится и попросил отвезти его на алюминиевый завод. «И если вечером вы свободны, мы можем вместе пообедать. А дальше... Как сложится».

Сложилось так, что Дергунова отвезли в отделение милиции, где он и протомился пятнадцать суток. Вернулись они в Ленинград вместе с Витей. Благодаря Юриному обаянию обошлось без письма милиции в институт.

Однажды, исчерпав все алкогольные ресурсы, Довлатов с Дергуновым оказались в половине третьего ночи на Васильевском острове в ситуации острой недопитости и тотального безденежья. И Юре пришла в голову мысль поживиться у папани, благо они оказались недалеко от его дома. Дергунов-старший, доктор исторических наук, отсидел положенные восемнадцать лет и, вернувшись в Ленинград, некоторое время преподавал в институте иностранных языков, где, по выражению сына, надыбал аспирантку Веронику, Юрину ровесницу. Преподавание и молодая жена оказались непосильной нагрузкой для Дергунова-старшего. Он вышел на пенсию и пописывал в стол свои мемуары.

Итак, Дергунов с Довлатовым решили заглянуть к Дергунову-папе. Ключ от квартиры у Юры имелся, важно было лишь проникнуть в дом тихо, не потревожив отца и мачеху. В передней Дергунов долго шарил в поисках выключателя, пока не сшиб прислоненную к стене стремянку. Сергей, пытаясь водрузить ее на место, двинул по хрустальной люстре. Раздался грохот и звон разбитого стекла. Отец, накаченный снотворным, не проснулся, но Вероника в розовом пеньюаре, как фея, материализовалась в дверях спальни, сладко потягиваясь и улыбаясь. На лице — ни удивления, ни гнева. Возможно, ночной визит пасынка вовсе не был такой уж неожиданностью. Сергей, стремительно трезвея, начал извиняться, но Вероника промурлыкала «что вы, я рада» и, потрепав Юру по щеке, пригласила друзей в кухню. Из холодильника возникла непочатая бутылка водки, польская колбаса и банка сайры. Завязалась интеллектуальная беседа. Через полчаса Вероника оказалась у пасынка на коленях. В тот момент, когда она стала расстегивать его рубашку, Дергунов встрепенулся. Время от времени он вспоминал кодексы высоких моральных правил. Спустив мачеху с колен, он ухватил ее за нос и отвел в спальню к отцу. После чего молодые люди удалились с остатками водки.

— Он безгрешен и свят, — восхищался Довлатов целомудрием Дергунова, подвергая сомнению свою стойкость, окажись он на Юркином месте.

Но Монбланом алкогольных Юриных подвигов была его женитьба. Даже сейчас, тридцать с чем-то лет спустя, некие ее аспекты остаются загадочными и абсолютно необъяснимыми. Этот эпизод достоин отдельной новеллы.

Женитьба Дергунова

В одно прекрасное утро, находясь в эпицентре запоя, Юра Дергунов проснулся в неизвестном ему мире. Он лежал на спине на чем-то белоснежно-мягком, укрытый чем-то белоснежно-легким. Открыл глаза и уперся в хрустальную люстру. Скосил их — необъятная кровать, чем-то инкрустированная, атласное одеяло, рядом незнакомое существо. «Невероятная красавица и абсолютно не похожа на блядь», — впоследствии рассказывал Дергунов.

«Где я надрался и как ее зовут?» — пронеслось в охваченной мигренью голове. В этот момент дама проснулась.

— Здравствуй, Юшик, — ласково сказала она. Не имея ни малейшего представления как к ней обратиться, Дергунов замычал, как бы во сне, крепко-накрепко сомкнул веки и даже всхрапнул, надеясь оттянуть время и вспомнить хоть какую-нибудь захудалую деталь вчерашней ночи. В голове гудели колокола кафедрального собора, из глубин желудка поднималось нечто неумолимое.

Дама вспорхнула с постели, за дверью послышались звуки туалетного спуска и наполняющейся ванны. Дергунов осторожно открыл один глаз и огляделся. Антикварная мебель карельской березы, персидский ковер, рояль, на стенах висит что-то в золотых рамах. В этот момент зазвонил телефон.

— Юшик, возьми трубку, — крикнула из ванны незнакомка.

— Галина проснулась? — спросил, не поздоровавшись, хриплый баритон.

«Дай бог тебе здоровья», — Дергунов почувствовал немыслимое облегчение и благодарно поцеловал трубку:

— Галочка, тебя.

Она явилась, как гений чистой красоты — белый халат, на голове белый тюрбан, на ногах белые атласные тапочки, отороченные белым пухом.

— Да… Нет… Не знаю… — отрывисто сказала она трубке, потом повертела ее вдали от уха и раздраженно: — Господи, да оставь ты меня в покое.

Дергунову был выдан пирамидон, зубная щетка и синий махровый халат с белыми якорями. Он принял душ, и они выпили кофе, болтая ни о чем. Где, как и при каких обстоятельствах свела их судьба накануне, никак не прояснялось в Юриной голове, а он был слишком деликатен, чтобы задавать бестактные вопросы.

— Надо бы записаться, — озабоченно сказала Галочка, убирая со стола тонкие фарфоровые чашки и серебряный кофейник. Она выглядела очень мило.

Дергунову послышалось «надо бы записать».

— Извини, не понял.

— Мы договорились.

Юра сообразил. Наверняка он вчера одолжил у нее деньги, обещал отдать и, как порядочный, предложил написать расписку.

— Давай бумагу и ручку, сейчас напишу.

— Что напишешь?

— Сколько должен. Только я не помню сколько.

— Ты сделал мне вчера предложение, и я его приняла, — сказала Галочка, улыбаясь, и ее улыбка показалась Дергунову волчьим оскалом. По спине пробежал ледяной ветерок.

— Господи, конечно! Я просто не сообразил, что мы условились на сегодня. Сейчас я помчусь на работу и позвоню тебе часа в три.

«Только бы смыться подобру-поздорову, — лихорадочно думал Дергунов, — только бы ноги унести, и все само по себе рассосется».

— Нечего тебе на работе делать, я позвоню, что ты заболел. Давай телефон.

— Как заболел? А бюллетень?

— Бюллетень будет. Хочешь на месяц, хочешь на два. Сейчас поедем в магазин для новобрачных одежду тебе покупать.

— Девочка, что за пожар? У меня сегодня куча дел, — Дергунов поискал глазами на спинках стульев свой пиджак.

— Пиджак, брюки и рубашка были полностью облеваны. Я выбросила их в мусоропровод. Ты разве не помнишь, как я вчера тебя мыла?

— А бумажник? Паспорт? Пропуск в институт?

— Все у меня. Наденешь Вовкин тренировочный костюм, съездим в магазин, а оттуда прямо во Дворец. Мы назначены на три.

— Кто такой Вовка? — зачем-то спросил Дергунов.

— Какая разница? — Галочка пожала плечами. — Там один...

«Что делать? Звонить в милицию? Курам на смех...»

Она смотрела на него, не мигая, и слабонервный Дергунов похолодел. Ему показалось, что ее аккуратная головка в белом тюрбане равномерно раскачивается из стороны в сторону.

«Красивая, бля, кобра, — с тоской подумал он. — А с другой стороны, ничего страшного... Как женился, так и развелся. С кем не бывало...»

— У тебя есть родители? — ухватился он за последнюю соломинку. — Мне бы папашу с мачехой предупредить надо.

— Родителей пригласим на свадьбу. Через неделю.

Как говорят американцы, *to make a long story short*, Юрий Михайлович Дергунов женился в одночасье на даме по имени Галина Федоровна Зубарева (ее отчество и фамилия стали известны ему во дворце бракосочетания).

Через неделю в ресторане «Астория» сыграли свадьбу, но никто из дергуновских приятелей приглашен не был. Со стороны жениха Галина разрешила позвать только отца с мачехой и мачехиного брата Тосика. Мы с Витей и Довлатов были отвергнуты. Оказывается, в «накануечном» запое Сергей тоже участвовал и невесте «не показался».

Дергунов переехал в Галинину квартиру на Потемкинской и запил в окружении карельской березы. Снабженный исправными бюллетенями, первый месяц после женитьбы он появился в институте три раза. На все вопросы мрачно пожимал плечами и односложно отвечал: «Баба как баба».

Однажды она объявила, что уезжает на десять дней в Москву. Тут Дергунов оживился и устроил вечеринку человек на тридцать. Сперва веселились, опустошив Галинину коллекцию французских коньяков. Потом Довлатов переругался со Шмаковым, когда тот запальчиво объявил, что вся американская литература не стоит одного Пруста. Потом произошла невнятная потасовка, в результате чего разбилось несколько хрустальных бокалов и сервизные тарелки. Впоследствии выяснилось, что хрусталь — Баккара, а сервиз — Лимож. На пятый день Галиного отсутствия Дергунов остался без копейки. Он открыл ящик карельского комода, нашел увесистый браслет и понес его в ломбард. Приемщик рассматривал браслет, сперва подняв очки на лоб, потом, спустив их на кончик носа с помощью лупы, потом уставился на Дергунова как на редкое насекомое, потом исчез на полчаса, а, появившись, пригласил обеспокоенного Дергунова внутрь. В пахнущей старьем кладовке ему представился директор ломбарда. Он спросил, откуда у Дергунова этот браслет.

— Моей жены, — кратко ответил Юра, чуя недоброе.

— Это венецианский браслет шестнадцатого века, музейная редкость, — сурово сказал директор. — Принять его не можем. Забирайте и скажите спасибо, что мы не звоним в милицию. Связываться неохота, — добавил он, когда Дергунов с браслетом в кармане был уже в дверях.

Приехавшая из Москвы Галина нашла мужа в глубокой депрессии. Он лежал на диване небритый, лицом к стене и не шелохнулся при ее появлении.

На все вопросы о здоровье и самочувствии он обводил потухшим взором картины и карельский интерьер и повторял: «Я объявил голодовку. Глотка воды не сделаю, пока не объяснишь, откуда у тебя все это и… браслет».

Напомним, что описываемые события происходили по крайней мере за четверть века до возникновения капитализма в России и появления на исторической сцене новых русских.

— Да, говна не держим, — невпопад похвасталась Галина. — А чего бы еще тебе хотелось?

— «Волгу» мышиного цвета, — рявкнул Дергунов и заплакал.

— Господи, говна-пирога! — Это было наиболее часто встречающееся слово в ее лексиконе.

Галина Федоровна засела за телефон, но Дергунов не вникал в смысл ее реплик.

— Юшик, — она села на диван и взъерошила его русые кудри, — если мы согласны на черную, можно получить завтра, а мышиную придется ждать неделю.

Дергунов тоненько взвыл, вскочил с дивана, и, как был — в джинсах и футболке — вылетел из дома Галины Федоровны Зубаревой. Навсегда.

Развод его почему-то стоил огромных денег. Отец Дергунова расстался со своими скромными сбережениями, и две лаборантки из Витиной и Юриной лаборатории ходили с подписным листом по институту, собирая с коллег дань. Дергунова все любили, деньги давали охотно, и нужная сумма вскоре была собрана.

И вот наш проказник на свободе. Во время очередного загула на старой дергуновской квартире Довлатов демонстрировал свой любимый цирковой номер, а именно, присев на корточки, поднимал одной рукой стул за ножку. Обычно этот трюк блестяще удавался, но в тот вечер Сережу качнуло, и стул грохнулся на громоздкий приемник.

— Здесь не развернуться, — сказал Довлатов, собираясь делать вторую попытку.

— Погоди, — услужливо сказал хозяин, — расчистим место. Юра поднял довольно тяжелый ВЭФ, подошел к открытому окну и сбросил приемник с пятого этажа. К счастью, не на человеческую голову, а всего лишь на крышу проходящего трамвая. Скрежет, грохот, сноп голубых искр. В общем, Юра Дергунов и в алкогольном угаре был мил.

Не то Довлатов…

Вся его душевная тонкость и доброта смывались алкогольным цунами. И мне не раз приходилось быть объектом его хмельного гнева.

В день знакомства со мной на дне рождения Марины Ефимовой Довлатов, предложив проводить меня домой, обещал «не напиться и постараться произвести впечатление приличного человека». И между прочим, очень даже произвел. А два года спустя на дне рождения той же Марины произошло следующее событие.

Мизансцена почти не изменилась. Стол с едой был пододвинут к стене, полусвет, хриплое танго в разгаре. Довлатов, уже порядочно поддатый, выделывал замысловатые па. Мы с Витей тоже пустились в пляс, вернее, томно закачались, прижавшись друг к другу — впоследствии эта манера была классифицирована присутствующими, как вызывающее нарушение рисунка танца. С кем танцевал Довлатов, не помню. Он не страдал кошачьей грацией и Витю толкнул. Скорее всего, нечаянно. Но он не извинился, и Витяй, который тоже принял достаточно, громко сделал ему замечание. Довлатов отреагировал, как большинство русских выпивших мужчин, а именно пригласил Витю на лестницу поговорить. Сопя и подталкивая друг друга локтями, мой муж и Довлатов устремились на лестничную площадку. Эту сцену тридцатипятилетней давности я вспоминаю с ностальгией. На авансцене — Довлатов со свекольно-бурым лицом и мой Витя, напротив, землисто-бледный. Вокруг — высыпавший следом *crème de la crème* ленинградской интеллектуальной элиты во главе с Яшей Гординым.

Вместо традиционного вопроса «а ты кто такой?» Довлатов разразился цветистым монологом. Я не помню всех радужных его оттенков. В память врезались отдельные фразы.

— Я дорожу дружбой с вашей женой, — патетически говорил Сергей. — И даже много раз предлагал ей выйти за меня замуж.

Пока что я ее не завоевал, она меня неоднократно отвергла. Но я не сдался. Впредь я собираюсь действовать осмотрительно и методично, и надеюсь, что рано или поздно своего добьюсь. Я не мыслю своей дальнейшей жизни без вашей жены.

И Довлатов обвел присутствующих соколиным взглядом, чтобы убедиться, оценено ли по достоинству его благородство. Мол, пока не добился, но не сдаюсь и честно об этом предупреждаю.

— Действуйте, — позволил Витя. — Только, пожалуйста, не вовлекайте меня в свои планы.

Полагаю, что Витя приготовился к мордобою. Неожиданный политес выбил его из колеи:

— Не скрою от вас, я Люде удивляюсь, потому что мне, например, вы совершенно не интересны, — сказал Витя, тронув довлатовский бок психологической рапирой.

— Вы мне тоже, — парировал молодой прозаик и обратился ко мне: — Люда, обещай при всех, что когда-нибудь, хоть через сто лет, я получу тебя в полное свое распоряжение!

То ли от избытка выпитого, то ли от страха, то ли от желания поскорей опустить занавес идиотской пьесы, я кивнула. Витя, король благородства и джентльменства, саркастически хмыкнул, повернулся и пошел вниз. Хлопнула дверь подъезда, и Витя ушел.

— А плащ! Ты не взял плащ! — закричала я вслед. Похоже, в каждой жене таится добродетельная мать.

Довлатов продолжал вещать, размахивая слишком короткими для его роста руками. Народ безмолвствовал. Наконец, Яша Гордин, наиболее трезвый из гостей, взял ситуацию под контроль:

— Людесса, не изображай из себя престарелую Мессалину. Возьми плащ и валяй скорей домой. Разберись с Виктуаром, а мы тут с Сережей справимся.

В такси я протрезвела. Витя сидел за столом и с величественным лицом создавал компьютер. Этот компьютер, малиновый ящик с канареечно-желтой панелью, умел играть в спички. Игра называлась, кажется, НИМ, и была показана в знаменитом авангардистском фильме «В прошлом году в Мариенбаде». Она заключалась в следующем: на стол укладывалось три кучки спичек. В одной кучке было три спички, в другой — четыре, в третьей — скажем, пять или шесть. Первый ход принадлежал человеческому игроку. Он мог взять сколько угодно спичек из одной кучки. Его ход передавался через тумблер в компьютер, который мигающими лампочками извещал о своем ходе. Выигрывал тот, кто забирал последнюю спичку.

К нам в дом повалили гости, пытавшиеся у компьютера выиграть. Естественно, никому, кроме Вити, это не удавалось.

Итак, в момент моего появления Витя в окружении металлолома создавал компьютер, и выражение лица у него, повторяю, было величественное. Я, виляя хвостом, начала что-то блеять. Витя сказал, что вовсе не намерен лишать меня столь необходимого мне литературного окружения, но просит избавить его от безобразных богемных сцен.

Рано утром позвонила Нора Сергеевна и сказала, что они с Леной очень беспокоятся. Сергей не ночевал дома. И у Ефимовых его нет. Не знаем ли мы, где он. В тот момент мы не знали.

В полдень раздался звонок в дверь. На пороге, покачиваясь, стоял Довлатов, по-прежнему свекольно-бурый. Его вид свидетельствовал, что поспать и протрезвиться ему не удалось. Я грудью закрыла амбразуру, то есть замерла в дверях, намереваясь не допустить вторжения. Довлатов отодвинул меня в сторону и оказался в передней.

— Я пришел за тобой, — прорычал он. На рык из глубины квартиры появился Витя.

— Сергей, — сказал он миролюбиво, — идите домой. Нора Сергеевна и Лена очень волнуются.

— Уйду только с ней, — Довлатов ткнул в меня пальцем, — собирайся.

— Ты что, с ума сошел? — заверещала я и... схлопотала по очкам. Они слетели, но не разбились.

— Убирайтесь вон, — закричал Витя, — немедленно вон отсюда! — и он сделал попытку хука. Довлатов не остался в долгу, и вторая пара очков полетела на пол. Эти как раз разлетелись вдребезги. Тут Витя применил то ли дзюдо, то ли каратэ, то ли айкидо, правда, без предварительного поклона. Довлатов ответил сильным, но безграмотным ударом. Витя схватил Довлатова за ухо. В этот миг в переднюю выскочила наша няня Нуля, грозя милицией, потому что приходят «всякие писатели и хулиганют».

На этом драма, то есть, драка закончилась. Пошел занавес. Довлатов, осыпав нас проклятиями, хлопнул дверью и скатился вниз по лестнице.

— Чтоб его ноги в доме не было, — сурово приказал Витя.

— Никогда? — попыталась уточнить я.

Вечером в доме не умолкал телефон.

— Серж жаловался, что Виктуар оторвал ему ухо, — доложил Бродский, — это правда?

— Ну уж, и оторвал. Может, надорвал чуть-чуть.

— А сам-то сильно поврежден?

— Целехонек минус очки.

На следующий день позвонил трезвый и невероятно корректный Довлатов. Извинился за дебош и попросил к телефону Витю с целью и у него попросить прощения. Я обещала, что передам его извинения сама. Договорились временно затаиться и встретиться через неделю в ресторане «Дельфин». А еще через несколько дней от него начали приходить письма.

Декабрь 1969 года, Курган
Милая Люда!
Мама, наверно, уже сообщила тебе, что я оказался в Кургане. Намерен жить тут неопределенное время. Это означает, что в «Дельфине» 20-го мы встретиться не сможем. Я не буду излагать тебе все нудные мотивы своего поступка и прошу (ты ведь все понимаешь), используя свое влияние на мою мать, попытаться облегчить ее состояние. Придумай что-нибудь. Слава Веселов старается мне помочь, и тут обнаружились какие-то хаотические возможности заработка в газете и на радио. Более того, у меня есть первое конкретное задание…
Люда, я хотел попросить тебя прислать мне в долг двадцать рублей, если это не составит особого труда на неопределенное время, но не больше месяца, как я уверен. Это не трагедийный вопль, а сдержанная просьба. Если окажется трудно ее выполнить, не смущайся. Я обращаюсь одновременно к нескольким людям, кто-нибудь пришлет. <…>
Полдня я провел в Свердловске. Это бессмысленный город, грязный и периферийный до предела. Там почему-то очень много фотоателье. При этом я не встретил ни одного привлекательного свердловчанина. И чего они так любят фотографироваться? В магазинах пусто, как со стороны продуктов, так и со стороны покупателей. Курган гораздо чище, аккуратнее и благородней… Я уверен, что мои дела тут определятся. С первой весенней пар-

тией я уеду в горы. Может быть, мне повезет, и я сломаю себе позвоночник.

Постарайся объяснить маме, что я уехал сюда не для того исключительно, чтобы на свободе выпить как можно больше водки и пива. Прости, что сразу начинаю тебя обо всем просить и затруднять. <…> Может быть, мой сумасбродный зигзаг поможет тебе окончательно от меня избавиться. А может быть и нет.

Декабрь 1969 года, Курган
Милая Люда!
Я до сих пор не получил от тебя никакого известия, хотя написал неделю назад. Дела мои идут нормально, трезво и обстоятельно. Сдал два очерка в «Советское Зауралье» и «Молодой ленинец», и в понедельник улечу на местном самолете в Частоозерье на рыбокомбинат. Они набирают людей на последний «неводной и сетевой» лов. Я там пробуду три месяца среди законченных подонков общества, то есть в самой благоприятной для меня обстановке. Предоставляется барак и кое-что из спецодежды. Оплата сдельно-премиальная. Интуиция мне подсказывает, что это хорошо. В общем, я на некоторое время становлюсь «сезонником из бывшего ворья» — цитата, кажется, из «Марша одиноких».
Я довольно много написал за это время. Страниц восемь романа, половину маленькой детской повести о цирке и 30 страниц драмы про В. Ф. Панову, только ты пока никому об этом не говори, чтобы не дошло до Б. Вахтина [Борис Вахтин – сын писательницы Веры Пановой, один из «горожан» — *Л. Ш.*]. Мы читали первый акт местному режиссеру, пока все нормально. Пиши мне по адресу Славы Веселова, он мне переправит всю корреспонденцию.
Все время думаю о тебе и жду письма. Ты даже не представляешь, чтобы я отдал сейчас, чтобы прикоснуться к твоему плечу на законном основании.

Разумеется, я послала ему 20 рублей и, разумеется, Сергей не поехал на «неводной и сетевой лов» ни на три месяца, ни на один день. Через две недели он вернулся в Ленинград.

Довлатова упорно и глухо не печатали. Он сам так образно и подробно написал об отказах и унижениях, которым бесконечно подвергался, что мои воспоминания вряд ли добавят к этому новые факты. Но в «Невидимой книге», которую он сам назвал забавной трагедией, он избегал описывать свои подлинные чувства. Удерживало его некое гипертрофированное чувство юмора. Как если бы вся информация, поступающая к нему из внешнего мира и возвращающаяся от него во внешний мир, была пропущена сквозь юмористический фильтр. Например, Довлатов описывает, как на собрании в эстонской газете заместитель редактора Малышев начинает свое обвинение: «Довлатов скатился в болото… Впрягся в колесницу… Опорочил самое дорогое…»

Представляя себе одновременно эти три действия, читатель засмеется. Очевидно, это текст, отредактированный талантливой довлатовской рукой.

Но чрезвычайно похвальная рецензия на уже набранную книгу «Пять углов» заканчивалась фразой: «Полагаю, что в таком виде роман не готов к изданию». Сережа отреагировал: «Примерно этого я и ожидал, и все-таки расстроился».

Под этим невинным и невнятным выражением «все-таки расстроился» скрывалось такое отчаяние, что справиться с ним он не мог. Оно находило выход в бессмысленных, тяжелых запоях. Это было уже не пьянство, а клинический случай алкоголизма. Но я вовсе не уверена, что, если бы его начали публиковать в России и отнеслись к его литературным трудам так, как они того заслуживали, то запои прекратились бы сами собой. Непредсказуемость Довлатова в алкогольные периоды, стремительные переходы от благородства и достоинства английского лорда к болезненной застенчивости закомплексованного еврея, от неуправляемой ярости кавказского горца к измученному чувством вины интеллигенту порождали для него и его близких множество проблем.

Его «ниагарские» перепады настроения отражали определенные периоды алкогольного цикла. Предзапойный — предвкушение и нервозность, эпицентр запоя — злобность и грубость, послезапойный — кротость, клятвы и горькое презрение к себе. В эти пост-запойные периоды он мучительно жалел Нору Сергеевну, Лену и Катю. И чем больше их терроризировал, тем больше жалел. Иногда казалось, что его душа истекает тоской и мукой.

Вот, например, отрывок из одного из его писем:

Где-то в начале 1972 года
Милая Люда!

Я решился написать тебе, хотя знаю, что у меня уже нет на тебя никакого влияния, что я не внушаю тебе ни малейшей симпатии. Дело в том, что нет ни одного человека, который бы так щедро и безрассудно доказал в свое время свою доброжелательность и преданность. Откровенно говоря, ко мне очень немногие испытывают уважение, при том что симпатизируют часто и незаслуженно. Ты же была мне единственным другом, всем хотелось с тобой делиться. И вот я опять пишу тебе это бессмысленное письмо, потому что не с кем поделиться своим несчастьем. Последние месяцы я ужасно много пил по той плебейской причине, что заработал на 50 рублей больше чем обычно, неделями не приходил в себя и вдруг осознал с диким страхом, омерзением и безнадежностью, что из-за меня несчастливо и бедно давно уже живут три хороших человека. Я вдруг окончательно понял, что из-за здоровенного, наглого, способного мужчины происходит неизменная Ленина тоска, Катино примитивное воспитание и мамина болезнь.

Завтра, в воскресенье она уезжает в туберкулезную больницу гор. Пушкина с очаговым туберкулезом на три месяца. В ее болезни я тоже виноват. Потому что туберкулез – болезнь голодных. Ты, конечно, скажешь, что выход простой — изменить свою жизнь. Так многие говорят. До сих пор мне ничего не удается сделать для того, чтобы победить ужасную, отталкивающую, губительную для других слабость. Поверь, это не просто. Хотя бы потому поверь, что многие, гораздо более значительные люди с гораздо более губительными последствиями своего пьянства, ничего не могли сделать.

Ты, наверно, брезгливо засмеешься, но я давно уже «идейно» хочу себя каким-то образом убить и только страх физической боли удерживает меня.

В общем, я дошел до последней грани отчаяния, муки и стыда. Ты часто от меня это слышала, но видно у этого дела широкие горизонты и можно все дальше заходить в этом ощущении. Еще ты, конечно, будешь думать, с какой корыстью, надеждой или целью написано это письмо. Не думай об этом ни секунды. Просто мне нужно было именно тебе рассказать обо всем, хотя далеко не в первый раз.

Позволю себе добавить к этому крику души следующую цитату:

Правда состояла в том, что он был алкоголиком, и это занимало центральное место в его жизни и работе. Это был классический пример алкоголизма, спровоцированного укоренившейся, хронической, глубокой депрессией. Однажды он сказал: «Проблема в том, что всю мою жизнь, когда что-то не ладилось, я мог выпить, и все становилось гораздо лучше». Он начал пить, будучи подростком и потом мог выпить пять или шесть бутылок вина за обедом. Его алкоголизм выходил из-под контроля. Как-то в доме своего друга, напившись, он затеял драку, выбросил свою одежду в окно и разбил весь набор драгоценных бокалов Баккара. На сафари он выбирался из палатки в пять утра, чтобы выпить. Его брат Лестер утверждал, что в конце тридцатых на Ки-Уэст, он выпивал в день 17 стаканов скотча с содовой... И после этого часто брал бутылку шампанского с собой в постель. Его печень начала сдавать.

Эта цитата о Хемингуэе из книги Пола Джонсона «Интеллектуалы»[5] в полной мере подтверждает фразу Довлатова: «...поверь, что многие, гораздо более значительные люди с гораздо более губительными последствиями своего пьянства ничего не могли сделать».

Подобные письма от Сергея я получала не раз и не два. Но, если после первого я носилась по городу, чтобы найти его и что-нибудь предпринять, то после пятого героических действий не предпринимала. Ведь лечиться он отказывался наотрез.

Узнав, что Нора Сергеевна попала в туберкулезную больницу в Пушкине, я написала ей письмо и попросила разрешения навещать ее время от времени. Мы начали переписываться.

17 апреля 1972 года, Пушкин
Спасибо вам, милая Люда, за хорошее письмо.
Я, конечно, обрадовалась, потому что мне ласковое слово по душе, по сердцу и, главное, по легким. Я до сих пор в диком недоумении. Мне подошла бы в моем состоянии психиатрическая больница, но эта... ведь я никогда не болела воспалением легких, не кашляла. До сих пор в удивленном состоянии. Давления никогда в жизни не измеряла, а оказалась гипертоником 2-й степени. Пишите мне. Я вот вас боюсь, так как пишу бессвязно, ни ироничности, ни склада, ни ума нет, есть истеричность и дикий страх умереть без Сережи и Кати.
Здесь больница для больных с закрытой формой, но многие настойчиво рассказывают о смертях, об анализах, о туберкулезных палочках, а мокрота идет как бы на десерт. Вы советуете думать о смешном. Смешное рядом — в лице Софьи Мицен-гендлер (велела запомнить ее фамилию, она считается у нее вроде Юрия Гагарина, Космодемьянской, наконец, Шпицбер-

5 Paul Johnson, The Intellectuals, 1988.

гена. Софья — член партии, ее вызывали в «военный комат»). Это все правда, но мне нисколько не смешно.

Люда, я к вам обращаюсь с маленькой буквы, но большое «В» считается моветоном, это точно. Так пишут старым ученым, профессорам, так что в данном случае это не означает моего неуважения. Мне бы очень хотелось вас повидать, после наших встреч во мне еще долго бушевал оптимизм и вера в Сережу. Ко мне приходит подруга Лена Краснер, и из Кисловодска приехала Нина Черкасова [приятельница Норы Сергеевны и жена знаменитого в те годы актера Николая Черкасова — *Л. Ш.*]. Я здесь пробуду долго, может быть и увидимся, а писать я вам буду обязательно. Поскольку Юра Герман [Юрий Павлович Герман, ленинградский писатель, отец режиссера Алексея Германа — *Л. Ш.*] назвал меня правдоматочницей, я буду с вами откровенна, а вы не сердитесь, сделайте скидку на плебейское происхождение. Я потеряла вас из виду, вы тоже не звонили, и я решила, что всякое общение с нашей семьей вы прекратили. Единственное, что я о вас слышала, это то, что «Л. Штерн, разряженная, сидела в ресторане Дома композиторов с Вольфом». Вольфа я не переношу физически за его хитрость, скупость, а уж гнилые зубы и отсутствие обаяния — его личное дело. Все эти недостатки, по мнению моего Сережи, компенсируются мощным талантом. После этой вашей встречи мой Сережа пропал с большой суммой денег (для нас — огромной), потом появился потерянный, «трогательный», но гордо вступил на наше иждивение. Не будем это обсуждать, я уверена, что вы здесь ни при чем, но где-то у меня в затылке застряли и ваши пороки. Вы любите ухаживанья, вы — женщина светская (насколько можно быть светской в советских условиях). Не хочу вас обижать, но вы любите рестораны, в таких случаях платят мужчины, а Вольф очень вежливо, хитро и часто звонит и наталкивается на меня. У него огромное чутье на Сережины несчастные получки.

Короче говоря, Люда, я никогда не была женственной, никогда не получала подарков даже от богатых мужчин, поэтому так необъективна по отношению к вам. Мне кажется, вы по-человечески плохо относитесь к моему Сереже, не цените его по-настоящему, иначе при ваших гигантских возможностях вы бы давно помогли мне как-то его одеть. Он в связи с моей болезнью взял себя в руки, не пьет (боюсь, что временно), понимает, что работать я больше не смогу, а 70 руб. пенсии постараюсь тратить только на себя с легким отклонением в сторону Кати. Не сердитесь, пожалуйста, за мои, может быть, несправедливые упреки в ваш адрес, больше этого не будет, просто мне хотелось высказаться начистоту.

Я не хочу, чтобы это письмо попало в руки вашей маме, а Витязя вашего я не боюсь, я могу только уважать его, чего не могу сказать о своем сыне. Напишите мне, что не рассердились, а то я буду волноваться. Напишите, как поживают Витя и Катя, как вы работаете и с кем бываете. И простите за беспорядочность письма.

Нора Сергеевна

А вот еще одно ее письмо:

23 апреля 1972 года, Пушкин

Милая Люда!

Простите меня, пожалуйста, я огорчена, расстроена, кляну себя за то, что набрасываюсь на всех. Никто не виноват в моих бедах, кроме меня самой и Сережи. Никто не виноват в том, что живем в страшной коммунальной квартире, что я живу «с молодыми», что «покой нам только снится». Когда мы встретимся, я расскажу, до какого падения наша семья доходит в схватках с ничтожными соседями. Сережа очень изменился к лучшему, иногда до неузнаваемости. Маргарита Степановна [сестра Норы Сергеевны — *Л. Ш.*] не верит глазам и ушам своим. Господи, хоть бы он перестал пить, мы бы назвались людьми со средним достатком. Как бы нам увидеться и похохотать вволю, у меня есть разнообразные рассказы, иногда очень веселые. К сожалению, отсюда нельзя звонить. Когда будет хорошая погода, приезжайте в будний день, мы гуляем с 12 до двух часов дня и с пяти до семи. Вы напишите, когда приедете, и я буду вглядываться в людей, гуляющих по Октябрьскому бульвару, и высмотрю вас, даже если вы будете далеко.

Мы в страшных ватниках, даже молодые дурнеют на глазах. А пока желаю вам и всей вашей семье радостной, дружной жизни. Как ваши рабочие дела? Как девочка Катя и остальные члены семьи? Когда-нибудь я поеду к своей приятельнице в Одессу. Здесь собрался страшный сброд, доводящий иной раз до бешенства, приходится выбегать в коридор, чтобы лишний раз не нахамить.

Я моюсь холодной водой, очень здорово закаляюсь и хочу домой, но в другую какую-нибудь квартиру.

До свиданья, жду письма.

Нора Серг.

Я несколько раз навещала Нору Сергеевну в Пушкине. Мы вообще с ней были дружны и до больницы часто и подолгу разговаривали по телефону. У нее было сокрушительное чувство юмора и такая же, как у Сережи, острая наблюдательность и пристальное внимание к деталям. Возможно, повернись колесо фортуны иначе, Нора была бы хорошей характерной актрисой. Конечно, она преувеличивала мою власть над Сережей. Убедить его бросить пить было не в моих силах. Естественно, она Сережу обожала, но я помню, что когда он являлся домой пьяный, Нора, со своим армянским темпераментом и артистизмом так страшно и затейливо его проклинала, что у меня «мороз бегал по коже» (выражение моей пятилетней Кати). «Сдохнуть в муках или в корчах» было одним из самых добрых ее пожеланий.

Слава богу, из Пушкина Нора Сергеевна вернулась в хорошей физической форме. Два года спустя они переехали в отдельную квартиру на той же улице Рубинштейна в доме № 22, то есть почти напротив их старой коммуналки. Когда Лена с Катей уехали в Америку, Нора Сергеевна осталась с Сережей. И в Штаты Нора Сергеевна приехала вместе с ним, и жили они все вместе, как в Ленинграде. Нора Сергеевна обожала Катю и позднего внука Колю. Она также поддерживала связь с Тамарой Зибуновой, стараясь хоть немного помочь своей внучке Саше, Тамариной дочери, которую, хоть никогда не видела, но заочно любила и очень жалела.

Глава седьмая
Роковые женщины в русской литературе

Отмщенье, государь, отмщенье!..

Уже в предисловии я позволила себе сделать кое-какие намеки на схожесть судеб Первого Поэта и Первого Прозаика. В этой главе мне хочется развить эту тему.

Речь ни в коем случае не идет о схожести литературной: таланты не сравнимы ни по каким параметрам. Мне хотелось бы показать схожесть их нелитературных судеб. Начну с «клубнички». Волею судьбы, будучи еще незнакомыми друг с другом, они были соперниками. Предоставим слово Иосифу Бродскому: «Мы познакомились в квартире на пятом этаже около Финляндского вокзала. Хозяин был студентом филологического факультета ЛГУ — ныне он профессор того же факультета в маленьком городе в Германии. Квартира была небольшая, но алкоголя в ней было много. Это была зима то ли 1959-го, то ли 1960 года, и мы тогда осаждали одну и ту же коротко стриженную, миловидную крепость, расположенную где-то на Песках. По причинам слишком диковинным, чтобы их тут перечислять, осаду эту мне пришлось вскоре снять и уехать в Среднюю Азию. Вернувшись два месяца спустя, я обнаружил, что крепость пала» (Иосиф Бродский, «О Сереже Довлатове: „Мир уродлив и люди грустны“»).

«Павшей крепостью», по выражению Бродского, была Ася Пекуровская, фигурирующая в воспоминаниях Довлатова о знакомстве с Бродским как «моя жена Ася».

Схожесть судеб Довлатова и Бродского заключается в том, что в юности Первого Поэта и Первого Прозаика сразила трудная и мучительная любовь, от шрамов которой ни тот, ни другой не оправились до конца своей жизни.

Отвергнутая любовь, горькая обида, уязвленное самолюбие и раненая гордость сплелись в болезненный клубок, который годы спустя размотался в жажду мести. И была эта месть реализована в рамках выбранной профессии — у Бродского в стихах, а у Довлатова в прозе.

Предметы любви — муза Бродского Марина Басманова и первая жена Довлатова Ася Пекуровская — полярны по натуре, как лед и пламя (простите за клише). Марина - тиха, таинственна, бледна, впрочем, с диковатым блеском, изредка вспыхивающим в ее зеленых, как полыньи, глазах. Никакой косметики, одета была, как у нас выражались, «никак». На следующий день после вечеринки, перемывая кости отсутствующим гостям, народ не мог вспомнить, как выглядела Марина и что она говорила. Скорее всего, ничего. Человек несветский и застенчивый, в компании она чувствовала себя неуютно, никогда не стремилась стать центром внимания и «занять площадку». Молча сидела в кресле и рисовала что-то карандашом в блокноте. Может, карикатуры на нас, орущих, хохочущих, спорящих. Если страсти и бурлили в ее душе, то на глубине земной магмы. Мне не пришлось быть свидетелем вулканического взрыва. Поджог занавески на даче в новогоднюю ночь, в честь начала романа с Бобышевым, можно считать маленьким гейзером. Если я не переоцениваю глубину ее внутреннего мира, она могла бы быть героиней Достоевского.

Ася Пекуровская — «вся в заграничном», яркая, элегантная, с глазами, заведенными тушью за виски, раскованная, самоуверенная, привыкшая к поклонникам, дерзкая на язык. Кстати, о дерзком языке. Как-то в Бостоне мы с Витей были приглашены к друзьям на обед. По дороге прокололась шина. Мы провозились, меняя ее на запаску, и сильно опоздали. Вошли с поклонами и извинениями. Хозяева встретили нас любезно, но голодные гости едва скрывали раздражение. Одна незнакомая дама при нашем появлении громко обратилась к присутствующим с таким комментарием: «Наверное, они еще не научились определять по часам время».

— Такое приветствие лет пятнадцать назад я могла бы услышать только в Ленинграде и только от одного человека, а именно — от Аси Пекуровской, — сказала я, — жалко, что вы ее не знаете. Вы обе могли бы отточить свое мастерство оскорбления знакомых и незнакомых.

— Куда мне до Аськи, хотя мы, действительно, похожи, — рассмеялась дама. — Меня зовут Галя Пекуровская, я — младшая Асина сестра.

В юности напрашивалось сравнение Аси с героиней романа Хемингуэя «Фиеста» — Бретт Эшли. Очень коротко, под мальчика, стриженая, своевольная и очаровательная. Довлатов был далеко не одинок в своем увлечении Асей. В нее были влюблены многие мои друзья (имена оставим для следующего мемуариста). Я познакомилась с Асей уже после ее развода с Довлатовым, и мы не то что подружились, но, кажется, симпатизировали друг другу. Подружились мы уже в Америке.

При всем различии характеров и темпераментов Марины Басмановой и Аси Пекуровской их объединяла одна общая черта — обе были равнодушны к творчеству своих возлюбленных. Факт довольно тривиальный. Тем же грешила и Наталья Николаевна Гончарова. Возможно, по легкомыслию молодости или литературной глухоте и близорукости, дамы не расслышали и не разглядели, кого им Бог послал. А может, и философствовать нечего: любовь зла. Мне никогда не приходилось беседовать с Мариной об Иосифе, поэтому я знаю только о событиях, доступных внешнему обозрению. Что же касается Аси Пекуровской, мы много раз говорили о Довлатове и в Ленинграде, и в Америке, и меня постоянно огорчало ее искреннее равнодушие к его творчеству.

Выбравшись из-под обломков разрушенного любовного храма, герои повели себя по-разному. Бродский, уехав в эмиграцию, никогда больше не встречался с Мариной. Но около четверти века продолжал посвящать ей стихи и поэмы, сделав ее главной и чуть ли не единственной героиней своей любовной лирики. И тем самым обессмертив М. Б. в русской поэзии. Я не знаю другого поэта, чьи чувства были бы выражены на столь высочайшем пределе душевных возможностей. Перечитывая некоторые из них в двадцатый, тридцатый, сотый раз, я постоянно чувствую нарастающий в горле ком.

Ниоткуда с любовью, надцатого мартобря,
дорогой, уважаемый, милая, но не важно
даже кто, ибо черт лица, говоря
откровенно, не вспомнить уже, не ваш, но
и ничей верный друг вас приветствует с одного
из пяти континентов, держащегося на ковбоях.
Я любил тебя больше, чем ангелов и самого,
и поэтому дальше теперь
от тебя, чем от них обоих.
Далеко, поздно ночью, в долине, на самом дне,
в городке, занесенном снегом по ручку двери,
извиваясь ночью на простыне,
как не сказано ниже, по крайней мере,
я взбиваю подушку мычащим «ты»,
за горами, которым конца и края,
в темноте всем телом твои черты
как безумное зеркало повторяя.

На житейском уровне Бродский всю жизнь материально поддерживал Марину и сына Андрея, проявив незаурядные щедрость и благородство. То есть взял «всеми нотами выше», пока ангел мщенья не нашептал ему в 1989 году стихотворение, которое я про себя назвала *Grand Finale*.

Дорогая, я вышел сегодня из дому поздно вечером
подышать свежим воздухом, веющим с океана.
Закат догорал в партере китайским веером,
и туча клубилась, как крышка концертного фортепьяно.

Четверть века назад ты питала пристрастье к люля и финикам,
рисовала тушью в блокноте, немножко пела,
развлекалась со мною; но потом сошлась с инженером-химиком
и, судя по письмам, чудовищно поглупела.

Теперь тебя видят в церквях в провинции и в метрополии
на панихидах по общим друзьям, идущих теперь сплошною
чередой; и я рад, что на свете есть расстоянья более
немыслимые, чем между тобой и мною.

Не пойми меня дурно. С твоим голосом, телом, именем,
ничего уже больше не связано; никто их не уничтожил,
но забыть одну жизнь — человеку нужна, как минимум,
еще одна жизнь. И я эту долю прожил.

Повезло и тебе: где еще, кроме разве что на фотографии,
ты пребудешь всегда без морщин, молода, весела, глумлива?

Ибо время, столкнувшись с памятью, узнает о своем бесправии.
Я курю в темноте и вдыхаю гнилье отлива.

Этим стихотворением он подвел черту «басмановской эпохе» и в последние семь лет своей жизни не посвятил ей ни единой строчки.

Марина никак не отреагировала на этот последний от Бродского привет. Во всяком случае публично. Но зимой 2000 года, когда я, находясь в Петербурге, позвонила ей по телефону, она заговорила об Иосифе в удивившем меня контексте: «Вы помните, Люда, какие чудесные липы росли вокруг нашего дома у Никольского собора? Иосиф ими восхищался. Почему-то их безжалостно вырубают, одну за одной. И никто вступиться не хочет. Был бы здесь Иосиф, он бы этого не позволил, он бы их спас...».

Отношения Сергея Довлатова и Аси Пекуровской много лет напоминали *roller coaster*. Разведясь с Асей Пекуровской и женившись на Лене, он не уставал устно и письменно повторять: «Я был женат дважды и оба раза — счастливо».

После развода с Асей он не прекратил с ней вражески-дружеских отношений. В письмах к друзьям и знакомым часто упоминал ее имя в сопровождении инструкций, как надобно с ней поступать. Например, в июне 1969 года среди прочего Довлатов мне писал: «...и хочу возложить на тебя поручение, то есть передать твоей подруге Асетрине десять рублей, которые я ей задолжал. Пытаться смягчить ее антипатию ко мне не надо, ибо это чувство входит в программу моего ей отмщенья. Целую, твой С. Д.».

Деньги я передала и смягчать Асину антипатию к Сереже не стала, хотя и не понимала, как поддержание этой антипатии способствует отмщенью.

Отмщенье – не отмщенье, но спустя пять лет после развода с Довлатовым Ася родила от него дочь. И вел Сергей себя в этот период по отношению к Асе безобразно, повторяя: «Выйдешь за меня замуж — будет у ребенка отец, не выйдешь — не будет». И требовал себе Асю обратно. Не забудем, что он был женат на Лене и у них была дочь Катя. И в то же время упрямо — и устно, и письменно — приглашал замуж меня. Представляю, какой бы «среди Довлатова» поднялся переполох, скажи я «да».

В этой связи я позволю себе высказать некоторые соображения, с которыми, возможно, читатели не согласятся. И мне придется нескромно процитировать себя. В воспоминаниях о Бродском я писала, что, по моему мнению, союз Иосифа и Марины был обречен и без вмешательства «человекотекста» Бобышева из-за разности их темпераментов и душевных ресурсов. Иосиф был очень сильной натурой. Интенсивный, невротичный, он был ей просто не под силу, и рано или поздно они бы расстались, даже если бы Бобышева не существовало в природе. Но они не просто расстались, как расстаются люди, чувствуя, что магия любви прошла. Марина и лучший друг предали его. Нанесли глубокую рану: Марина предпочла ему человека мелкого и недостойного.

Ситуация с Довлатовым была несколько другой. Ася оставила его, равнодушная к его литературе, к его блестящему таланту рассказчика, к его незаурядной брутальной наружности. Сергей стал ей просто не интересен. Но это произошло после того, как она вкусила прелесть совместной с ним жизни.

И тут мы переходим к довлатовскому мщенью — повести «Филиал». Асю эта повесть глубоко обидела. Ей показалось, что это произведение издевательское, а его героиня Тася — пародийный с нее слепок. И я смею думать, что не «антиотцовское» поведение Сергея (Ася не раз говорила, что ей никакая помощь от Довлатова не требуется и ничего она от него не ждет), а именно «Филиал» Довлатова подвиг Асю Пекуровскую на ответный выстрел в виде мстительных мемуаров.

А повесть между тем замечательная, хотя в письме к Андрею Арьеву Довлатов назвал ее связкой сосисок. И главная героиня Тася, в которой Ася узнала себя, тревожит и волнует и читателей, и героя. Как только автор не постарался ее «низвести», какими только мрачными красками не разрисовал, сделав образ карикатурным, — избавиться от любви к ней герой не сумел. Да что герой, и автор с ним в придачу! Уверена, что многие читатели (и я в том числе) оказались в плену ее очарования. Героиня «Филиала» интригует и завораживает. Мне кажется, что по прелести абсурдных ситуаций и живых человеческих чувств, «Филиал» — одно из лучших произведений Довлатова. Только последнюю фразу: «Закурив, я вышел из гостиницы под дождь», — следовало бы заменить чем-нибудь другим. Этой фразой почти дословно кончается роман Хемингуэя «Прощай, оружие».

Я считаю, что повесть «Филиал» — большая удача Довлатова. В отличие от безликой и банальной «Иностранки», прочтя которую я собиралась ехидно прокомментировать при первой же с ним встрече. Но не успела. Он опередил меня, назвав ее халтурой. Напиши эту повесть не Довлатов, а какой-нибудь Тютькин или Дядькин, ее никто бы не заметил (кроме эмигрантов из Куинса). «Иностранка» — еще один пример компромисса, на который Сергей пошел ради быстрого заработка. А шедевры при таких обстоятельствах получаются только у гениев, например, у Федора Михайловича, который в таких же обстоятельствах безденежья и долгов (и в такой же срок) написал «Идиота».

Бродский в своем прощальном, посвященном Марине, стихотворении уверяет, что навсегда покончил с главной любовью своей жизни:

> Не пойми меня дурно. С твоим голосом, телом, именем,
> ничего уже больше не связано; никто их не уничтожил,
> но забыть одну жизнь — человеку нужна, как минимум,
> еще одна жизнь. И я эту долю прожил…

Не то чувствует герой и протагонист Довлатова. Вот, что он пишет в «Филиале»:

> Двадцать восемь лет назад меня познакомили с этой ужасной женщиной. Я полюбил ее. Я был ей абсолютно предан. Она же пренебрегла моими чувствами. По-видимому, изменяла мне. Чуть не вынудила меня к самоубийству.
> Я был наивен, чист и полон всяческого идеализма. Она — жестока, эгоцентрична и невнимательна.
> Университет я бросил из-за нее. В армии оказался из-за нее…
> Все так. Откуда же у меня это чувство вины перед ней? Что плохого я сделал этой женщине — лживой, безжалостной и неверной?
> Вот сейчас Таська попросит: «Не уходи», и я останусь. Я чувствую, что останусь. И даже не чувствую, а знаю.
> Сколько же это может продолжаться?! Сколько может продолжаться это безобразие?!
> И тут я с ужасом подумал, что это навсегда. Раз уж это случилось, то все. Конца не будет. До самой, что называется, могилы. Или, как бы это поизящнее выразиться, — до роковой черты.

Наверное, миллионы женщин были бы счастливы войти в анналы русской (и мировой) литературы в качестве героинь, которых автор (или герой) обещает любить «до роковой черты».

Но среди этих миллионов нет Аси Пекуровской. Одиннадцать лет спустя после смерти Довлатова Ася выступила с книгой «Когда случилось петь С. Д. и мне».

Стрелять в покойников непродуктивно и бессмысленно хотя бы потому, что им не больно. Больно их близким. Книжка написана затейливо, даже изысканно, что твои брюссельские кружева. Но сплетенные не для воротничков и манжет, а для ошейников и наручников. Ася Пекуровская идет по следам довлатовской жизни и его произведений, уличая и разоблачая писателя. Она обвиняет Сергея Довлатова не только в изобилии отрицательных человеческих качеств, но и в жульничестве и вранье при написании художественных произведений. Подвергаются суровому разоблачению причины написания, время написания, место написания, источники и правдивость первоначальной информации, художественные приемы, «кража» чужих рассказов, баек и сюжетных ходов.

Возможно, Ася права. Но так ли это необычно?

И тут я снова позволю себе «постороннюю» цитату:

Правда? Ложь? Преувеличение? Никто не знает. Ни одно его утверждение ни о себе самом, ни о других не могло быть принято как факт без проверки. В своих произведениях он низводил правду — всего лишь до добровольной прислуги своего эго. Он думал и иногда хвастался, что ложь является необходимой частью писательской профессии. Он лгал как сознательно, так и автоматически, но прекрасно сознавая, что он лжет... «Лучшие писатели — лгуны, — писал он, — главное в их произведениях — вранье или выдумка». Впрочем, известно, что он врал задолго до того, как стал писателем. Когда ему было пять лет, он наврал родителям, что сам остановил на ходу несущуюся галопом норовистую лошадь...

О ком это, о Довлатове? Нет. Так описывает Хемингуэя Пол Джонсон в своей книге «Об интеллектуалах». А третья жена Хемингуэя, Марта Геллхорн назвала своего мужа величайшим вруном после барона Мюнхаузена.

Вернемся, однако, к Асиной книге. Ни одна деталь довлатовского творчества не оставлена без вмешательства ее стального скальпеля. У меня было впечатление, что профессор мединститута препарирует лягушку для студентов. На одной салфетке — почки, на другой — сердце, на третьей — мозг, на четвертой — лапки. А вот прячущийся где-то во внутренних органах магический кристалл искусства — талант — не найден. Вероятно, в запальчивости пропустила (кстати, в книге о Достоевском и этого классика Пекуровская превратила в пригоршню праха).

Огорчил меня также ледяной и мстительный тон Асиной книжки о Довлатове. И вот почему.

Я познакомилась с Асей, когда они с Довлатовым уже развелись, и он был женат на Лене. Хотя мы с Асей клубились в разных компаниях, у нас было много общих знакомых, и мы время от времени встречались. Мне импонировала ее независимость, веселость, прямодушие, беззлобность и легкость характера. В ответ на мои восторги по поводу яркого литературного дарования Довлатова, блеска его прозы и его мужского обаяния Ася искренне и правдиво рассказывала о поведении Сергея в «домашней обстановке». Я думала, что после всех его фокусов у нее были основания не испытывать к нему нежных чувств. Было ясно, как в Сережу легко влюбиться, восхищаться им, быть вовлеченной в его мир и как можно после некоего опыта совместной жизни его возненавидеть. Ася же Довлатова вовсе не ненавидела. Она убедительно демонстрировала и на словах, и на деле абсолютное к нему безразличие. И это, по-видимому, ранило и мучило его безмерно. Впрочем, дадим слово самой Асе. В своей книге «Когда случилось петь С. Д. и мне» Ася пишет:

Но одного Сережа был лишен, о чем он, возможно, даже не догадывался и что оказалось его ахиллесовой пятой. Он не знал, не умел, не мог противостоять равнодушию, вязкий плод которого ему пришлось вкусить, возможно, однажды на своем веку, из моих рук. Никому ни до меня, ни после, не случилось покинуть театральный зал, где Сережа играл свой талантливый спектакль жизни, многократно проверенный на многих аудиториях, прервав на полуслове его острый монолог, и никогда в этот зал больше не вернуться. Причем, мой уход не был демонстративным, не сопровождался ни знаками неудовольствия, ни признаками раздражения, что было однозначным симптомом равнодушия.

Здесь Ася права. Сергей не выносил равнодушия к себе. Тем более, равнодушия женщины, которую, если верить герою повести «Филиал», он по-настоящему любил.

И тем не менее Асина книга — это не книга равнодушного человека. Ася уличает, разоблачает, выводит на чистую воду. И не только Сергея. Меня удивило ее недоброжелательное отношение к Сережиной и Лениной дочери Кате. Семь страниц текста Асиной книги, украшенных выхваченными из контекста фразами из Катиных интервью, наполнены неоправданным сарказмом.

Вот хотя бы такой пример. Пекуровская цитирует отрывок Катиного интервью:

> И мне очень неприятно, — сокрушается Катя, — что образ Сережи в России представлен как-то однобоко. С одной стороны, культ [по этой части у Кати претензий к России нет. — А. П.]. Его много издают, без конца цитируют. Но... <...> Издают без всякого спроса у наследников, — жалуется Катя, — денег не платят даже с очень больших тиражей. Мне по-прежнему приходится работать, не разгибая спины, хотя один четырехтомник... уже принес большой доход издательству «Лимбус Пресс». И тут мне хочется напомнить Кате, что в ее 14 лет, а в Сережины 39 у нее были все основания напомнить отцу о долге перед семьей. Однако теперь, достигнув 29, ей бы пристало самой позаботиться о своих финансах, не взваливая этой ноши на бедного читателя и на воздержавшегося от серьезных капиталовложений отца.

Все это несправедливо и не по адресу. Мне кажется, что Асе совершенно не пристало учить Катю, о чем заботиться, а о чем нет. Не мешает также напомнить, что авторские и наследственные права действительны для наследников любого возраста, независимо от того 29 им лет, 92 или 292, а пиратские ухватки многих российских издательств широко известны.

Пренебрежительный тон по отношению к Кате Довлатовой, ни в чем перед Асей не виноватой и ничего плохого ей не сделавшей, кажется мне несправедливым. Благородно ли отыгрываться на детях за свои матримониальные обиды?

За несколько страниц до нравоучений Кате Довлатовой Ася Пекуровская обвиняет Сергея в том, что все его дети — а их четверо — незаконнорожденные. Цитата:

> Катя, дочь Сережи с Леной, как было упомянуто выше, родилась до того, как был получен развод со мной, Маша, наша дочь

с Сережей, родилась после моего с Сережей развода, Коля, сын Сережи и Лены, родился после их развода, который состоялся еще в России. Существует, по дошедшим до меня слухам, еще один ребенок, родившийся от таллинской жены Сережи, Тамары Зибуновой. Девочку зовут Саша.

Итак, одни родились до, другие после, но все же в какой-то связи с официальным браком. В Асиной книге вырисовывается удручающая картина «частично» незаконнорожденных детей. Кстати, Тамара Зибунова, называемая Асей таллинской женой, вообще не была официально замужем за Довлатовым ни до, ни после рождения девочки, из чего вытекает, что ее и Сережина дочь Саша, вероятно, является «особо незаконнорожденным» ребенком.

Но вот что писал по этому поводу сам Довлатов в письме Тамаре от 6 января 1989 года:

> Что касается Саши, запомни раз и навсегда: она не незаконнорожденная, она была вписана в мой паспорт, а значит, где-то есть соответствующая запись, я ее единственный, пардон, отец, и обязан, именно обязан по закону заботиться о ней. Другое дело, что я, конечно, плохой отец, как и плохой сын, плохой муж, и вообще плохой, но помогать ей я обязан. Рано или поздно, года через два-три, она поймет, что быть моей дочерью не так уж страшно. Катя это поняла и почувствовала…

Из писем Довлатова Тамаре Зибуновой совершенно очевидно, что его волновала и заботила Сашина судьба, что он помогал им по мере возможности. К сожалению, этих возможностей было очень немного. И я, свидетельница довлатовской жизни в течение долгих лет, утверждаю, что Сергей всегда много работал, не отказываясь от неприятных, а порой и психологически противопоказанных ему журналистских заданий, и помогал Саше как мог.

Ася бьет Довлатова на всех фронтах. Она анализирует четыре различные версии знакомства его с Леной, встречающиеся в разных его произведениях, и разоблачает, разоблачает, разоблачает. Но кто сказал, что писатель обязан под присягой обнародовать факты своей личной жизни в художественных произведениях? Ведь он же не анкету в отдел кадров заполняет. Довлатов, хочу заметить, писатель, или, как он иногда любил себя называть, «беллетрист Далметов». Беллетрист, а не документалист. Иначе говоря, что хочет, то и сочиняет. И все версии хороши. Мне лично особенно нравится версия из «Наших»:

> Вдруг чувствую — я не один. На диване между холодильником и радиолой кто-то спит. Слышатся шорохи и вздохи. Я спросил:
> — Вы кто?
> — Допустим, Лена, — ответил неожиданно спокойный женский голос.
> Я задумался. Имя Лена встречается не так уж часто. Среди наших знакомых преобладали Тамары и Ларисы. Я спросил:
> — Каков ваш статус, Лена? Проще говоря, ваш социум эр актум?
> Наступила пауза. Затем спокойный женский голос произнес:
> — Меня забыл Гуревич.

Отчет о личной жизни и литературном творчестве Довлатова в Асиной книге сложился в некий суровый приговор: Довлатов не достоин своей славы и получил ее не по чину. К счастью, «народные заседатели», а именно читающая публика России, рассудили иначе…

Впрочем, мы отвлеклись от роковых женщин в русской литературе. И правильно сделали, потому что остальных, близких Довлатову дам, нельзя причислить к роковым женщинам.

Лена Довлатова никоим образом не попадает под рубрику «роковая», то есть она не сыграла роковую роль в его судьбе. Как раз наоборот. Ей роком было предопределено оставаться с Довлатовым до конца его жизни, что невозможно объяснить ничем кроме как ее любовью и чувством долга по отношению к семье. Любил ли ее Сережа? Полагаю, что да. В книжке «Наши» Довлатов описывает отъезд Лены с Катей в эмиграцию:

> Мы ждали, когда поднимется самолет. Но самолеты взлетали часто. И трудно было понять, который наш… Тосковать я начал уже по дороге из аэропорта.

Несомненный факт, что Лена была самым близким ему человеком, не останавливает Довлатова от изощренных «лестных» характеристик своей жены. В письмах разным адресатам (к Тамаре Зибуновой, Ефимову), и в своей семейной хронике «Наши», Сергей, как ему кажется, точно и эффектно, описывает Ленин характер: «Лена не меняется, как скорость света», «а лицо спокойное как дамба», «Лена постоянна, как формула H2O», «Лена не меняется, как метр-эталон в Париже», «взгляд холодный и твердый, как угол чемодана» (напиши он такое обо мне, я бы протаранила его голову углом этого чемодана).

В книжке «Наши» Довлатов пишет: «Лену мои рассказы не интересовали. Ее вообще не интересовала деятельность как таковая».

Хлестко, но абсолютно неверно и несправедливо. Близорук оказался наш прозаик. Лена глубоко ценила его талант, была бесконечна ему предана и поэтому бесконечно терпелива. Всю жизнь она находила в себе силы подавлять свои эмоции, щадя Нору Сергеевну, Катю и «позднего» Колю, и стараясь, чтобы у Сергея был очаг и дом. И, как могла, как умела, сохранила ему семью. Но, зная Сережу, легко предположить, что и эти отзывы о Лене — литература, а не портрет живого человека.

О таллинском периоде Сережиной жизни я знаю в основном из его произведений и писем. Я побывала в их с Тамарой Зибуновой доме только один раз на дне его рождения (см. главу «Сентиментальное прощанье»).

У меня создалось впечатление, что отношения между ней и Довлатовым были простые и дружеские. Об этом свидетельствуют и Сережины письма Тамаре Зибуновой, полные желания помочь ей и Саше по мере возможности. Прочтя их в интернете, мой муж Витя с уважением сказал: «Смотри-ка, Сергей, когда хотел, вел себя как вполне взрослый, ответственный человек».

Естественно, что при довлатовской эффектной внешности (которую он попеременно то проклинал, то восхвалял), при его обаянии и остроумии было несчетное количество дам, желавших пасть в его объятия, или по крайней мере проводить время в его обществе. Но смею утверждать, что когда он горделиво называл себя блядуном, он «лакировал и приукрашивал» действительность. Он был не блядун, и даже не бабник, а алкоголик, и дамы занимали его воображение в основном в разгар алкогольных эскапад. Женщин, с которыми ему хотелось проводить время в трезвом состоянии, можно пересчитать по пальцам одной руки. Последний роман Довлатова был с Алей Добрыш, в доме которой он провел последнюю неделю своей жизни и почти на руках у которой он умер.

Познакомились они в 1986 году, и с тех пор Сережа часто стал бывать у Али в Бруклине. Я была растрогана Алиными записями в маленьких календариках, в которых она отмечала, не пропуская ни одного дня с момента их знакомства, когда Сергей звонил, когда приезжал, трезвый или пьяный, в каком был настроении, и черные дни, когда у него начинались ужасающие запои. Аля купила монографию «Алкоголизм» и положила ее на видном месте на столе, чтобы Сережины глаза ее не миновали. Полагаю, что Аля очень Довлатова любила. Она благоговейно хранила память о нем: его фотографии и рисунки, короткие записки, которые он оставлял в дверях, если приезжал без звонка и не заставал ее дома, кассеты с его сообщениями на телефонном ответчике. И Сергей, безусловно, был очень к ней привязан. Он дарил ей свои книжки с забавными и смешными посвящениями. Например, на «Зоне» он написал: «Милой Але от тайного поклонника, от довольно чистого сердца». На английском издании «Компромисса» было такое посвящение: «Самой волнующей женщине Нью-Йорка со вспышкой нежных чувств». А на книжке «Заповедник», посвященной Лене («Моей жене»), было приписано от руки: «которая была права, когда утверждала, что меня погубят крашеные блондинки».

Перед Алей Добрыш Довлатов не чувствовал своей вины. Он знал, что она его не выгонит, не осудит, не проклянет... Ему не надо было перед ней защищаться, каяться, клясться и обещать. И это значило для него очень много.

Глава восьмая
Отец и дети

Я познакомилась с Довлатовым, когда из существующих сегодня четверых его детей в этом мире находилась только полуторагодовалая Ленина дочь Катя Довлатова. В то время Сережину семейную жизнь вовсе нельзя было назвать беспросветной. Довлатов был очень привязан к Лене, боготворил и побаивался Нору Сергеевну и совершенно обожал Катю. Например, сидя на низком стуле и расставив как кузнечик длинные ноги, Сережа ставил Катюню между колен, крепко прижимал ее к себе и, не в силах справиться с затоплявшей его нежностью, бормотал: «Господи, какая мерзость!». Может быть, высказываясь, как Собакевич, обо всех друзьях и знакомых, он особым, свойственным только ему способом, выражал свою любовь.

Именно Сережа, а не Лена и не Бабо (домашнее имя Норы Сергеевны) осуществлял все внешние контакты, необходимые для Катиного здоровья и благополучия — походы к врачу, устройство в детский сад, путевки в лагерь. Благодаря Сережиным усилиям Катя побывала даже в Артеке.

Часто гуляя с Катей, он сочинял на ходу для нее стихи. Сонетами Шекспира не назовешь, но все же... Что-нибудь вроде: «Катя очень любит кашу и, конечно, простоквашу». Или: «Наша Катя забияка, то и дело лезет в драку». Бывали и варианты: «Это, видно, неспроста, что у кошки нет хвоста. Видно, кошка забияка, постоянно лезет в драку».

Иногда мы гуляли вместе с нашими Катями. На Довлатова с его Катей прохожие оборачивались: рядом с ним, огромным, как снежный человек, семенила такая кроха, что казалось, она ему ростом до щиколотки, хотя в возрасте трех лет она уже достигала его колен. Уже взрослая Катя заметила: «Когда папа нес меня на руках, создавалось впечатление, что он несет винную бутылку».

Кстати, о бутылке. Как-то Нора Сергеевна с Леной затеяли генеральную уборку и попросили Сережу и пришедшего к нему приятеля Валеру Грубина на это время погулять с Катей. Катя была совсем младенцем, ее уложили в коляску, в атласном пакете, всю в кружевах, чистенькую, благоуханную. С прогулки отец с приятелем вернулись немного смущенные, норовя побыстрей проскочить с коляской в комнату мимо бабушки и мамы. Чем вызвали подозрение. Заглянув в коляску, Лена обнаружила рядом с Катей любовно укутанную в кружева бутылку водки.

В детстве Катя была похожа одновременно и на отца, и на мать: смуглая, с агатовыми, таинственно мерцающими, как у Лены, глазами. Я помню, как Довлатов с Леной впервые повели Катю в зоопарк. Они старались обратить ее внимание на льва, слона, медведя, носорога. Катя Довлатова не проявляла никаких эмоций и равнодушно взирала на диковинных животных. Но внезапно лицо ее озарилось, и она закричала счастливым басом: «Воробей! Я вижу воробья!». Когда они пришли домой, Нора Сергеевна спросила, кто в зоопарке ей понравился больше всех. Катя засмущалась и тихо сказала: «Мама».

Однажды Лена пошла в театр на «Преступление и наказание», а Сережа остался с Катей. Вернувшись домой, Лена спросила, как они провели вечер.

— Папа рассказывал страшную сказку, — сказала Катя, — про то, как один студент обидел старушку топором в лоб, а его за это поставили в тюрьму.

Терзаемая завистью к достижениям чужих детей, не могу не рассказать байку и про свою дочь Катю, которая тоже прославилась в кругу семьи остроумными высказываниями. Как-то мы с ней ехали в гости ко второй бабушке, Витиной маме. В автобусе ко мне начал клеиться какой-то мужик, заигрывая с дочкой:

— Девочка, какой у тебя красивый бант, тебе его мама завязала?

— Угу.

— А почему твоя мама такая серьезная?

— Так.

— А куда же вы с мамой едете?

— К бабушке.

— А почему у твоей мамы такая большая сумка?

— Мы думаем, что бабушка нам что-нибудь даст.

Автобус грохнул от смеха, я схватила Катьку в охапку, и мы выскочили на ближайшей остановке…

Однажды Катя Штерн принесла из детского сада свежую новость: оказывается, человек произошел от обезьяны. Нам было лень в тот момент обсуждать божественное происхождение человека, и я рассеянно ответила:

— Очень может быть.

— Ты, что ли, обезьяна? — попыталась уточнить Катя.

Витя радостно закивал, но вовремя спохватился:

— Наша мама? Конечно, нет.

— Бабушка, что ли?

— Да бог с тобой! — В этот момент моя мама накрывала на стол и нарываться не хотелось.

— Прабабушка? — не унималась дочь.

Прабабушка еще была жива, но в жила в Нью-Йорке. Ни Витя, ни я не были с ней знакомы.

— Пожалуй, — неопределенно согласился Витя.

— Давно это было?

— Очень давно.

— Когда у нас еще была старая ванна?

Вершиной анатомических открытий нашей малолетней дочери было заявление, что дети рождаются из шеи. В пять лет она уже умела читать, и на глаза ей попался журнал «Здоровье».

— С чего ты взяла, что из шеи?

— Вот тут картинка и написано: «из шейки матки».

Наша няня Нуля, вырастившая и меня, и Катю, в разговорах со мной называла маткой мою маму, а в беседах с Катей — меня. В смысле «твоя матка обещалась на рынке яблоки купить…».

Взрослую Катю Довлатову я видела несколько раз: на похоронах Сергея, в 1998 году в Петербурге на конференции, посвященной памяти Довлатова, и у них в гостях в Нью-Йорке. В ранней юности, по словам Сергея, она была равнодушна к литературе, и его, конечно, это огорчало. Но гены, как сказала бы наша мудрая няня Нуля, в конце концов «себя оказывают». Катя окончила университет в Лондоне по специальности «Русская литература XX века». И пишет сама. К сожалению, предпочитает по-английски. Таковы издержки нашей эмиграции. Впрочем, все произведения отца она прочла по-русски.

С Колей Довлатовым (Сергей называл его мистер Николас Доули) я познакомилась, когда он был еще малышом. Приветливый, веселый, доверчивый, Сережа называл его «маленький заводик по производству положительных эмоций». И снова увидела его после почти двадцатилетнего перерыва. Высокий, красивый, худощавый, с завязанными в конский хвост волосами, он произвел впечатление замкнутого, интровертного человека, не похожего по темпераменту на юного Довлатова. Но, возможно, это поверхностное впечатление, поговорить мне с ним не удалось. По-русски Коля говорит довольно свободно, но произведения отца читал по-английски. И сам никакой тяги к литературе не обнаружил.

С другими дочерями Сергея — Машей и Сашей — я встретилась всего по разу. При разных обстоятельствах, на разных континентах. С Сашей, дочерью Тамары Зибуновой, я познакомилась в Москве, в ЦДЛ. Ее сходство с отцом поразительно. Саша — журналистка, окончила университет в Москве, замужем. Произведения отца знает почти наизусть. 17 сентября 2001 года у нее родился сын Миша, то есть первый довлатовский внук. Жаль, что Сергей не дожил до этого дня. Катя и Саша знакомы, и Катя даже была у Саши на свадьбе.

Машу Пекуровскую я видела на похоронах Сергея. Ася пишет, что она утаивала от дочери существование отца вплоть до дня его смерти. Разумеется, это Асин выбор. Когда Маша родилась, Сергей вел себя, по выражению одной моей знакомой, «абсолютно кое-как». Он даже не пришел забрать Асю с Машей из родильного дома. За ними приехал наш общий приятель Лева Поляков. Но Ася очень трезво оценивала ситуацию и не рассчитывала на Сережину помощь. Я помню, что за несколько месяцев до Машиного рождения Ася говорила, что Довлатова не любит, никаких видов на него не имеет и поддержки от него не ждет.

И все-таки мне жаль, что, живя в одной стране более десяти лет, Маша с Довлатовым так и не встретились. Хотя отцом для нее он был никаким, но думаю, что знакомство с ним безусловно расширило бы ее кругозор и обогатило ее жизнь. И очень жаль, что Сергей никогда не узнает, кем стала незнакомая ему дочь. Маша Пекуровская сделала блестящую карьеру в Голливуде. Она занималась рекламой таких известных фильмов, как «Знакомство с родителями», «Чокнутый профессор», «Люди в черном», «Свадьба лучшего друга», «Шрек», «Чикаго», «Красный дракон», «Непереносимая жестокость», и многих других. В 2002 году Машу пригласили на пост старшего вице-президента студии «Юниверсал». Она награждена несколькими голливудскими наградами за выдающиеся проекты рекламных кампаний. Живет Маша в Лос-Анджелесе с другом Робертом, внешне очень напоминающим молодого Довлатова. А вот рассказы его она не читает: ни по-русски, ни по-английски.

В этом сонме детей я хочу упомянуть и своих внуков Дэниела Саймонса и Вику Саймонс. Даня родился в Нью-Хейвене в 1983 году. Я была вне себя от гордости и счастья. Мы с Витей уехали в это время в Пасадену, Калифорния, где Витя участвовал в проекте *Galileo Mission to Jupiter*, то есть в отправке космического корабля Галилей на Юпитер. Я позвонила Довлатову в Нью-Йорк похвастаться Юпитером и прибытием в этот мир внука Дани. Сергей не поздравил нас ни с тем, ни с другим событием, и даже не проявил приличествующего в таких случаях энтузиазма. Вот как он об этом рассказал в письме к Ефимову от 1 августа 1983 года:

> Звонила Люда из Калифорнии, минут пятнадцать, захлебываясь, рассказывала про неведомого мне внука Даню, затем спросила, как мои дела, я сказал хорошо вроде бы, тогда Люда сказала, значит, продолжается эта буря в стакане воды?… Только не говорите ей, что я жалуюсь. Я так долго ожидал возможности жить жизнью, близкой к литературе, успел состариться, и теперь, наверное, веду себя как-то неприятно, хвастливо и торжествующе.

Когда пять лет спустя родилась Вика, я даже не известила Сережу об этом. Как говорила моя няня Нуля, «не знамо на что нарвешься».

Моему Дане, точнее, Дэниелу Саймонсу, в этом году исполнилось аж 40 лет. Ростом лишь слегка уступает Довлатову. Он окончил Дартмут, университет, где русский язык и литературу преподавал Леша Лосев. Даня увлечен философией и политическими науками и свободно говорит по-русски. Теперь он покупает и продает самолеты. Вика тоже окончила университет, написала диплом по Лескову, но работает в ай-ти. Год назад у них с мужем Эваном родился мой правнук Саша. Вика наконец-то всерьез взялась за русский язык. Как будет с Сашей, пока непонятно.

Недавно, приехав к нам в Бостон, Даня снял с полки том Довлатова, и вскоре из комнаты послышался хохот. За обедом мой внук спросил: «А ты была знакома с этим писателем?».

Глава девятая
«Без права на женщину»

Некоторые мемуары о Довлатове, как, например, сочинения литературной пары Елены Клепиковой и Владимира Соловьева, не могут быть обойдены молчанием. Произведения, выходящие из их компьютера, как фарш из мясорубки, обескураживают недосягаемым моральным стандартом, благородством и, главное, мемуарной правдивостью. Иногда они называют свои опусы романом или «будущей книгой». Этот прием не уменьшает, к сожалению, ни пошлости, ни вульгарности языка.

Позволю себе цитату из статьи Клепиковой, «деликатно» приуроченной к 60-летию Довлатова:

> На вечеринках у Игоря Ефимова, где гостей сажали как в Кремле или Ватикане, по рангам, Сережа помещался в самом конце стола без права на женщину и вынужден был весь вечер слушать парный конферанс Наймана и Рейна, сидящих по обеим сторонам от сопредседателей — Ефимова и его жены. Находясь в загоне, Сережа сильно киксовал и развлекал таких же, как он, аутсайдеров в конце стола.

Выражение «без права на женщину» по отношению к Довлатову звучит, как сказал бы Бродский, «довольно клево». Крутое название для воспоминаний о Сергее Донатовиче.

К счастью, прав на женщину у Довлатова было хоть отбавляй. Если читателям не лень вернуться ко второй главе этой книги, то они убедятся, что автор этих воспоминаний, являясь женщиной, познакомилась с Довлатовым именно на вечеринке у Ефимовых. И он даже посмел проводить женщину домой и очаровать ее, не потрудившись получить письменного разрешения Игоря Марковича.

Сидел Довлатов в тот вечер не в самом конце стола, а на столе, правда, на письменном. Перейдя от этой детали к философскому понятию конца стола, хочется добавить, что у стола, — если он не круглый, — как правило, имеется два конца...

Сергей в тот вечер не развлекал «таких же, как он, аутсайдеров», а «занимал площадку», и ему внимали с восторгом и хозяева, и гости. Рассказчиком он был превосходным.

А вот как описывает Клепикова внешность молодого Довлатова: «Однажды на нашем пороге возник совершенно не литературный на вид и уж точно без всякого личного шарма мастодонт в зимнем прикладе — Сережа Довлатов».

Разлюбившая Довлатова Ася пошла гораздо дальше, назвав его «гориллой, разбитой параличом». Не думаю, что это определение стоит принимать всерьез. Супружеские пары, как известно, мастера наделять друг друга как немыслимо ласкательными, так и обескураживающе оскорбительными прозвищами.

Довлатов вполне мог быть не во вкусе Клепиковой, но, как принято сегодня говорить, абсолютно однозначно в юности он был необыкновенно хорош собой. И не только в юности. Среди сотрудников журнала «Нью-Йоркер» обсуждалась однажды — в моем присутствии — «вызывающе литературная» внешность Довлатова. Для сравнения упоминался и Хемингуэй, и Че Гевара...

Клепикова не жалеет усилий, чтобы унизить Довлатова как человека и как писателя: «Никто тогда его не принимал всерьез — как оригинального писателя или вообще как писателя. Помню у Битова, Бродского, Марамзина, Ефимова, да и у многих, такой пренебрежительный отмах: „А-ах, Довлатов легковес!"».

Это неправда. Вот что пишет в своих воспоминаниях Евгений Рейн о раннем Довлатове:

> Я сразу же обратил внимание на очень высокий профессиональный уровень его рассказов. Это были не смутные разодранные клочки, сюжет проводился изобретательно и отчетливо, характеры обозначались ясно и ярко, реплики стояли на точных местах, были доведены до афоризма, гротеска, пародии. Короче говоря, это были прообразы рукописи, литературного труда.

Если нам не безразлично, что думал о Довлатове Иосиф Бродский, то следует процитировать одну фразу из посвященного Сергею эссе:

> Сережа прежде всего был замечательным стилистом. Рассказы его держатся больше всего на ритме фразы, на каденции авторской речи. Они написаны как стихотворения: сюжет в них имеет значение второстепенное, он только повод для речи…

И, как уже было сказано в главе «Литературные будни», такие известные в то время литераторы как Борис Вахтин, Игорь Ефимов и Владимир Марамзин пригласили его участвовать в их сборнике «Горожане». Мнение этих литераторов о начинающем прозаике Довлатове было единодушно положительным.

Сам Довлатов очень трезво оценивал свои литературные достижения. Когда я фыркнула по поводу публикации в «Юности», он написал:

Довлатов – Штерн, 1974 год, из Таллина
Милая Люда!
«Юность» — черт с ней. Написал то, что им требовалось, и они меня опубликовали, другого публиковать не стали бы. Для меня (и для местного издательства) это сильный прецедент. Тут есть чиновники, которые текста не прочтут, а рожу и фамилию запомнят. Адепты чистого искусства уже подняли дружный лай по поводу моего выступления. Получена такая открытка: «Портрет хорош, годится для кино, но текст — беспрецедентное говно». Это кто-то напрягся из тусклой челяди Бобышева, я думаю… Подпись красноречивая «Х», по-ихнему — икс. Но это все *merde* — рвань и нечисть.
В ноябре у меня по плану должна выйти книжка «Пять углов», девять с половиной листов с портретом и абстрактными углами на супере. Там же, на супере, кусочек интервью со мной. Мне выплатили 60 процентов, я купил импортные брюки, долгов нет. Параллельно развивается детская книжка в стихах (!) «Незнакомые друзья». Ее хотят издать на двух языках в переводе знаменитой (тут) Эллен Нийт.
И еще я заканчиваю роман «В тихом городе Н». Рейн физически уснул, когда я излагал ему содержание. Роман (предыдущий) «Дорога к славе» буду подавать на рецензию в августе. Там 12 листов. Если со мной в первом квартале 75 года подпишут договор, я немедленно уеду в Ленинград.
В общем, я держусь. Более того, чуть не купил за 700 рублей форд 1938 года. Одет неважно. Питаюсь средне. Тревоги в моем взоре навалом, особенно с похмелья. О тебе: ты — единственная

волнующая меня дама. Я потерял тебя безвозвратно, хотя даже Рейн, который говорит с волнением только о чужих сертификатах, признает, что я тебе нравился, а в какой-то период даже мог уговорить замуж. Если я когда-нибудь останусь с тобой наедине, то немедленно умру от инсульта. Сообщи мне адрес псковской деревни — я приеду на два часа. Нельзя, наверное?

В своем «Мытаре» Клепикова описывает свой и Кушнера визит к Довлатову и Тамаре Зибуновой в Таллин, весной 1975 года. Тональность описания предательски выдает подлинные чувства «сочувствующей» мемуаристки:

Мы вышли из старинного центра Таллина, архитектура становилась все более окраинно-советской. Что-то вроде доходного — огромного, облезлого и старого — дома. Темная и пахучая — заскорузлым жильем — лестница. Мы вошли в большую, почти без мебели комнату. В углу, по диагонали от входа — сидел Довлатов. Он сидел на полу, широко расставив ноги, а перед ним — очень ладно поставленные в ряд — стояли шеренги бутылок. На глаз — около ста. В нелепой позе поверженного Гулливера сидел человек, потерпевший полное крушение своей жизни… Поэтому так поразила меня реакция Кушнера: торжество победителя. Он откровенно веселился над фигурой Довлатова у разбитого корыта писательской судьбы. И хихикал всю обратную дорогу. И был отвратителен.

Я была у Тамары и Сергея в Таллине. Они жили вовсе не в «огромном и облезлом», а в деревянном трехэтажном, вполне симпатичном доме на улице Вируки № 41/4 (бывшая Рабчинского). 3 сентября 2003 года на фасаде дома появилась мемориальная доска:

ЗДЕСЬ ЖИЛ РУССКИЙ ПИСАТЕЛЬ СЕРГЕЙ ДОВЛАТОВ

Этот дом описан Евгением Рейном в стихотворении, посвященном Тамаре Зибуновой:

> Деревянный дом у вокзала
> Безобразной окраины Ганзы,
> Где внезапно зауважала,
> Приютила свои сарказмы
> Просвещенная часть России…

Итак, небольшой деревянный дом. Вдоль улицы каштановая аллея. Из окон виден дворик с кустами сирени и шиповника, детские качели и песочница. Тамарина двухкомнатная квартира была похожа на большинство квартир советской интеллигенции, не обласканной режимом. В комнате, где принимали гостей — изразцовая печь, тахта, дубовый раздвижной стол, старинный книжный шкаф карельской березы. Письменный стол педантичного Довлатова в идеальном порядке. На полу — настоящий персидский, во всю комнату, ковер. В этой квартире останавливались, приезжая в Таллин, наши друзья. В том числе и Бродский, которому Тамарина квартира нравилась нестандартностью, уютом и тихим зеленым районом в пяти минутах от старого города.

Познакомившись с произведением «Мытарь», я попросила Тамару Зибунову вспомнить описанный в этом произведении визит высоких гостей. Вот отрывок из ее письма:

> Милая Люда!
> Я расстроилась, прочтя эту статью. Я очень любила свой дом. Я прожила там почти 50 лет! Квартира была небольшая, но уютная. Там выросла и моя Саша… И я хорошо помню этот визит. Саша Кушнер и раньше приезжал к нам. Это был единственный раз, когда он у нас не остановился. Он был в командировке и поселился в гостинице. Это была зима 1975 года. Над Сережиной книжкой сгустились тучи. Но были еще надежды. Главный редактор «Ээсти Раамат» Аксель Тамм не сомневался, что книга выйдет. Саша зашел к нам сразу по приезде. Он предложил Сереже привести сотрудников «Авроры» и попытаться опубликовать там один из рассказов выходящей книги. Это был как бы светский прием. Сергей был трезв. Меню я, конечно, не помню, но обычно в те годы я подавала гостям или курицу-гриль, или горячую буженину. На столе было только сухое вино. Это я помню точно. Саша привел эту Елену, и она взяла несколько рассказов. Если она когда и видела его похмельного в большой пустой комнате, то это могло быть до его отъезда в Таллин, когда они жили в коммуналке. Из Таллина он уже вернулся в небольшую двухкомнатную квартиру на ту же Рубинштейна.
> Мне обидно за Сашу Кушнера, потому что на моей памяти он всегда был очень внимателен к нам.

Клепикову привели к Довлатову как влиятельного сотрудника журнала. Она была успешным официальным советским критиком, печаталась в «Новом мире», «Литературном объединении», «Звезде», «Неве» и других изданиях. Она обладала влиянием в «Авроре», где служила, или, по крайней мере, делала вид, что от нее многое зависит. Несколько раз она пишет, что Довлатов перед ней заискивал и униженно просил о помощи.

Так вот, Клепикова взяла рассказы, обещала помочь, ничего не сделала, да еще возвела напраслину и на Довлатова, и на Кушнера.

То, что Довлатов много пил, хорошо известно. Но зачем выдумывать чудовищные сцены, из дома Тамары Зибуновой делать трущобу, а из Саши Кушнера опереточного злодея?

Клепиковское описание начального периода довлатовской жизни в Нью-Йорке тоже вызывает недоумение. Цитата: «Первый год жизни в Нью-Йорке он производил впечатление оглушенного — в смуте, в тревоге. О литературе не помышлял. Не знал, с какого боку к ней здесь подступиться», — информирует Клепикова читателей. И дальше: «Год он прожил, как заблудившийся человек, не зная, в какую сторону надо выбираться».

Впрочем, в совместном с Соловьевым мемуаре «Довлатов вверх ногами» этот текст отредактирован. Теперь, оказывается: «Тот год он [Довлатов — Л. Ш.] прожил в Нью-Йорке как окончательно заблудившийся человек, но с точным знанием, в какую сторону ему надо выбираться».

Так все-таки знал Довлатов или не знал, в какую сторону выбираться? Чтобы читатели не мучились догадками, в дальнейших главах главах мы предоставим слово ему самому.

Глава десятая
Сентиментальное прощание

Впрочем, меня унесло далеко вперед. Пока что на дворе 1974 год. Мы живем в Советском Союзе: Довлатов — в Таллине, я — в Ленинграде. Мне известно, что Сережину книгу «Пять углов» приняли к публикации. Наша переписка продолжается.

Из Таллина в Ленинград
Милая Люда!
Я даже не знаю, бываешь ли ты на почте… Мне необходимо срочно посоветоваться с тобой, то есть написать подробно. Где ты будешь летом? Я тебя помню и очень нуждаюсь в тебе.
Сергей
P.S. Здесь в Таллине Катя с бабушкой. Я жутко растолстел. Перешел на сигареты с фильтром.
С.

Какой прекрасный, мастерский постскриптум! Два штриха, и нарисована картина идиллической и спокойной семейной жизни. И все это на фоне жуткой нервотрепки с публикацией.

Из Таллина в Ленинград
Милая Люда!
Я на почте. Напишу тебе подробно через два часа. Ты пишешь, что в Ленинграде будешь до 15-го. Успею?
Твой С.

Я в это время собиралась в отпуск в Псковскую область, в деревню Усохи, сравнительно недалеко от Пушкинского заповедника.

Август 1974 года

Милая Люда!

Ты, я думаю, уже в Ленинграде. Решил написать тебе. Все по-прежнему. Книжки мои где-то в типографии. Полторы тысячи аванса мигом улетели, более того, я на них проехал как бы две лишние остановки, имею долг — 180 рублей. Зато мне сшили сюртучок из кожи покойного дяди Кирилла, еду за ним в субботу. А вот пиджака и обуви нет.

Рад, что лето кончилось. Было много гостей + мама с Катей. Я устал. Теперь работаю с утра до ночи.

Доходят из Ленинграда печальные новости. Я очень близко к сердцу принимаю все это, Марамзина[6] жалко.

В Таллине нет политики, нет эмигрантов и даже нет евреев. Они говорят по-эстонски, носят эстонские фамилии и в русских компаниях не ощущаются.

В Ленинград я вернусь окончательно не позднее мая 75 года. Многое зависит от книжных дел, но только в сроках, а не принципиально. Даже если бы все мои надежды здесь осуществились, это не совсем то, к чему я стремился. Положение издающегося литератора в Эстонии не выше (объективно) окололитературного статуса в Ленинграде. Если бы я здорово верил в себя и надеялся, издав книжку, обрести тотчас же всесоюзную аудиторию, тогда другое дело.

Женя читал корректуру моего сборника, но восторга не проявил, хотя из 14 рассказов штук семь мне нравятся. А подлинно халтурных только два.

Но и Женя меня глубоко разочаровал, независимо от отношения к моей книжке. Он все меньше похож на Бендера, и все больше на Паниковского. Я его по-прежнему люблю как дорогое воспоминание, но судьба его кажется мне вульгарной и поучительной. Я знаю, что ты показывала Жене мое письмо, это зря. Мне ведь хочется быть откровенным с тобой. Я думаю, что молодость прошла, и все стало очень серьезным. Что бы я ни говорил в разное время, помню о тебе только хорошее.

Твой С. Д.

Эта оговорка в последнем письме — «что бы я ни говорил в разное время» — очень симптоматична. Любил Довлатов проехаться по друзьям паровым катком, а потом спохватывался. Вот и о Рейне что-то брякнул, а теперь беспокоится. Я точно не по-

6 Прозаик Владимир Марамзин, составивший первое (самиздатовское) собрание сочинений Иосифа Бродского, был арестован, осужден условно, после чего эмигрировал. Жил во Франции.

мню, но все-таки думаю, что я его письма Рейну не показывала. Это очень на меня не похоже.

Когда стало известно, что набор его книги рассыпан, Довлатов, действительно, впал в отчаяние. Ему казалось, что его литературная биография публикующегося писателя закончена, так и не начавшись. Я получила от него несколько писем, полных такого горя и такой тоски, что боялась, что он может наложить на себя руки. Я пыталась в письмах как-то подбодрить его, но, видимо, мне плохо это удавалось.

1974 год

Милая Люда!

Я чувствую себя парализованным и поэтому молю о величайшем снисхождении — не задевай больше моего отравленного портвейном и тщеславием сердца.

Тебе я не боюсь сообщить о том, что я как никогда абсолютно беспомощен, пережил крушение всех надежд, всех убогих своих иллюзий.

«На свете счастья нет, но есть покой и воля», — сказал парнасец, исступленно жаждущий счастья. Воля, как продолжение мужества, во мне отсутствовала изначально. Покой же возможен лишь в минуты внутреннего согласия. А какое уж там согласие, если мне до тошноты отвратительно все в себе: неаполитанский вид, петушиное красноречие, неустоявшийся к семидесяти годам почерк, жирненькие бока, сластолюбие и невежество. Даже то, что я себе противен и пишу об этом, мне противно.

О нас с тобой: титанические усилия, которые я предпринял, чтобы загадить, унизить, предать все тайное, личное, дорогое, увы, не пропали даром. Теперь все позади.

***

Наша семья уже развела пары, то есть получила приглашение из Израиля от несуществующих родственников, с которыми надо позарез соединиться. Мы собирали бумажки для ОВИРа, и, как только их подали, Витю выгнали с работы, а мне перекрыли «командировочный воздух». Последней деловой поездкой в моей советской профессиональной жизни оказалась командировка в Таллин на конференцию по градостроительству. Я сделала там доклад об испытании грунтов под туннели и виадуки.

Остановилась я в гостинице «Выра» и сразу позвонила Довлатову в редакцию. Он сказал, что вечер занят: у него день рождения и приглашены гости: «Ты, может быть, не знаешь, но я живу не один. По пути домой могу забежать на минуту». Он пришел, клюнул меня в щеку, осмотрел номер и ворчливо сказал:

— Тебе непременно надо было остановиться в самой дорогой гостинице в городе? Не могла найти что-нибудь попоганее?

Я стала оправдываться: все, мол, оплачивает университет. Он посидел молча несколько минут, мрачный, как туча, потом сказал:

— Расскажи о ленинградских светских новостях.

— Главная светская новость, что мы подали документы в ОВИР.

Последовала долгая пауза.

— А чего вам тут не хватало? — наконец, грубо спросил Сергей и, не дожидаясь ответа, встал и, хлопнув дверью, ушел.

Перспектива провести одинокий вечер в чужом городе, в нескольких кварталах от довлатовского дома, да еще в день его рождения, показалась мне нелепой и обидной. Я, всплакнув, решила подняться в бар и напиться в лучших традициях западных фильмов. Но не успела, потому что меня ждал эпизод под кодовым названием «сентиментальное прощание».

Зазвонил телефон. Приятный женский голос назвался Тамарой Зибуновой и пригласил в гости на Сережин день рождения:

— Только, пожалуйста, никаких подарков. Запишите адрес и возьмите такси, это недорого.

В назначенный час я вооружилась тортом и бутылкой вина и отправилась на довлатовский бал.

Оговорка: я страдаю гипертрофированной пунктуальностью; мне говорят: 7:30, и я звоню в дверь в 7:30. Иногда это приводит к нежелательным последствиям. Открыла дверь приветливая миловидная женщина со словами:

— Не удивляйтесь, он уже выпил с коллегами в редакции. Через полчаса придет в себя.

Я оказалась первой гостьей. На диване, лицом к стене, спал Довлатов. В центре комнаты был накрыт стол на двенадцать персон. Тамара предложила, пока гости не появились, посидеть на кухне, чтобы не тревожить именинника преждевременно. Только мы вошли в фазу задушевной беседы, как в дверях возникла гигантская фигура в трусах. Я не видела такого мрачного лица и не слышала такого злобного тона за все семь лет нашего знакомства. Конечно, он был в депрессии по поводу своих литературных неудач, но его все время «сносило» на тему моей эмиграции. Может быть, он боялся меня потерять. Но выражал он свои чувства в терминах дубовой советской пропаганды, как, например: «Бежите, крысы, с тонущего корабля? Чтоб вы передохли по дороге!» Тамара пыталась его урезонить:

— Ну-ну, уймись, иди доспи, — ласково повторяла она.

Но Сережу понесло в разнос. Что мне оставалось делать? Не дождавшись других гостей, я откланялась и ушла. Не такой я представляла себе прощанье с близким другом, с которым, как я думала тогда, я вижусь в последний раз.

Итак буквально не солоно хлебавши, я вернулась в «Выру». В бар подниматься настроения не было, и я скорбно улеглась в постель с материалами завтрашней конференции. Не стану утверждать, что это был лучший вечер в моей жизни.

Следующее утро началось с телефонного звонка.

— Людмила, я плохо помню, но говорят, я вчера что-то себе позволил. Прости. Когда мы увидимся?

Я торопилась на конференцию и не вступила в переговоры. А когда вернулась в «Выру», он сидел в холле, небритый, помятый и несчастный. Мы погуляли по Старому Таллину, и Сергей, не задав ни одного вопроса по поводу нашего отъезда, рассказывал о своих грандиозных литературных планах. Если все это было правдой, можно было только порадоваться за него. А через несколько дней я получила от него письмо.

Сентябрь 1974 года, Таллин
Милая Люда!
Я трезво и чутко осмыслил нашу встречу и понял — ничего, кроме горя, боли и беспокойства мне это не причинит. Легкость и блеск твоей жизни, твоего окружения, внушают мне дурные, несправедливые чувства, например — зависть, а следовательно — злость. Я не хочу испытывать ничего подобного.
Все, что я рассказал о себе — лживо. То есть, я, конечно, пишу, но писал и раньше, зарабатываю, но и раньше не голодал, шедевров же не создаю, в Аксенова не превращаюсь, жить и сиять мне в провинции среди дряни. Короче, прошу нашу встречу считать недействительной. Мне тяжело и мучительно снова думать о тебе. Я люблю тебя, нуждаюсь в тебе, как ни в одном человеке, но заполучить тебя не сумел, не сумею и не достоин.
Прощай, видит Бог, от всего сердца желаю тебе счастья.

Где Довлатов обнаружил «легкость и блеск» моей жизни, осталось загадкой. Но он внушил себе эту вздорную, нелепую идею, и переубеждать его было бы еще более нелепо. Впрочем, вышеприведенное прощальное письмо оказалось вовсе не прощальным. Ожидание разрешения на эмиграцию оказалось долгим. Довлатов, как он раньше и планировал, вернулся в Ленинград и застал меня все еще в подвешенном состоянии.

Примерно за полгода до отъезда в эмиграцию судьба свела меня с несколькими американскими аспирантами. Двое из них — Норман Наймарк и Анн Фридман — остались друзьями на долгие годы. Норман занимался историей русского рабочего движения и собирал материалы в ленинградских архивах. Впоследствии он стал нашим свидетелем при получении американского гражданства. Сейчас он профессор в Стэнфорде.

С Анн Фридман познакомил нас Андрей Вознесенский. Она писала диссертацию о Чехове. С водопадом светло-русых волос, синими глазами и тонкими чертами лица, Анн словно сошла с полотен Боттичелли. По-русски говорила свободно, употребляя иногда забавные обороты. Ей принадлежит прелестное выражение, которое мы взяли на вооружение: «вряд ли, но врет».

Гуляя с Довлатовым в Александровском саду незадолго до отъезда, я рассказала ему об Анн Фридман и советовала иметь ее в виду как переводчицу, когда его рассказы окажутся на Западе. В Нью-Йорке я познакомила Анн с Бродским, и даже помню, в какой китайский ресторан мы втроем пришли на ланч. На углу Второй авеню и Восьмидесятой стрит. Анн, разумеется, была поклонницей Бродского. К тому же в то время она переводила на английский язык его «Разговор с небожителем».

Когда Довлатов оказался в Нью-Йорке, Иосиф дал ему телефон Анн и предложил с ней связаться. Для восстановления исторической правды хочу заметить, что у Бродского с Анн отношения не сложились, а у Довлатова очень даже сложились. И деловые, и личные. Она перевела на английский многие его произведения. Притом замечательно. Позже, по словам Довлатова, «очаровательная Анн Фридман повергла меня в любовь и в запой. Сейчас оправился...» (письмо Ефимову, март 1980 года).

Через несколько лет после Сережиной смерти на мой телефонный вопрос, был ли у нее роман с Довлатовым, Анн, помолчав, ответила: «Нет, не был».

Глава одиннадцатая
Путешествие книжки

В этой главе мы отвлечемся от Довлатова и поговорим об одной книжке, которая эмигрировала раньше нас, совершив авантюрное путешествие без виз и разрешений. История эта достаточно занимательная.

Как я уже упоминала, у нас была большая домашняя библиотека. Особенно поэтическая: много первоизданий, ставших к тому времени раритетами. Мама собирала поэзию с ранней юности, и тоненькие сборники пережили даже блокаду. Мы с мамой были в эвакуации, папа сидел тюрьме, соседи по коммуналке пощадили наши книжки. Они топили буржуйки мебелью, а для растопки брали журналы и газеты, которыми были набиты кладовки и антресоли.

Но перед отъездом в эмиграцию с редкими книгами пришлось расстаться. В то время позволялось вывозить из Советского Союза книги, изданные только после 1961 года. Книги, изданные до этой «роковой» даты, полагалось таскать в Публичку, где комиссия рассматривала каждую книжку и, при положительном решении, шлепала на нее штамп «Разрешено к вывозу из СССР». Это были какие-то кафкианские правила. Почему нельзя было вывозить книжки, изданные до 1961 года, а не до 1957 или до 1949 года, навсегда осталось для меня загадкой.

И вот, месяца за два или три до отъезда, мы с Геной Шмаковым и Сережей Довлатовым сидели на полу перед высоким, до потолка, книжным шкафом красного дерева (который впоследствии купил за гроши советский классик Сергей Михалков), перебирали наши дореволюционные издания поэтических сборников и размышляли, что с ними делать. Попробовать переслать с друзьями-американцами? Найти ходы к людям, имеющим доступ к дипломатическим каналам? Оставить на сохранение у друзей до лучших времен?

Вот Гена вытащил с самой нижней полки невзрачную серую книжицу, сдул с нее пыль и крякнул от удивления: «Ты вообще знаешь, какие у вас имеются сокровища?».

Это был поэтический сборник Набокова, изданный в 1916 году в количестве четырехсот экземпляров. Его первый поэтический сборник. Я никогда этих стихов не читала и, более того, не подозревала о существовании самой книжки. Но мама сказала, что хранила сборник с юности, что в свои шестнадцать лет читала его с упоением, хотя во многом была с автором не согласна. И она, полистав книжку, показала свои карандашные заметки, сделанные мельчайшим почерком на полях. Я запомнила несколько: «И он еще рассуждает о любви!», «О, как он прав, я чувствую также!», «Человек не может так заблуждаться».

Мы похихикали над мамиными заметками, но Гена сказал: «Этот сборник надо кровь из носу вывезти и продать. Он никогда не переиздавался и стоит кучу денег».

В это время в Ленинграде гостила младшая сестра Набокова Елена Владимировна Сикорская, с которой мы очень дружили, а с мамой она была знакома с гимназических времен. Елена Владимировна жила в Женеве и приезжала в Ленинград раз в год недели на две повидаться со своими друзьями. Когда она пришла в гости, я показала ей книжку. «Боже мой, — ахнула она, — у брата ее нет. Наш отец издал ее к семнадцатилетию Володи».

Я тут же предложила ей взять сборник в подарок Владимиру Владимировичу. Через несколько дней мы встретились опять, и Елена Владимировна рассказала:

— Я говорила с братом по телефону и объявила, какой удивительный подарок ему везу.

— Он обрадовался?

— Нет, ничуть, — засмеялась Елена Владимировна. — Он ответил, что стихи ужасные и он не хочет иметь эту книжку в доме. Сказал, что вам на первых порах в эмиграции очень будут нужны деньги и посоветовал ее продать. Если хотите, я возьму ее с собой и предложу какому-нибудь книжному торговцу.

Елена Владимировна без всяких затруднений вывезла сборник, на таможне ее даже не попросили открыть чемодан. Вернувшись домой в Женеву, она написала нескольким книжным торговцам. Раньше всех откликнулся американский дилер Билл Янг из Массачусетса и предложил 750 долларов. Елена Владимировна, посмотрев книжные каталоги, проявила твердость и написала, что продаст за 1500 долларов. Ответа долго не было. Мы в это время уже выехали из Союза и жили в Риме, и Елена Владимировна нас там навестила. Вернувшись из Рима в Женеву, она нашла письмо от Билла Янга, который соглашался купить книжку за 1200 долларов. Сделка состоялась, и мистер Янг прислал ей чек. Елена Владимировна сообщила Янгу, что мы в Италии, и он обратился к нам через нее с необычной просьбой: купить ему итальянские шорты для тенниса, которых в Америке не достать. Елену Владимировну этот заказ шокировал. Вот отрывок из ее письма:

> Дорогая Людочка!
> Посылаю Вам нахальное письмо от покупателя книги В. Не знаю, стоит ли вообще добывать ему эти шорты (трусы). Я позвонила здесь в магазин, размера 34 (америк.) не было, но стоят они 70 швейцарских фунтов пара (то есть более 20 000 итал. лир). По-моему, все-таки это довольно странная просьба со стороны делового человека. И почему он позволяет себе обращаться ко мне просто по имени? Но, во всяком случае, если Вы найдете трусы в Риме, не покупайте их, а я ему отвечу, попрошу послать чек, и тогда переведу Вам деньги, и Вы ему пошлете пакет, или возьмите с собой, и уже из Нью-Йорка ему их переправите. Но вообще он — нахал! Чек за Вашу книгу внесу в *Union des banques suisses* на мое имя (это пишу в случае, если помру, потребуете их с моего сына). Но без шуток. Когда Вы скажете, я Вам сразу их вышлю…

История с трусами разрешилась ко всеобщему удовлетворению. Мы их купили, привезли в Америку и вручили Биллу Янгу из рук в руки. И получили деньги за книжку из швейцарского банка. Елена Владимировна, слава богу, была жива, и требовать деньги с ее сына не пришлось.

Несколько слов о других книжках. Мои американские друзья умудрились вывезти еще несколько ценных первоизданий поэтических сборников, в том числе — Гумилева, Маяковского, Ахматовой с автографами. Нам почти восемь месяцев не удавалось устроиться на работу, деньги были очень нужны, и мы решили книги продать (сейчас-то ясно, какая это была глупость — с голоду бы не померли, а так распылили «на селедки»).

Понесла я продавать свои книжки в Гарвардскую библиотеку. Библиотекарь, мистер Роджер Стоддард, несколькими из них заинтересовался, в особенности — сборником Северянина «За странной изгородью лиры» (1918 года) — и попросил меня назвать цену. Согласно правилам, как объяснил мистер Стоддард, библиотеки книги не оценивают, а соглашаются (или отказываются), когда продавец называет свою. Я сказала, что понятия не имею, сколько они стоят. Он сказал: «Разузнайте».

Мы разговорились с мистером Стоддардом об относительной ценности книг, и он рассказал, что недавно один книжный торговец предложил ему первый сборник стихов Владимира Набокова, изданный в Петербурге в 1916 году. Но заломил такую цену, что Гарвардская библиотека не сочла возможным этот сборник купить.

— Как зовут этого дилера? Не мистер ли Янг? Билл Янг?

— Вы с ним знакомы?

— *Yes*… И какую же цену, если не секрет, попросил за Набокова мистер Янг?

Названная сумма произвела на меня такое впечатление, что у меня помутилось в глазах и уши заложило, как в самолете.

— *Is anything wrong?* — участливо спросил мистер Стоддард.

— Нет, все в порядке, *thank you*, — пробормотала я и, выйдя в пахнущий прелыми листьями, осенний университетский двор, села на ступеньку и долго курила, приходя в себя.

Месяца три спустя я получила письмо от своего знакомого Н. С., преподававшего в Университете Пердью в Индиане. Среди разных университетских новостей и сплетен он писал, что на выставке новых поступлений в университетской библиотеке видел редкую книжку — поэтический сборник Набокова 1916 года. На обложке полустертым карандашом мельчайшим почерком было написано имя прежнего владельца «Н. Фридландъ» (фамилия моей мамы, которую Н. С. не знал). В письме была такая фраза: «Меня умилили и тронули эти заметки на полях, написанные, вероятно, романтичной молодой барышней».

Рассказав эту историю несколько лет спустя Шмакову и Довлатову, я заметила, что глаза обоих джентльменов зажглись дьявольским блеском. Их вердикт был: спереть и продать за настоящую цену.

Но за осуществление этой идеи ни тот, ни другой не брались. К тому же вскоре этот сборник Набокова был переиздан, что в значительной степени уменьшило его ценность.

Я попыталась разузнать рыночную стоимость вывезенных книг, но не нашла каталогов. Кто-то посоветовал связаться с Томасом Уитни, миллиардером, собирателем русской поэзии Серебряного века. Я написала ему письмо с перечнем моих книг и их стоимостью, которую я придумала сама. Помню, что ни одну из 8-10 книг я не оценила дороже двухсот долларов. Ответ пришел дня через три: чек на чуть большую сумму, чем я просила, с просьбой застраховать книжки на почте. Несколько дней совесть мучила меня, что «ободрала» коллекционера, пока мне на глаза не попался номер газеты «Нью-Йорк пост», где в отделе «Хроника» рассказывалось, что на днях Томас Уитни купил на аукционе двух арабских скакунов стоимостью по 400 тысяч каждый.

Глава двенадцатая
Наш эмигрантский старт

Мы улетели из Ленинграда 5 сентября 1975 года. Довлатов приехал в аэропорт попрощаться, я была уверена, что вижу его последний раз в жизни. Но мы все были так измучены фейерверком предотъездных сюрпризов, устроенных для нас гэбэшниками, что для дополнительных горестных эмоций просто не осталось ни энергии, ни сил. Не вдаваясь в подробности, скажу только, что гэбисты подожгли входную дверь нашей квартиры в отместку за прием у нас дома писателя и пожарного Денниса Смита и американского атташе в Ленинграде Дональда О'Шиена. Я написала по этому поводу рассказ «Брандспойт и перо», и он потом был напечатан в Америке.

Проведя две лихорадочных недели в Вене, в которой самым приятным воспоминанием было присутствие в нашем отеле поэта Кости Кузьминского, его жены Эммы и их русских борзых, благородных красавиц, мы на четыре месяца осели в Риме в ожидании въездной визы в Соединенные Штаты. Американские иммиграционные службы проверяли, нет ли у нас сифилиса и туберкулеза, и не состояли ли мы в коммунистической партии Советского Союза. Хоть жизнь в Риме была довольно безденежной, мы ухитрялись посылать друзьям домой кое-какие вещи, купленные на римской барахолке, называемой почему-то Американа. Главная проблема заключалась даже не в покупке шмоток, а в их переправке. Мы без зазрения совести нагружали поручениями всех, кто ехал в Союз. Самым вожделенным предметом одежды являлись джинсы, и мы считали своим долгом одеть в них друзей. Иногда кроткие наши «почтовые голуби» оказывали сопротивление. Вот отрывок из письма набоковской сестры Елены Владимировны:

Людочка!

Насчет джинсов: дело в том, что я уже везу 5 (пять!) пар джинсов и не могу везти больше. Будут думать, что все это на продажу по 100 рублей пара. Поэтому, умоляю Вас, напишите, не могу ли я Вашим друзьям отвезти что-нибудь из следующих вещей: мужскую рубашку, пуловеры, теплые фуфайки и т. д. Ответьте мне немедленно, ведь через месяц я уже буду в СПб.

Впрочем, слово Сергею Довлатову:

9 декабря 1975 года
Милая Люда!

За джинсы огромное спасибо. Они мне, как ни странно, впору. Я в них помолодел. Людочка, мне бы хотелось как-то быть тебе полезным. Напиши, что тебе прислать. Допустим, новые книги по литературоведению. Может быть, Вите нужны какие-то специальные издания? Я живу в букинистическом районе, и это не дорого. Или, например, пластинки. Увидишь какой я обязательный человек.

О себе писать трудно. И плохого много, и хорошего. С интервалом в один день умерли Борины родители. Мама переживает страшно. С Леной не разговариваю четвертый месяц. В Таллин уехать не могу, Ленинград надежнее, здесь переписка с издательствами и работа. Обстановка в «Костре» изменилась. Леша [Лев Лосев — *Л. Ш.*] при всем его княжеском благополучии уезжает. Рекомендованные им люди и вообще знакомые его — потускнели. В Москву не еду, лелея комплексы свои. Там слишком много знаменитостей. Жду лета с новостями, оказиями и внутренними переменами.

Пишу ежедневно, в этом мое спасение. Вот только показать некому.

Ну, все. Жду известий. Думаю о тебе с благодарностью и любовью. Мама тебя целует. Лена — нет.

Твой Сергей

Мы прилетели в Нью-Йорк в январе, под Старый Новый 1976 год. В аэропорту нас встречало много друзей, и в том числе Гена Шмаков и Анн Фридман. Первое время она очень возилась с нами: раздавала знакомым профессорам в Колумбийском университете наши с Витей резюме, нашла шестнадцатилетней Кате работу бэбиситтера, и меня тоже пристроила нянькой в профессорскую семью, жившую в ее доме. К сожалению, я проработала в этой должности меньше часа. В качестве первого задания жена профессора снарядила меня погулять с их годовалым сыном Беном. Ребенка одели, посадили в коляску, привязали ремнями, сунули в ручку банан. Мы с Беном вышли из подъезда и повернули за угол на Риверсайд-Драйв, в парк, тянущийся вдоль Гудзона. Идиллическая картина — прогулка с американским дитем — продолжалась несколько минут. Вдруг что-то метнулось у меня перед глазами и раздался оглушительный визг ребенка. Его нос и щека были в крови. Я увидела белку, которая прыгнула ему на лицо, вырвала банан и теперь улепетывала прочь. Я с орущим ребенком кинулась домой, родители помчались в травматологический пункт, последовали уколы от столбняка и мое увольнение. Впрочем, получила чек за два часа работы.

Витя, владея «профессиональным английским», стал рассылать по миру свои резюме. Шестнадцатилетняя Катя в качестве бэбиситтера оказалась нашим кормильцем и одновременно готовилась в университет. А я забуксовала. Или закиксовала? С английским на нуле, потерянным статусом старшего научного сотрудника и нереальными амбициями, я то и дело впадала в депрессивные ямы, обливая слезами одежды моих друзей: ежедневно замшевые куртки Гены Шмакова, благо он жил за углом, и изредка — твидовые пиджаки Бродского, ибо в Нью-Йорке он бывал не часто. Я также писала жалостливые письма в Ленинград. Одним из утешителей оказался Довлатов.

Апрель 1976 года, из Ленинграда в Нью-Йорк
Милая Люда!
Читаем с Игорем [Ефимовым — *Л. Ш.*] твое грустное письмо. Издалека судить о твоих обстоятельствах невозможно. Думаю — жизнелюбие, юмор, романтизм — интернациональны, подобно скепсису, глупости и унынию.
А значит, все будет хорошо. Мне показалось, что Катя Штерн ассимилируется живее и свободнее, а это для тебя самое главное. Непривычно мне тебя утешать и подбадривать. Всегда было наоборот. В апреле я ухожу из «Костра». Перспективы туманные. Психически все очень меняется кругом. Поумирали мамины сверстники, человек восемь, родственники и друзья. Мама часто плачет и все время лежит, хоть и не болеет. Лена справедливо мрачная и невнимательная. Катя умненькая, грубит. Росла в атмосфере папиного несовершенства. Тамара замужем [таллинская Тамара Зибунова — *Л. Ш.*].

Не меняются только два человека: мой отец и Эра Найман. Донат — оптимист, щеголь, литератор, эпикуреец.

Ваш отъезд приблизил далеких людей. Игорь Ефимов снисходит до М., а уж я — вообще черт знает до кого.

Длительная (вынужденная — печень) трезвость открыла мне новые горизонты. Я читаю, смотрю пристрастно телевизор, мастерю...

Ах, если бы можно было вернуть шестьдесят седьмой год, тебя, литературные иллюзии! Жизнь уходит, это так заметно.

Сережа Вольф — просто старый человек. Кушнер одиноко выживает. Охапкин помешался. <...>

Всю жизнь я дул в подзорную трубу и удивлялся, что нету музыки. А потом внимательно глядел в тромбон и удивлялся, что ни хрена не видно. Мы осушали реки и сдвигали горы, а теперь ясно, что горы надо вернуть обратно, и реки — тоже. Но я забыл куда. Мне отомстят все тургеневские пейзажи, которые я игнорировал в юности. Прости мне этот громоздкий метафорический выпад.

Я хотел бы закончить просто и твердо: я люблю тебя вопреки моей сущности, моим (гранд пардон. фр.) эстетическим идеалам, вопреки политике и географии. Ты была воплощением совершенно необходимой мне женщины. Обидно думать, что все твои поклонники думают так же о себе [Стиль, однако! — *Л. Ш.*]. Видно, мне суждена трагическая любовь. Если бы ты намекнула — всю оставшуюся жизнь употребил бы на то, чтобы быть вместе. Пусть через десять — двадцать лет.

Напиши мне. Лена твоих писем не разоряет.

Твой бедный Довлатов

***

В Нью-Йорке мы прожили восемь месяцев, но работы не нашли. Зато Катя, не окончив советской школы, без аттестата зрелости поступила в Барнард-колледж Колумбийского университета. Первое предложение Вите пришло из Бостона, из Научно-исследовательского глазного института, где он и начал работать программистом. Мои попытки вклиниться в геологию увенчались единственным интервью в бостонской проектной конторе «Стоун и Вебстер». Это интервью я с блеском провалила. Мы, советские эмигранты, простодушно полагали, что чем ярче наши регалии и чем выше занимаемые в Союзе должности, тем шире раскроют нам объятия американские фирмы. То есть начальники освободят кресла, научные сотрудники предложат нам свои места, а сами встанут в очередь за пособием по безработице.

На вопрос начальника отдела, умею ли я делать гидрогеологические откачки, то есть простейшую полевую работу, я, снисходительно прищурившись, сказала:

— Это делают у нас первокурсники. Я перестала заниматься откачками пятнадцать лет назад.

Интервьюеры уважительно закивали головами. Могла ли я предположить, что идиотским своим ответом подписала себе приговор? Через несколько дней пришло письмо, уведомлявшее, что я *overqualified*, то есть больно образованная для предлагаемой мне скромной должности. А была бы поумнее, радостно лыбясь, воскликнула бы: «Да я специально эмигрировала из Советского Союза, чтобы делать откачки!».

Кстати, год или два спустя, когда в Бостон понаехали толпы соотечественников — и среди них инженеры и техники — в «Стоун и Вебстер» наняли тьму наших эмигрантов. Как-то я была на обеде у своих американских друзей, и один из гостей, оказавшийся сотрудником отдела кадров этой фирмы, рассказывал, что с появлением в компании русских отдел кадров завален их доносами друг на друга. «Этот окончил не тот институт», «тот вообще не окончил института, у него диплом поддельный», «этот врет, что работал там-то», «тот приписал себе десятилетний стаж».

Я же полтора года не могла найти себе места ни в прямом, ни в переносном смысле. Решив забыть о своем геологическом прошлом, стала искать любую работу. Увидела объявление в окне магазина чемоданов, зашла туда... О том, что из этого вышло, я впоследствии написала рассказ «По знакомству». Хозяин этой «чемоданной» лавки (в коей он меня не нанял по причине отсутствия опыта продажи чемоданов), послал меня к своему сыну, профессору Массачусетского технологического института, а тот — к внуку Альберта Эйнштейна, тоже профессору. Внук по имени Герберт Эйнштейн позвонил своему другу, и меня приняли на работу во вполне пристойную геологическую компанию. Все свои похождения я описывала в письмах на родину.

Из Ленинграда в Бостон
Милая Люда!

Благодарю за содержательное письмо. Теперь американскую жизнь я представляю себе ярче, чем нашу. К миллионершам[7], тобой впечатляюще живописуемым, проникся негодованием. Я их, гадов, так себе и мыслил. Что за контора «Стоун и Вебстер»? Техническая или гуманитарная? *Protect you God*, чтобы тебя туда взяли. Готова ли ты выслушать совет хронического неудачника? Единственная привлекательная сфера — русская культура. Тебе это близко. Пусть мало денег. Ну их с культом доллара. Обязательно напиши Леше [Лосеву — *Л. Ш.*]. Кстати, он расскажет о моих делах. Пиши, не откладывая. Это поразительный человек. Нужна идея, стимул, фермент. Нам в этом смысле легче. В литературных делах появляются следы авантюризма, конспирации. Проблема (столь острая в Америке?) духовного общения заслоняется миллионом других проблем. Что писать о себе, ей-богу, не знаю. В Пушкинских горах было замечательно. Туристы задают дивные вопросы:

1. Была ли Анна Каренина любовницей Есенина?
2. Кто такой Борис Годунов?
3. Из-за чего вышла дуэль у Пушкина с Лермонтовым?

Я не пью уже давно. Как-то неожиданно и стабильно бросил. Вероятно, произошел невольный самогипноз. Или стимулы повлияли. После 100 граммов водки у меня гнетущее настроение. И я спешу домой. Написал 4-ю книгу романа. Ее все хвалят, кроме Наймана. Найман же сказал: «Мы все умрем…» А дальше я не слушал. Умрут лишь те, кто готовы. Лично я пока не умру. Сочиняю. Летом выйдет хорошая книжка. Занимайся англий-

---

7   Упомянутая в письме миллионерша Луиза Харди — приятельница маминого младшего брата Жоржа. Не помню, чем она Довлатова заочно разгневала. По нашим меркам она была богачиха, потому что у нее был дом в Кембридже, дача на Кейп-Коде и квартира в Майами. Это была крошечная женщина, французская еврейка лет шестидесяти пяти, все еще кокетливая, отзывчивая и веселая. Она пережила Холокост, в котором погибла вся ее семья, но ей самой повезло: оказавшись в Америке без специальности и копейки денег, она вышла замуж за Генри Харди, средней руки бизнесмена, сделавшего ее жизнь комфортабельной материально и невыносимой морально. Луиза бросалась всем на помощь по первому зову и, действительно, приняла участие в судьбе нашей семьи. Она даже пригласила нас с Витей на неделю во Флориду, и это путешествие я описала в очередном письме к Довлатову. Видимо, он получил его в редкий момент хорошего настроения, потому что его ответ не содержал обвинения в буржуазности, а был вполне игривым.

ским прилежно. И русский не забывай в силу тех же причин. За гостинцы спасибо еще раз. Это меня здорово поддерживает. Люда, не послать ли тебе какие-нибудь деревянные ложки? Какие-нибудь азиатские сувениры для подарков. Мне бы очень хотелось. Но чем можно обрадовать богачиху Луизу? Я не хочу выглядеть глупо. Не хочу уподобляться Рейну. Женя послал в Италию через Мишу Глинку несколько фанерных дощечек. Знаешь, на рынке продаются семена. А само растение в перспективе изображено на такой фанерной дощечке. Дощечка погружена в семя. И покупатель соображает, что должно вырасти. Женя где-то раздобыл эту мерзость и послал. Он объяснил Глинке, что здесь таится подспудная фантазия народа. И просил обменять эти штучки на модельные туфли. Глинку высмеяли уже на советской таможне. В общем, жизнь продолжается. Семейного счастья не обрел. И уже не стремлюсь. Зато пишу ежедневно. Вижусь только с Игорем. А общение с ним не есть грозовой вихрь. Грозовой вихрь есть общение с тобой. Но я лишен. И вот грущу. Мне очень грустно.

10 января 1977 года, Ленинград
Папайя, баракукуда, авокадо, здравствуй!
Интересно, где это «мы» читали про Флориду? У Фолкнера баракукуда отсутствует.
У Сэлинджера тоже. У Хемингуэя имеется отель «Флорида», где он жил в период мадридских бомбежек. Драйзер и Синклер от слова Баракукуда вздрагивали. Ты здесь играла во Флориду и продолжаешь резвиться. За что и люблю. Люблю, тоскую и надеюсь, безумная ты, очаровательная женщина, идиотка, последний романтик и солнце мое!

Стихи:

> Баракукуда, должен вам признаться
> Я не спешу в отдел, папайя, виз…
> Ну, мне пора за дело приниматься,
> А ваш удел катиться дальше вниз!

Целую, твой Сергей

Непонятно, почему он назвал рыбу барракуду баракукудой, но суть не в этом. Суть в том, что идиоткой и романтиком Сергей меня «обозвал» по делу, потому что я написала ему о своей встрече с «хемингуэевскими» рыбаками. Флоридское местожительство нашей феи Луизы — Ки-Бискейн — очень напоминало Ки-Уэст, где находится дом-музей Хемингуэя, а Ки-Уэст, в свою очередь, напоминает Гавану. Во всяком случае, море и берег с перевернутыми для просушки лодками выглядят и там, и сям одинаково.

Рядом с Луизиным домом находилась гавань, или *marina*, где рыбаки держали свои рыболовные суда и моторные катера. Подошла я как-то к этой пристани и вижу: трое рыбаков поднимают краном огромную меч-рыбу. Вокруг собрался народ, и молодые люди возбужденно рассказывают, как эту рыбу ловили. Мне, едва говорящей и еще «едвее» понимающей быструю английскую речь, почудился прямой текст из повести «Старик и море». А сами ребята — рослые, белокурые, в клетчатых рубахах нараспашку, на загорелой груди сверкают рыбные чешуйки и морские капли — сами эти ребята напомнили мне Гарри Моргана из романа «Иметь и не иметь».

Я так разволновалась, что забормотала на своем инвалидном английском, как я обожаю Хемингуэя, и какое счастье, что мне удалось встретить почти что прототипов его героев. Рыбаки в изумлении уставились на меня. Наконец, один сказал: «*What are you talking about, ma-am?*» («О чем это вы толкуете?»). Второй, более учтивый, протянул мне руку: «*Jim Hogan. Nice to meet you. And what is your name?*» («Приятно познакомиться. А вас-то как зовут?»). А третий, грубиян, пробормотал: «*What a nuts*» («Ненормальная какая-то»).

***

25 октября 1976 года, Ленинград
Здравствуй, Людочка, родная моя!
Долго не писал тебе, извини. Причины изложу как-нибудь. Теперь все будет хорошо, вот увидишь. Хотя переписка замерла на твоей стадии. Какое-то письмо затерялось.
Огромное спасибо за бесчисленные подарки. Все они хороши своей амбивалентностью, то есть украшают душу и бюджет. Давно интересуюсь, что прислать тебе. Подобрать гостинец в страну изобилия нелегко. В голову приходят одни сакраментальные матрешки. Шесть месяцев я находился в Пушкинском заповеднике. Там было чудесно.
Дошли ли мои приветы через Яробина Гилберта? Я двое суток разыскивал его в Москве. А затем беспринципно напился со Славой Леном [наш общий приятель, хороший геолог и плохой поэт — *Л. Ш.*], так что беседа с Гилбертом проходила в дымке. Помню, что он красивый негр.

Здоровье мое титаническое разом пошатнулось. Прежде, если я слышал, что у кого-то радикулит, то воспринимал это как условную форму общего недовольства жизнью. А теперь у меня и радикулит, и все на свете.

Зато я худой. Отощал в Пушкинских горах. Ел исключительно фрукты и много ходил. Во-первых, экскурсии, да и гастроном на расстоянии четырех километров.

У меня четкое ощущение надвигающихся перемен. Положительных, отрицательных — это безразлично. А силы, естественно, на исходе. И как всегда, полно неприятностей. Страдания же — показатель наших возможностей. Даже показатель силы. Выдержал — значит, способен на это. Установить меру слабости и меру беспомощности — значит возмужать. Вот я и мужаю беспрерывно. Мужаю, мужаю, да и подохну без тебя.

Знаешь, Люда, я не жалею, что бросил университет. Не жалею о том, что поддался литературным иллюзиям. Я об одном жалею — что не сумел тебя замуж уговорить. Надо было с первой минуты ощущать это единственной целью. И с жуткой хитростью действовать. Жениться на тебе и тут уж себя показать...

Твои обстоятельства мне известны. Игорь давал письма. Мы часто видимся и дружим, насколько это реально при его сдержанности. 90 процентов наших разговоров — о вас.

Ты и Володя [Марамзин — *Л. Ш.*] — единственные люди, не охваченные западным идиотизмом. От одного из друзей я получил на шести страницах изложение какого-то венского трактира.

Состояние у меня нервное. Бывает тоскливо, бывает ничего. Я знаю хорошего человека, который утверждал, что будет абсолютно счастлив, если домоуправление заменит ему фановую трубу.

Мама громогласно и демонстративно тобой интересуется.

Катя в отличие от меня целеустремленная и простая. Думаю, будет инженером. Как там платят у Форда?

Пришли мне свою фотографию. Буду таскать ее в бумажнике, где, увы, достаточно свободного места.

***

Упомянутый в письме Довлатова «красивый негр» Яробин Гилберт заслуживает отдельного рассказа.

Он появился в моей жизни благодаря стараниям все той же американской подруги Анн Фридман, ставшей впоследствии переводчицей Довлатова. Анн повесила объявление в Колумбийском университете: «Приехавшая недавно эмигрантка из Ленинграда хочет брать уроки английского языка в обмен на преподавание русского». И мой телефон. Через несколько дней позвонил приятный мужской голос и на вполне приличном, хоть и с акцентом, русском языке отрекомендовался Яробином Гилбертом и сказал, что заинтересован в таком обмене. Договорились о времени его прихода. И вот раздался звонок. На пороге стоял высокий черный красавец, в безупречном английском костюме, вылитый Сидни Пуатье или Дензел Вашингтон. Он учился в *Law School* Колумбийского университета, иначе говоря, на юридическом факультете. А до этого закончил Гарвард. На момент нашего знакомства Яробину было 25 лет.

Дед Яробина приехал в Америку с острова Барбадос и поселился с семьей в Гарлеме. Там Яробин родился, там пошел в школу и остался бы в той среде со всеми вытекающими последствиями. Отец его работал привратником, мать убирала квартиры. Будучи сама полуграмотной женщиной, она на каждом родительском собрании слышала похвалы в адрес сына, уверовала в его необыкновенные способности и добилась, чтобы его приняли в знаменитую школу для одаренных детей в Бронксе. С этого начался его блестящий путь наверх. Школу он окончил с отличием, в Гарвард был принят с полной стипендией. Не слишком частый, к сожалению, но убедительный пример того, что Америка — страна неограниченных возможностей. К двадцати пяти годам Яробин Гилберт владел шестью языками и знал русский гораздо лучше, чем я английский. Впрочем, это было нетрудно.

Я ужасно стеснялась своей языковой инвалидности, и вместо того, чтобы нажимать на английский, норовила говорить с Яробином по-русски. В результате он отполировал свой русский, а я едва сдвинулась с мертвой точки. Но и в накладе не осталась, а была допущена в сложнейший лабиринт его психологии и абсолютно чуждого нам образа мыслей. Яробин возил меня в Гарлем для знакомства с «их» (он говорил с «нашей») жизнью. Я бывала в его церкви, и в ночном клубе, и в супермаркетах, и в парикмахерской, дожидаясь, пока его постригут (он всегда стригся у одного и того же мастера). Одна бы я никогда не осмелилась туда сунуться. Когда, например, мы входили в парикмахерскую, где от запаха марихуаны кружилась голова, присутствующие замолкали и смотрели на меня выпученными глазами, будто увидели двухголовую игуану. Но рядом с Яробином я чувствовала себя в полной безопасности.

Помню, меня поражало, что он покупал себе одежду и туфли в самых дорогих магазинах. Когда он гордо сообщил, что пара туфель стоит 120 долларов (по сегодняшним ценам что-то около семисот долларов), я не выдержала:

— Это твои комплексы бушуют.

— Очень может быть, — смеялся он.

Мы часто гуляли в Центральном парке, и Яробин делился со мной взглядами на жизнь. Например, он считал, что самую большую зарплату должны получать люди «грязных» профессий: мусорщики, ассенизаторы, «травильщики» крыс и тараканов, а актеры Бродвея или Голливуда, директора индустриальных компаний и банков должны работать бесплатно или за копейки, только чтобы не помереть с голоду, потому что они делают то, что им нравится, иначе говоря, любят свою работу. Впоследствии Яробин Гилберт сделал головокружительную карьеру, став вице-президентом по спортивному вещанию телекомпании Эн-би-си. Он стал зарабатывать кучу денег, но никогда не высказывал недовольства по этому поводу. После этого Яробин забрался в какие-то уж совсем недосягаемые выси, став одним из членов совета директоров «Пепсико». Уверена, что на этом посту его взгляды на вопросы оплаты труда «качнулись вправо, качнувшись влево».

Когда Яробин поехал в Москву на летнюю работу юрисконсультом Всемирного банка, я вручила ему чемодан со шмотками для передачи Довлатову.

Сергей и не подозревал, как ему повезло. Два других чемодана, которые я послала в Россию с Яробином в его следующую поездку в Россию, никогда до адресатов не дошли. Уверена, что Яробин их не присвоил. Просто таскать их ему не хотелось, а отказать мне было неловко. Он оставил их в где-то в Нью-Йорке или сдал в магазин Армии спасения. А потом выкручивался передо мной, как уж.

**

17 января 1977 года, Ленинград
Прожигателям жизни салют!

Рад был твоему письму от 20-го. Молодец, указываешь числа. Посылаю тебе фотографию. Эта лучше, значительней по духу. «Стоун и Вебстер» тобой пренебрег. Пренебрег тем, что я боготворю. В чем мучительно нуждаюсь. То есть лично меня оскорбил и унизил. Надеюсь, он больной, претенциозный старикашка. Тьфу! Находясь в алкогольном тумане, я все же принял у Яробина твою посылку и вел себя, кажется, вполне прилично. Справься у него.

Пиджаки, действительно, у Лены не сошлись. Мне была вручена серо-голубая одежда, пиджак и штаны. После некоторой реконструкции сильно меня украсившие. И еще одни штаны для лета, дивные. Наличествовал и пиджак, вероятно, для Жени Рейна. Не рябой и не клетчатый, а темно-серый. Лена напугана тем, что в твоей сопроводительной записке упомянуты два пиджака. Причем эстетически более ценные для Жени. Рейн и чужой-то пиджак может отнять. А уж за свой, исчезнувший, выколет ей глаз. Лена боится, что отправление пиджака заострит мысли Рейна в этом направлении. А тогда выяснится и отсутствие другого пиджака, и эстетическое несовершенство имеющегося. Спорный пиджак, извини меня, в ломбарде, то есть — в безопасности. Лена ждет инструкций. Я же с Рейном окончательно поругался. Раньше он был травоядным зверем, но стал плотоядным...

О русской культуре. Нет ли возможности для тебя что-нибудь преподавать? Или написать что-то? Или давать уроки? Как с этим делом?

Деревяшки пришлю. Двадцатого этим займусь. Очень рад такой возможности. Ты беспокоишься о моем ограниченном бюджете. Я не богат, но аскетичен. На сувениры хватает.

Об Иосифе слышал[8]. Все это очень грустно. Я много пишу и надеюсь. Стараюсь быть мужественным. Мама тебя вспоминает и требует обнять. С наслаждением. Целую тебя и люблю. Посвятил тебе многоязычную поэму:

Весь этот год
Протект ю Год,
Затем пускай
Презерв ю скай!

Преданный тебе Довлатов

8 Бродский перенес первую операцию на сердце. Она прошла не очень удачно, у него были осложнения.

ГЛАВА ТРИНАДЦАТАЯ
ДОВЛАТОВ ЭМИГРИРУЕТ

Еще в Ленинграде, зная подробности его таллинской драмы — рассыпанной книги — я была уверена, что рано или поздно Довлатову придется уезжать. Когда же на Западе появились его первые публикации, стало ясно, что это случится скорее рано, чем поздно. В феврале 1976 года его рассказ был опубликован в «Континенте».

Затем в одном из своих писем из Женевы в Бостон Елена Владимировна сообщает: «О Вашем приятеле Сергее Довлатове. Я увидела в „Русской мысли" рекламу журнала „Время и мы". В № 14 объявлено: Сергей Довлатов. Два рассказа — лагерная жизнь с точки зрения вохровца (самиздат). Этот журнал, конечно, можно достать в Нью-Йорке…»[9].

Из Сережиных писем я узнала, что Лена с Катей уехали в начале 1978 года, а о том, что 18 июля 1978 года Довлатов был арестован и получил десять суток за хулиганство, мы услышали по «Голосу Америки». Мы очень боялись, что «в процессе отсидки за хулиганство» ему подкинут вдобавок какую-нибудь анти-советчину и закатают далеко и надолго. Многие сразу же бросились на его защиту. И не только литературные знаменитости. Наш общий друг, ныне покойный Яша Виньковецкий, связался

---

9 «Время и мы» — ежемесячный литературно-художественный журнал, издававшийся в Израиле. Там я потом напечатала свою первую повесть «Двенадцать коллегий», о чем будет далее.

с Андреем Амальриком, и они подняли на ноги и «Голос Америки», и Би-Би-Си, и «Свободу». Мы с Витей названивали в Ленинград, поддерживая и обнадеживая Нору Сергеевну. У меня был доступ к таким известным журналистам, как Роберт Кайзер из «Вашингтон пост» и Патриция Блэйк из журнала «Тайм», коих я и задействовала. Думаю, что и наши усилия не пропали даром. Довлатова выпустили без добавочного срока, и 24 августа они с Норой Сергеевной вылетели в Вену. Уже через несколько дней в разных газетах появились его статьи с выражением признательности принявшим участие в его судьбе.

Меня несколько удивило, что Сергей благодарил спасителей выборочно, то есть «сердечно обнимал» влиятельных защитников, кто и в будущем мог бы оказаться ему полезным. Целый ряд друзей, в том числе и мы с Виньковецким, нигде упомянуты не были. Разумеется, хлопоты по вызволению друга из тюрьмы не должны диктоваться ожиданием благодарности, это ясно и ежу. Мы бы вообще не обратили внимания на «этикет» благодарности, если бы Довлатов написал или сказал по одной из «клеветнических» радиостанций, что благодарен всем, кто принял участие в его судьбе. Меня огорчил факт, что его «спасибо» были «точно прицельные». Я не ожидала от Сергея такой «практичности» и написала ему в Вену несколько язвительных строк. Чуткий Довлатов моментально уловил свой прокол и поспешил выразить благодарность.

19 сентября 1979 года, из Вены
Люда, милая!
Твое исключительной сдержанности письмо достигло цели. Мне даже показалось, что оно не требует реакции. Отвечаю, потому что благодарен всем за хлопоты. Даже австралийские скваттеры что-то подписали в мою защиту. Сейчас, проанализировав обстоятельства, я точно знаю, — нас выпустили лишь благодаря этим хлопотам (подробности будут в «Русской мысли».) Тебе спасибо в первую очередь.
Перспективы мои туманны, но увлекательны. Печататься зовут все. Но! Либо бесплатно, либо почти бесплатно — («Эхо», «Грани», «Время и мы»), либо изредка — («Континент» и американская периодика: «Русское слово» и «Панорама»).
Я здесь уже написал три материала: два — в «Русскую мысль» — о себе и о Ефимовской «Метаполитике», и один — в «Континент» об эстонских делах.

Прислали мне немного литературных денег. Я теперь похож на второстепенного ленфильмовца. Одет в кожзаменитель и разнообразный западный ширпотреб. Купил всяческую радио-, фото- и муз-аппаратуру.

То, что я жив и на воле — чудо. Ликую беспрестанно. Склеил юную домовладелицу Кристину, очень худую. Проблемы алкоголизма не существует. Есть другие.

Проффер[10] говорит — реально поступить в аспирантуру. Или добиваться статуса в периодике. Или катать болванки у Форда. Мне подходит все.

Подождем документов и улетим в Нью-Йорк. Лена минимально устроена. Все заверяют, что я не пропаду. А Максимов даже в таких формах: «С вашим обаянием, с вашим талантом...»

У меня есть рукопись о журналистике, полудокументальная. И еще роман о заповеднике, в том же духе. У Леши [Лосева — Л. Ш.] 1600 моих страниц.

А главное — жив и на воле. Человек таков. После мгновенной аккомодации его отрицательные чувства сразу восстанавливаются на прежнем уровне. Сравнения приобретают чисто теоретический характер. Я все еще преисполнен ощущением свободы и благополучия. Мы очень нищенствовали полгода.

Все, что можно знать об Америке не побывав там, я знаю. На фоне майора Павлова негры и колумбийцы — дуси. Напиши мне личное письмо.

С благодарностью и любовью, преданный тебе Довлатов

Я расслабилась, потеряла бдительность и, уверенная в доброжелательности Сергея, написала ему личное письмо, посвятив в свои собственные литературные надежды, страхи, комплексы и сомнения. И получила такой ответ.

4 октября, из Вены в Бостон
Милая Люда!
Письмо, которое ты читаешь, далось мне нелегко. Сначала я хотел нелицеприятно интерпретировать твое уныние. «...Жизнь как единственное достояние... Материализм... Зависимость от непреходящих факторов и т. д.». Затем я ощутил, что это нахальство. И захотел тебя утешить. Но, как ты знаешь, утешить человека невозможно. И все-таки, что же произошло? Ты человек стойкий. Как солдатик из Андерсена. И печаль твоя мимолетна. Вызвана она следующими обстоятельствами. У каждого

---

10 Карл Проффер – владелец и главный редактор издательства «Ардис», публиковавший на русском языке Набокова, Бродского и других запрещенных в СССР писателей.

из нас великое множество рук для переписки. Если человек освободился из лагеря, ему, конечно, рады. Но ему всегда пишут рукой уныния и бренности. Не из страха, что он придет обедать. Не из опасения разделить блага. Из подсознательной чуткости: «Тебе ужасно, но и мне посредственно».

Ты жива? Здорова? Дочка умница? Кажется, даже выглядит хорошо. Муж талантливый и при деле? Более того, мать жива и, надеюсь, здорова. О твоей рукописи «Двенадцать калек» говорят много хорошего. И не как о случайной удаче дилетанта. Как о выявленных широких потенциях. Допустим, Максимов — увлекающийся человек. Марамзин — тем более. Но Перельману[II] я очень доверяю. Хотя он бандит и не платит мне денег. Короче, ты счастлива и не хватает тебе — меня. Некоего фигурального меня. Это придет. Это будет мулат с эмалевыми глазами. Или верховая езда. Или путешествие в Гонолулу. В общем, стручок перца. Глоток разведенного спирта. Увидишь...

У нас все хорошо. Мы сняли квартиру. Две комнаты и столовая. На днях придут мои рукописи из Штатов. Поеду во Францию через Германию и Брюссель. Хочу издать книжку в «Посеве». У меня есть две более-менее сносных.

Тут побывал мой дядя. Торговец и болтун. Я ему тоже не понравился. Он все повторял: «Как это? Ты — наполовину еврей, наполовину — армянин. А в голове пусто». Он бизнесмен средней руки.

Теперь о чувствах. Я три раза был влюблен. Один раз это привело к мучительной душевной близости. /Лена/... Дважды кончилось ничем, омертвевшими клетками. Ася — этап биографии. У каждого есть такая Ася в молодости. Ты же послана была небом — оптимальный, рассчитанный на ЭВМ вариант. Ничего более подходящего — выдумать затрудняюсь (хороший у меня стиль?). Я тебе не подошел, естественно. Ты же мне — абсолютно и полностью — да. До сих пор мечтаю разбогатеть и на тебе жениться.

Обнимаю тебя и люблю. Бумаги по моему дельцу пришли в том случае, если чье-то участие мне неизвестно [Я написала, что ему следует поблагодарить всех, кто участвовал в кампании по его вызволению из гэбэшных лап. — Л. Ш.].

Что еще сказать? У меня возникло, точнее, реставрировалось ощущение будущего, ощущение перспективы. Не знаю, что будет год спустя. Сейчас я на воле, обут, пишу. Есть возможность печатать лучшее из написанного. Впереди что-то неожиданное,

II Виктор Перельман был главным редактором журнала «Время и мы».

реальное. Мне не скучно здесь. У меня есть обожаемая дочка. И будет любовь. Я настолько счастлив, даже тревожно. <...>

Казалось бы, доброе, сердечное письмо, чего с жиру-то беситься. Я — в обойме его избранных дам. Он все еще зовет меня замуж. Он хвалит мою прозу. И все же я обиделась. Я слишком долго и хорошо знала Довлатова, чтобы не заметить «легкой подлянки».

Есть старая английская пословица: «Джентльмен никогда не обидит нечаянно». Переименовать мою повесть «Двенадцать коллегий» в «Двенадцать калек» он случайно не мог. Слишком строго и бережно относился к языку. То есть это была продуманная «акция унижения меня». И хотя я вовсе не против над собой посмеяться, первые попытки начинающего литератора лишили меня чувства юмора и заодно кожи. Он сам был таким же сверхранимым в начале своего литературного пути, и наверняка об этом помнил. Я завелась с пол-оборота, «ощерилась» и показала клыки, что и нашло отражение в моем ответе, который, к сожалению, как и многие другие мои письма, не сохранился.

Сергей попятился, забыл, что он «настолько счастлив, что даже тревожно», и решил сменить свой оптимизм и веру в будущее на черный, бесперспективный туман. Поскольку предыдущее (оптимистическое) и нижеприведенное (траурное) письма были написаны с интервалом в двадцать дней, было ясно, что Сергей решил бить на жалость.

24 октября 1978 года, Вена
Людочка!
Прости меня за глупость. Я как-то совершенно не умею выбирать тон. С тобой — особенно. Как будто завидую или даже сержусь. Почему-то рассердился на твою литературу. Мол, и в этом обошла. Обновленным я себя не чувствую, уверенным — тем более. Я когда-то спросил Ефимова, будет жизнь лучше, или нет. Он говорит, кому хорошо, тому будет еще лучше, кому плохо, тому будет еще хуже. Именно так и получается. Посуди сама. Литературные перспективы ничтожны. 80 процентов написанного даже не буду пытаться издать. Есть одна приличная книжка о журналистике и все. И задумок (наше с тобой любимое слово) нет. В каком-то смысле дома я ощущал себя более полноценным. Дальше. Семья неизвестно, есть или нет. Я очень люблю Катю. А с Леной умудрился поругаться даже когда она звонила из Нью-Йорка в процессе трехминутного разговора. И так будет всегда.

Разреши сделать тебе чудовищное признание. Больше всего на свете я хочу быть знаменитым и получать много денег. В общем, я совершенно не изменился. Такой же беспомощный и замученный комплексами человек, умудрившийся к 37 годам ничем не обзавестись. А кое-что и потерять. Здесь у меня даже собутыльников нет.

Я тебя обнимаю, мама кланяется. Глаша с нами.

Твой Сергей

P. S. Не попадалась ли тебе «Русская мысль» за 19 октября? Там про меня целая страница с красивой фотографией.

С.

Как видите, Сергей не всегда считал (или, по крайней мере, говорил), что Лена спокойна, как дамба, и постоянна, как скорость света. А вопрос о том, не попадалась ли мне «Русская мысль» с красивой фотографией, был, по меньшей мере, странным, потому что Довлатов прислал мне бандероль с тремя экземплярами газеты. Там не про него страница, а его автобиографический рассказ под названием «Мной овладело беспокойство». И фотография, действительно, красивая: Сергей за письменным столом — строгое лицо, строгий пиджак. Кстати, двадцать лет спустя, совершенно забыв об этой статье и ее названии, я написала книжку рассказов о путешествиях и озаглавила ее следующей пушкинской фразой «Охота к перемене мест». Забавно, как похоже мы мыслили, и как приятно, что почти любая пушкинская строка может быть использована как название книги. И никто не обвинит в дурном вкусе.

В связи с тем, что этот номер «Русской мысли» № 3226, за 19 октября 1978 года, почти что канул в Лету, мне хочется привести здесь довлатовскую статью «Мной овладело беспокойство» — о последнем периоде его жизни в Советском Союзе, аресте и отъезде, написанную в излюбленном им жанре правдоподобного абсурда. Кстати, он использовал это название еще раз, прицеливаясь к «Филиалу».

Итак, сокращенный вариант статьи.

Мной овладело беспокойство

…Опытный ленинградский знакомый (две судимости) высказался решительно и четко:

— Тебе нужно переехать, как минимум, в другой район. А лучше — в Америку.

— Мне и здесь... плохо, — сказал я.

— Иначе тебя посадят. Вот увидишь. Ты на редкость «судибелен».

— То есть?

— Смотри. Ты не русский. Не из пролетариев. Любишь выпить. Дважды был женат. Чуть что, лезешь драться. У тебя долги. Алименты. Ты полгода не работаешь. Говоришь Бог знает что. Печатаешься на Западе. Выстраивается логическая цепь. Пьянка, жены, алименты, хранение, тунеядство, антисоветизм...

— Думаешь, могут сфабриковать уголовное дело?

— Чисто уголовное — вряд ли. Все-таки, публикации... «Континент»... «Время и мы»... «Ардис»... Друзья на Западе шум поднимут. Думаю, это будет пропаганда с гарниром из морального облика. Ты очень заманчивая фигура для ГБ. Какой-нибудь майор станет подполковником. А капитан — майором. В нашем государстве...

— В нашем государстве, — перебил я, — капитан Лебядкин стал маршалом.

И тут я задумался. Почему я живу на мамину пенсию? Говорю по телефону на диком эсперанто? Боюсь выходить на улицу? Храню рукописи у друзей? И вообще, как я стал уголовником?

В шестьдесят третьем году я написал первый рассказ. Затем еще десяток. Разослал по журналам. Талантливо, отвечают, использовать не можем. Ущербные мотивы, нездоровые тенденции. Какой-то странный юмор.

Ладно. Становлюсь журналистом. Все же перо, бумага, типографская краска. Издали похоже на литературу. Параллельно ищу слова. Сочинения мои блуждают по редакциям.

1973 год. Служу в республиканской партийной газете. Сборник моих рассказов готов к печати. Обтекаемая средняя книжка. Экземпляр попадает в КГБ. Оттуда звонят в типографию. Набор готовой книги рассыпан.

Иду в КГБ. Мол, в чем дело?

— Сдержаннее надо быть, тов. Довлатов, сдержаннее. Кто ваши друзья?

— Писатели, журналисты...

— С кем из эмигрантов переписываетесь?

Так, думаю, ясно.

— Говорят, восхищаетесь подвигами Моше Даяна?

— Кто говорит?

— Есть такая песня: «Родина слышит, родина знает...». Мы все знаем, нам все заранее известно.

1976 год. В феврале «Континент» публикует мой рассказ. Я лишаюсь последней халтуры — внутренних журнальных рецензий. КГБ опрашивает моих знакомых. Интересуются не литературными делами. Ведутся разговоры исключительно бытового характера. Все говорит о попытке сфабриковать уголовное дело.

В начале 1978 года уезжают моя жена и дочка. Жена уговаривает ехать вместе.

— А если меня не выпустят? Кроме того, я еще не решил...

Я понял вот что. Честный человек, живущий в России — герой. Герой, обладающий титанической силой духа, преисполненный жертвенности, аскетизма и бесстрашия. Всеми этими качествами я, увы, не обладал и не обладаю. Однако, ехать не спешил. Пока, мол, не трогают...

В апреле меня избили. Шел по улице, навстречу двое милиционеров. Затащили в отделение и стали бить. Без единого слова. Затем суют готовый протокол: «Распишитесь». Читаю: «Задержан в нетрезвом состоянии. Выражался нецензурными словами. Оказал злостное сопротивление».

— Чушь какая-то... Не подпишу.

Снова начали бить. А сопротивляться нельзя. Вызовут по рации наряд, да еще с понятыми. Вконец изувечат. А дома мать. А у нее давление 260/140. И вообще, когда тебя долго бьют, настроение портится. Короче, от шока и бесхарактерности я эту дикость подписал.

— Это намек, — высказался опытный знакомый (две судимости). — Чего, мол не едешь, поторапливайся. Иначе тебя посадят. Пришьют какую-нибудь уголовщину и будь здоров!

— Пусть они сами уезжают.

— Кто?

— Кто мне жизнь исковеркал.

— Дождешься... уедут они... Там работать надо...

Май. Звонок в дверь. Открываю:

— Приветствую вас, я следователь Лобанов. Откуда у вас кастет?

— Лагерный трофей.

— Нехорошо, товарищ Довлатов, нехорошо, вещь принадлежит к разряду «иного холодного оружия». Будем составлять протокол…

— Плохо дело, — говорит опытный знакомый (две судимости), — сваливать тебе пора.

Альтернатива ехать–не ехать перерождается в альтернативу ехать или садиться. Чего тут выбирать? Между тюрьмой и Парижем не выбирают.

В записной книжке десятки вычеркнутых фамилий. Уезжают друзья. На Западе — любимая женщина с дочкой.

Рано утром звонок из ОВИРа:

— Зайдите на Желябова, 29, к полковнику Бокову.

Захожу. Невысокий мужчина в гражданском. Типовое, серийное лицо. Тон отеческий.

— Я вам искренне советую… Там ваши друзья… Там ваша дочь… Там перспективы…

— У меня вызова нет.

— Напишите заявление: «Хочу воссоединиться с женой».

— Мы развелись в семьдесят первом году.

— Но продолжали жить вместе. Ваш развод был формальностью, а мы не формалисты.

И я написал заявление. Бегаю по инстанциям, собираю документы. На каком-то этапе попалась совсем бестолковая тетка. Кого-то временно замещает. Об эмиграции слышит впервые. Отстукала нужную справку. Выхожу на лестницу, перечитываю. Конец такой: «Дана в связи с выездом на постоянное жительство в ОВИР».

Подаю документы. Чиновники предупредительны: «Благодарим, товарищ Довлатов, за оперативность».

Ждем месяц, другой. В июне Радио Свобода транслирует мою повесть «Невидимая книга». А восемнадцатого июля меня арестовывают.

— В чем дело? Что такое?

— Тунеядец! Паразит! Лицо без определенных занятий!

Меня везут на улицу Толмачева. Суд продолжается четверть минуты. Никаких возражений и доводов. Громогласное: «Десять суток!»

Я оказался в знаменитой каляевской тюрьме, где много лет назад сидел Ильич. Решетка на окне его мемориальной камеры выкрашена белой эмалью.

Такого хамства, такой беспричинной жестокости, как здесь, я еще не встречал. Даже в штрафном изоляторе лагеря особого режима. Там бесчинства вершились под эгидой лицемерной соцзаконности. Здесь — открытое бесправие и произвол.

— Что? Прокурора вызвать? А по рылу не хочешь?

Ни единого распоряжения без пинка. Ни единой реплики без отборного мата… Голые нары без плинтуса. Вместо подушки — алюминиевая миска. Курить и читать запрещено. Два раза в сутки — теплая овсяная жижа.

За любое нарушение режима — избиение, карцер, брандспойт…

В нашу камеру привели глухонемого. Читаю постановление об аресте: «Задержан в нетрезвом состоянии. Выражался нецензурными словами. Приставал к гражданам…».

Арестованный приходит к фельдшеру:

— Болят живот и голова.

Фельдшер достает таблетку и ломает пополам.

— Это тебе от головы, а это от живота. Смотри не перепутай.

Выпустили меня 27 июля. Наутро звонок из ОВИРа:

— Разрешение получено, можете ехать.

А днем заходит участковый:

— Живым я тебя не выпущу. Форменную облаву устрою. Людей у меня хватит…

Затем у нас сломали дверь. Днем, когда меня не было. Мать была дома, испугалась выйти на площадку. Потом отключили электричество. А телефон уже давно не работал.

За трое суток до отъезда мы переехали к родственникам. А 24 августа благополучно прибыли в Вену.

Оказывается, друзья беспокоились, хлопотали. Были заметки в газетах. Было сообщение по радио. Даже неловко: людей беспокоил, а сам жив-здоров. И на воле. Может, потому-то и на воле.

Я сердечно благодарю Максимова и Делоне. Обнимаю Марамзина, Ефимова и Хвостенко...

Раннее утро. За окнами тихая благополучная Вена. И опять передо мной лист бумаги. Пересечь заснеженную белую равнину нелегко. Как нелегко шагнуть с крыльца в первый зимний день...

Кто я, жалкий беженец или русский литератор? Отец в разлуке с дочерью, или жизнелюбивый холостяк? Как говорится, время покажет...

А над косо перечеркнутыми строчками встает заря!

Глава четырнадцатая
Нью-Йорк, Нью-Йорк

Нью-Йорк Довлатова, конечно, ошеломил, несмотря на всю его психологическую подготовку. Как ошеломляет этот город почти любого, прибывшего из «другой галактики». Человеком овладевает целый спектр разнообразных, часто противоречивых, чувств и эмоций. Среди них и шок, и восхищение, и страх, даже несколько его «видов». Страх жить в этом чужом и огромном мегаполисе и страх в нем не прижиться, языковой барьер, невозможность ни понять другого, ни выразить себя. И четкое понимание, что этому городу совершенно безразлично, живешь ты в нем или нет. А главное, неумение и нежелание быть правдивым с самим собой и трезво осознать, что это смятение в душе абсолютно естественно. Гораздо проще и соблазнительнее катить бочку на Нью-Йорк и его обитателей. Что вскоре и происходит со многими нашими эмигрантами. В самом примитивном и вульгарном варианте.

Мы к тому времени уже прожили в Америке три года и считались ветеранами. Витя работал, Катя училась в Колумбийском университете, мои «Двенадцать коллегий» были опубликованы в журнале «Время и мы» и в течение месяца транслировались по Би-Би-Си на Советский Союз (в эфир их читал мой старый друг, покойный Славинский). В газете «Новое русское слово» стали регулярно появляться мои рассказы. Мы с Довлатовым по-прежнему переписывались. В письмах и по телефону я старалась утешить и развеселить его, пока до меня не стали доноситься слухи о том, как Сергей язвительно и недоброжелательно отзывается о моих литературных попытках. «Друзья» много сделали для того, чтобы до меня дошло каждое его слово, и их усилия увенчались успехом. Я обиделась.

После двух-трехнедельного молчания от Сергея пришло письмо:

12 марта 1979 года, Нью-Йорк
Милая Люда!
Ты давно перестала мне отвечать. Это, конечно, твое право. Но сейчас я в таком ужасе, в таком отчаянии, в таком абсолютном разложении, что лишить меня переписки и знакомства можно только в силу исключительных причин. Если таковые существуют, я умоляю тебя выразить их прямо и четко. Долгие годы ты мне симпатизировала, хотя я этого вовсе не заслужил. Поверь, это одно из самых дорогих воспоминаний моей жизни. <…>

Такое письмо оставить без внимания было, естественно, невозможно. Я приехала в Нью-Йорк. Мы помирились, и Сергей перестал брызгаться желчью. Во всяком случае, на некоторое время.

21 марта 1979 года, из Нью-Йорка в Бостон
Милая Люда!
Спасибо за письмо. Буду рад с тобой повидаться. Телефон мой (212) 359-0103. Но он скоро изменится. Вместе с адресом. Может быть, в течение недели. Мы переезжаем в *Forest Hills*. Район получше, и школа хорошая. Да и хозяин наш теперешний — белорус и красноармеец. Новый адрес и телефон сообщу. Моя растерянность куда обширней средних эмигрантских чувств. В этом-то плане на что мне жаловаться? В газетах обо мне пишут. По радио говорят. Дважды выступал почти бесплатно, но с успехом. Книжки выходят и будут выходить. Есть четыре издательских предложения. Все — несолидные. Ни денег, ни престижа. Есть халтура на Радио Свобода. В «Новое русское слово» пиши хоть каждый день (кстати, о тебе написали мои приятели Вайль и Генис, номер за 20-е. По-моему, грамотно и справедливо). Работу пока не ищу. Рано. Посещаю английские курсы. Бесплатные, а следовательно — некачественные. Уверен, что в два-три месяца подвернется работа. Тут два еврея создают новую газету. Преображается Свобода, а значит, будет вакансия.
В Ленинграде при всем ужасе было ощущение цели. Вернее, перспективы. Тюрьма — Париж. Сейчас ощущение физического конца, предела.
Литераторов здесь нет. Откуда им взяться? Поповский скучен, глуп и блудлив. Лимонов — талантлив, но отвратен. Бродский — выше облаков. Наврозов — англоязычный полу-Набоков. Остальные — безымянные. Я даже слегка выделяюсь, увидишь.

Нью-Йорк жутко провинциальный, все черты провинции — сплетни, блядство, взаимопересекаемость. Блядство совершенно черное. Поэтессы… прямо в машине, без комфорта. И одернуть неловко. Подумают, дикарь… Кроме того, наступила старость. Внезапно, как мне и предрекали. Я — глухой. Плохо сплю. Не все могу есть. На лестнице задыхаюсь. И сердце болит. Из моих 2500 страниц печатать целесообразно 1/6 часть. Остальное — макулатура. Пятнадцать лет бессмысленных стараний… Ну, все… До встречи,
С. Д.

Представляю себе, как обиделся бы Довлатов, если бы кто-нибудь назвал 5/6 всего, что он написал, макулатурой. И уж, во всяком случае, сказал бы, что с автором о его произведениях надо говорить мягко, как о ребенке. И считал ли он действительно, что его произведения макулатура? Уверена, что не более, чем когда писал, что Марк Поповский, да будет земля ему пухом, «скучен, глуп и блудлив». Я прекрасно помню, как мы вместе, еще в Ленинграде, читали рукопись книги Поповского «Жизнь и житие Войно-Ясенецкого», и Сергей искренне и многословно ею восхищался.

К сожалению, многие (да и я подчас) принимали то, что он говорил буквально, а не как звонкую фразу, диктуемую ходом разговора и сиюминутным настроением.

Представляю также, как кувыркался бы Довлатов, получив от кого-нибудь в Ленинграде письмо с сообщением, что «Нью-Йорк жутко провинциален». К счастью, у него хватило здравого смысла понять, что перечисленный им нью-йоркский «литературный круг» (за исключением Бродского) состоит из горстки таких же неприкаянных эмигрантов, и что начинать придется именно в нем, потому что за пределы этого «литературного круга» в так называемый главный поток американской литературы выйти без английского языка очень непросто. Но Довлатову это удалось. В записке от 10 мая 1979 года Сергей написал мне: «Бродский позвонил, наговорил комплиментов и сгинул, обещав издать меня в „Даблдэй“, „Рэндом хауз“ и „Саймон энд Шустер“»[12].

---

[12] Престижные нью-йоркские издательства. Довлатову понадобилось время, чтобы осознать реалии литературной жизни, и когда это произошло, его жизнь начала входить в свою колею.

Глава пятнадцатая
Тень падающих снежинок

В дни нашей молодости, общаясь с Бродским, Рейном, Найманом, Ефимовым и Довлатовым, я считала их столь выдающимися поэтами и писателями, что мне и в голову не приходило обнародовать свои литературные попытки. Я стучала на машинке в глубокой тайне, боясь глумленья. Но однажды, забредя с Довлатовым сперва в рюмочную, а потом в пельменную на углу Литейного и Некрасова, я разомлела, потеряла бдительность и призналась, что написала рассказ. Помню, что назывался он «Белое чудо» и как-то перекликался с первым романом Франсуазы Саган «Здравствуй, грусть» (в те времена я мечтала достичь уровня Франсуазы Саган так же страстно, как Довлатов мечтал достичь уровня Василия Аксенова).

Известие о моих литературных поползновениях Довлатов воспринял с таким видом, будто перед ним была курица, размахивающая дипломом из Гарварда. Сделав полуучастливое, полупренебрежительное лицо, он заявил, что мне писателем не бывать. И даже не потому, что совершенно бездарна. Судя по моим оценкам его рассказов, у меня есть литературный вкус, чувство языка и, вообще, кое-какое дарование. Но я никогда не стану писателем, потому что моя жизнь начисто лишена трагедии. «Литература — это расправа с самим собой, — назидательно говорил Сергей, — а ты к себе слишком хорошо относишься». На мои заверения, что я себя презираю и ненавижу и что мне нет с собой места на земле, Довлатов возражал: «Недостаточно. Тебя погубит благополучие и оптимизм. В твоей

жизни не только нет трагедии, в ней нет элементарной драмы».
Я до сих пор сожалею, что тогда, в пылу ссоры, не попросила
Довлатова объяснить разницу между элементарной и услож-
ненной драмой.

— А в чем заключается твоя трагедия? — взорвалась я. —
Ты — молод, талантлив и здоров как бык!

— Что ты можешь знать о трагедии пишущего человека? —
демонически поводил очами Довлатов. — Который к тому же
люмпен.

— Твоя трагедия в том, что у тебя нет денег на водку! —
я схватила пальто и, хлопнув дверью пельменной, вылетела на
Литейный.

— Эта фраза из Нориного лексикона! — закричал он вслед.

В общем, мы спорили о том, кто из нас более несчастен. При-
мерно так же, как за несколько лет до этого Бродский и Найман по-
дрались, будучи не в состоянии решить, кто из них более одинок.

Я запомнила эту сцену, потому что ироническое отношение
к моим литературным попыткам Довлатов проявлял не раз.
Однажды, настроенный добродушно, он признался: «Когда
я впервые узнал, что тебя печатает „Время и мы“, „Новое рус-
ское слово“ и собирается публиковать „Континент“, я почув-
ствовал неприятное жжение в груди и испугался, не инфаркт
ли это. Но со временем я благородно смирился с этим вопиюще
несправедливым фактом» (нижеприведенные письма свиде-
тельствуют об этом).

Конечно, жжение в груди и страх инфаркта было очередной
звонкой фразой, рожденной в ходе беседы. Но не такова была
я, чтобы кротко сносить насмешки.

Позволь и мне поделиться соображениями о твоей судьбе. Неве-
роятное везенье, что тебя выгнали из университета, и ты ока-
зался надзирателем в уголовном лагере. Представь на минуту,
что ты доучился, получил диплом специалиста по финскому
языку и литературе, и куда бы ты с ним делся? Редактором ка-
кого-нибудь занюханного журнала? В Интурист тебя бы не на-
няли — ты пьющий и неблагонадежный. И о чем бы ты писал
свои рассказы? О фарце на Невском? О скандалах в Восточном
ресторане? О драках с Асиными кавалерами? А ты, благода-
ря этому удивительному везенью, получил уникальный опыт
и неисчерпаемые темы для литературы. У нас нет другого писа-
теля-вохровца, наделенного к тому же талантом и какой-ника-

кой душой. Ты — единственный. И твои произведения о лагере наиболее сильные из всего, что ты пока написал.

Мне показалось, что я ошарашила Сергея сообщением о свалившейся в юности на него удаче. Он сам о ней не догадался и по достоинству не оценил.

Но мы вовсе не всегда стремились поддеть друг друга носком кованого ботинка. Вот совсем другой пример.

Апрель 1979 года, из Нью-Йорка в Бостон
Милая Люда!
Знаешь ли ты, что твою повесть транслировали по Би-Би-Си? Мне сказал Поповский. Очень хочу повидать тебя. Я тут зашел в книжную лавку Мартьянова и попросил Довлатова и Уфлянда — взглянуть. Старик Мартьянов бодро закивал и вынес мне Алданова и «Кюхлю».
В жизни всегда есть место комплексам!
Твой собрат по перу,
СД

А вот еще один пример довлатовских комплиментов. И в этом случае я совершенно не желаю сомневаться в его искренности не просто потому, что он советовал печататься дальше, но и потому, что я знаю: эту похвалу я заслужила.

Милая Люда!
Я желаю выразить тебе литературный комплимент. Я прочитал твоих «Родственников». Там дядя очень натурально разговаривает: «Это ее брат, пожалуйста». Передавать акцент очень трудно. Это мало у кого получается (См. С. Довлатов. «В гору». «Время и мы», № 38).
У советских писателей неизменно что-то «моя твоя не понимает». Даже у Искандера плохо написан акцент. Не говоря о Ефимове. Там у него грузин произносит — «польт не трэба». Кошмар. [Кстати, Ефимов, которому я это рассказала, категорически утверждает, что ни в одном его произведении нет фразы «польт не трэба». — *Л. Ш.*]
Теперь о Перельмане. Х. утверждает, что Перельман заведовал в «Литгазете» выдачей клея и был уличен в злоупотреблениях. Аркаша же Львов <…> глуп почти неправдоподобно для еврея. Он глуп какой-то уральской глупостью. Вершина его духовных представлений — это когда барышня пытается его укусить, а он ее толкает и уходит. Приезжай скорее. Я тебя обязательно познакомлю с Гришей Поляком («Серебряный век»). Это единственный культурный издатель в Америке (но и самый бедный).

У нас теперь большая квартира. Настолько, что можно всем одновременно поссориться. Пью я теперь совсем мало, Лена уходит из НРС. Это жестокое учреждение.

Люда! У тебя есть набор «Коллег» из «Времени и мы». Почему же ты не издашь книжку? Это стоит 800 долларов.

Твой С.

В то время я была начинающим автором, ничего не смыслящим в процессе и стоимости книгопроизводства. Но, вывезя с собой в Америку все совковые комплексы, я категорически не желала заниматься «самиздатом». Мне представлялось, что публиковать свои произведения за свой счет в мире, где нет цензуры, препон и рогаток, — не только не престижно, но просто неприлично (прожив на Западе достаточно долго, я уже не столь категорична). Сегодня для меня дело совсем не в престижности, а в маркетинге. Чтобы книга попала в библиотеки, книжные базы и магазины, нужна реклама. У самодельной книги нет каналов распространения, нет шансов на рецензии, которые читали бы не только друзья, но и закупщики книг. Конечно, автор сам может рекламировать книгу в различных периодических изданиях, платя за это деньги, которые сведут на нет возможную выручку за книгу. Поэтому самодельные книги чаще всего остаются в ящиках у автора в кладовке и служат подарком друзьям на дни рождения. Довлатов, который прекрасно разбирался в книгоиздании, думал иначе.

14 января 1980 года, из Нью-Йорка в Бостон
Милая Люда!

Вчера с Гришей написали тебе письмо. Гриша вечером унес его, должен сегодня отправить. Ночью позвонила Юля Тролль[13] (ее официальная профессия — чревовещательница. Окончила цирковое училище по кафедре чревовещания). Она сообщила, что Виктор Перельман намерен (и пишет это ей, а не мне) не печатать меня больше. Это я ему отвечаю. Исследуй мое письмо, как знаток моих комплексов.

Целую,
С.

---

13 Юлия Тролль — нью-йоркская журналистка, внештатная сотрудница Радио Свобода и «Нового русского слова».

Дорогой Виктор!

Юля Тролль передала мне Ваше «печатать не будем». Я ужасно расстроился. Объясню, в чем дело. Откровенно говоря, в русских публикациях я сейчас не заинтересован. Не именно у Вас, а где бы то ни было. Да и печатать мне, в общем, нечего. Надо дописывать роман. Надо что-то зарабатывать. Надо делать газету. Реставрировать личную жизнь и т.д.

Так что ощущение странное. Как будто от незнакомого человека получил записку: «Прошу на мой юбилей не являться».

Что же меня так расстроило? (растроллило?) Вы меня печатали неоднократно. Рассказы мои при оценке журнала неоднократно упоминались в положительном смысле. И вдруг «печатать не будем».

Чтобы написать такое, редактор должен быть лично глубоко оскорблен. Что значит — «печатать не будем»? А если я напишу «Белые ночи»? Значит, дело в личной обиде.

Эмигрантский круг тесен. Сплетников много. Уже и Седыху что-то нашептали, но он пренебрег. И Марку Поповскому тоже. Ладно...

Я признаю за собой некоторую устную беспечность. Однако решительно не помню, чтобы в Ваш адрес я допускал унизительные или враждебные акции. Разрешите Вас в этом торжественно заверить. Я знаю, в каких условиях делается ежемесячный несубсидируемый журнал. Допускаю, что у Вас есть недоброжелатели. Догадываюсь о каких-то личных и творческих комплексах — удел всякого нормального человека. И все-таки... Вы оттолкнули талантливых Каганскую[14], Рубинштейн[15] и Люду Штерн, знаменитую как раз тем, что за всю жизнь не испортила отношений ни с одним человеком...

Подумайте, Вы же редактор, а не бубновый валет. Журнал мне по-прежнему нравится. Ваш энтузиазм и мастерство вызывают глубокое и дружеское уважение. От души, поверьте, желаю Вам и Вашему журналу успеха и процветания.

Ваш С. Довлатов

Меня растрогали две фразы в предыдущем довлатовском письме. Во-первых, выражение «признаю за собой некоторую устную беспечность». Так элегантно Сергей называл свои высказывания о друзьях и знакомых, называя их сволочами, гнидами, подонками, падалью и т. д. На моей памяти в компаниях он так

---

14 Майя Каганская — израильский критик, литературовед.

15 Наталья Рубинштейн (Альтварг) — литературовед, работник Би-би-си, живет в Англии.

часто характеризовал Перельмана. А во-вторых, «вы оттолкнули Люду Штерн, знаменитую как раз тем, что за всю жизнь не испортила отношений ни с одним человеком».

Я гордилась этой фразой. На горизонте вырисовывался образ матери Терезы на мраморном постаменте. Но вскоре в письме к другому человеку, тот же Сергей Довлатов написал о той же Люде Штерн: «Люда разорвала отношения со всеми, кто лишь частично признает ее гениальность». Пришлось, кряхтя, с постамента слезть, и написать Довлатову нравоучительное письмо.

Штерн — Довлатову
Сережечка!
Поскольку ты прислал мне на экспертизу письмо Перельману, я позволю себе подвергнуть его анализу и критике. Возникает законный вопрос: зачем ты его пишешь? Какая цель? Твое письмо являет собой нотацию — мораль. «Бубновый валет». «Вы оттолкнули от себя». К тому же ты намекаешь, что он, Перельман, бездарный писатель — «личные и творческие комплексы». Это письмо также свидетельствует, что ты сплетник и «злословщик». Зачем приводишь примеры с Седыхом и Поповским? И намекаешь на слухи, циркулирующие в эмигрантской среде, и на свою «устную беспечность»?
Зачем грозишь написать «Белые ночи»? Ты сперва их напиши, пошли ему и убедись, что он их не опубликует.
Ты делаешь в то же время реверанс: «уважаю, восхищаюсь, желаю процветания». Так пишут по поводу юбилея журнала, или смерти редактора (но без процветания).
И в заключение ты утверждаешь, что очень расстроен (ты пишешь об этом в начале). Это заявление должно доставить Перельману несколько счастливых минут.
Два слова о себе. Я послала ему рассказ. Через пять месяцев получила письмо, состоящее из одной фразы: «Дорогая Люда! К сожалению, Ваш рассказ использовать не можем. Виктор». Как тебе нравится «использовать» вместо опубликовать? — Так пишут о туалетной бумаге, недостаточно мягкой для его задницы. Я в ярости написала ему письмо более резкое, чем твое, с язвительными комментариями по поводу произведения Аркадия Львова. И... не отправила. Решила, что я выше этого. Наши письма не могут изменить его решения. С моей точки зрения, он принадлежит к числу недалеких, литературно-близоруких людей. И он не строит с нами отношений. Если наступит момент, что ему нечего будет печатать, он сам попросит и опубликует любую дрянь. Но если у него в портфеле есть материал, он — наша киска — не видит дальше собственного носа и считает, что на фиг мы ему сдались. Это глупо с его сто-

роны, ибо... (не смею сравнивать свое убогое дарование с твоим искрометным талантом) оба мы — авторы популярные и охотно читаемые. Так что Перельмаша, в каком-то смысле, рубит сук.

Я бы не опускалась до выяснения с ним отношений. Вряд ли после твоего письма он пришлет телеграмму: «Жду с нетерпением „Белые ночи", целую, Виктор» (я бы на его месте так и сделала, но у него ума не хватит).

P. S. Теперь о газете. С удовольствием теоретически буду сотрудничать. А пока что вскоре пришлю три коротеньких рассказа — такие зарисовочки, этюдики, виньеточки.

P. P. S. Получила письмо от Елены Владимировны (сестры Набокова). Она говорила с Верой Евсеевной (вдовой Набокова). Вера в принципе согласна дать для нашего альманаха набоковский рассказ. Елена Владимировна просит меня написать Вере лично и объяснить, что именно нам бы хотелось и объем (а она уж решит). То, что я видела в Женеве дома у Елены Владимировны, не может быть опубликовано. Это очень личные, домашние заметки, смешные и остроумные, но написанные Владимиром Владимировичем для чтения в кругу семьи.

P. P. P. S. 3 февраля у Эммы Коржавина творческий вечер. Он тоже в гневе на Перельмана и говорит, что строки его в Перельмановом журнале не будет.

Кстати, где адрес Некрасова?

Целую,

Люда

Довлатов – Штерн

Милая Люда!

Пишу очень коротко, как всегда после запоя.

Я по-прежнему считаю, что надо издавать «Коллегии». Доводы те же. Цельность и пр. Гриша рассуждает несколько иначе. Толстенькая книжка выглядит лучше. А стоить будет дороже. И тебе, и читателю. Если ты добавишь 50 страниц, то — 350 набор, бумага и расклейка — еще чуть ли не 200, даже переплет удорожается, то есть выходит не арифметическое, а геометрическое действие. Дальше. Издав сейчас повесть, ты можешь затем издать рассказы, включив туда и повесть. В общем, Люда, ты сама должна решить. Я бы издал повесть. Грише все равно. Распространение и успех от этого зависят микроскопически ничтожно. Решай.

Что касается названия. Если одна повесть, то ясно. Если с рассказами, то конечно же — «Двенадцать коллегий». Рассказы и повесть...

Обложка представляется так. Некая серая мутная хуйня. Бледно вырисовывается ленинградская символика. Колонны, медный всадник, хари, тени. Эмблемы петербургского сюрреализма. Пусть художник нарисует такую картинку. А Гриша набором ляпнет твою фамилию и титул. Если же тебе хочется полностью художественное исполнение, то надо делать окончательный макет обложки. Эскиз — это непонятно что. Эскиз и я могу сделать. А безработных художников тут 700 человек. На задней стороне обложки твое моложавое фото.

Адрес Некрасова: *V. Nekrassov, 3 Place Kennedy, apt. 77, 92170 Vanves.* Он настроен мной в положительном смысле. Ему вроде и так должно очень понравиться. Он и сам что-то подобное сочиняет. Ты обещала Грише выслать что-то смешное о Бродском. Все, что тебе кажется интересным. Альманах двигается. Газета тоже. Целую.

P.S. Как там стихи Рейна? Как реагировала Вера Набокова? Пиши, приезжай. Мне тебя не хватает всегда, а временами – безумно. <…>

***

Я очень сомневалась, стоит ли мне издавать самой первую книжку, тем более, состоящую из одной повести. Одна опубликованная повесть «Двенадцать коллегий» представлялась мне легковесной и несолидной. Сергей, напротив, любил маленькие книжечки. «Recognition, recognition», — повторял он, как заклинание, считая, что чем больше книжечек с разными названиями, тем чаще витает в воздухе имя автора. Кроме того, Сергей обожал весь процесс книгоиздательства. Он готов был сам делать макет, дизайн, рисунки, обложку. Он очень неплохо рисовал, было у него и в этой области немалое дарование. Я спрашивала советов у всех, носясь со своей рукописью как с писаной торбой.

Штерн — Довлатову
Сереженька, милый!
Спасибо тебе за участие в моих издательских начинаниях. Если ты сможешь дозвониться до человека, у которого остановится Некрасов, я бы тотчас приехала. И я поговорила здесь в Бостоне с моим приятелем, художником и книжным оформителем, человеком с очень хорошим вкусом, и он согласен оформить книгу. Есть два ключевых вопроса.

Гена Шмаков (он сейчас у нас гостил несколько дней) считает, что издавать только повесть без рассказов хуже, чем с рассказами. Скажем, пять рассказов, дополнительным объемом 50 страниц. Разумеется, это удорожит все на 350–400 долларов, но я бы на это пошла, если Гриша считает, что можно подобрать более или менее хороший шрифт. Или это будет выглядеть безобразно? Генка говорит, что в этом случае книжка будет продаваться лучше. Я, конечно, ни черта в этом не смыслю.

Художник спрашивает, должен ли он представить «чистовой» макет книжки или же только эскиз (заставки, виньетки) и есть ли кто-нибудь, кто сделает это окончательно для печати.

Если это будет второй вариант, то как назвать? Тут ты главный эксперт. Название должно ничего не выражать, но быть привлекательным для покупателей, с намеком, что все крутится вокруг ленинградско-петербургской темы.

Если мы решим дополнить книжку рассказами, то я бы туда поместила «Рябую женщину лет сорока», «Стоит ли Париж мессы?», «Верите ли вы в чудеса?», «Стихийное бедствие» и еще два-три рассказа. Все ли ты читал? И что ты о них думаешь? Поговори с Гришей и дай окончательный совет. И еще спасибо Лене за то, что так терпимо и гостеприимно меня приняла.

Поцелуй маму и ответь.

Обнимаю тебя,

Люда

P. S. На днях подберу фотографии и Женькины стихи (два-три).

Л.

После долгих размышлений я решила составить книжку из повестей и рассказов, но не издавать ее самой. Зная о доброжелательном отношении ко мне Андрея Седых, я обратилась к нему. В те годы «Новое русское слово» читалось почти что каждым русским эмигрантом в Америке, и одно рекламное объявление достигало всех. Книжка с предложенным Довлатовым названием «По месту жительства» была вскоре опубликована издательством «Новое русское слово», получила несколько хвалебных рецензий (в том числе Седых и парижского критика Александра Бахрака) и довольно быстро разошлась.

Из предыдущих Сережиных писем у меня сложилось впечатление, что после двух десятилетий дружбы, духовной близости, ссор, скандалов, примирений и прыжков с трамплина без лыж у нас сложились добрые, «цеховые» отношения, и мы теперь товарищи по оружию, или, как он писал, собратья по перу.

На самом деле все обстояло не так лучезарно. Его безудержное стремление к парадоксальным и хлестким высказываниям не пощадило и меня.

Вот что я прочла о себе в разных его письмах к Ефимову:

1. «...Была здесь Люда. Честно попросила *высоко оценить* ее рассказы...»
2. «...В четверг приедет барышня, которая что-то сочиняет для „Нью-Йорк таймс“... Будет что-то спрашивать о писательских грантах. Я скажу про Алешковского, про Вас и про Люду. Про Люду — *неискренне*. Но уж очень она теперь самолюбивая. Литература ее совершенно преобразила. Тем более, что Гена Шмаков, человек сложный... *лжет ей*, что у нее гофманианская манера».
3. «...Парамонов рехнулся, Люда тоже. Юз играет в амнистированного малолетку, будучи разумным, практичным, немолодым евреем...»

А вот еще пассаж обо мне в письме к Тамаре Зибуновой:

Не знаю, что говорила обо мне Люда Штерн, мы с ней в довольно приличных отношениях. Людкина драма в том, что она стала писательницей, и довольно быстро обзавелась всеми пороками, характерными для писателей, но не успела вырастить в себе писательские достоинства: выдержку, бескорыстие, независимость от чужого мнения. Короче, она стала очень завистливой и очень нервной...

Это как раз те комплексы, которыми, по-моему, был переполнен Сергей.

В письме И. Ефимову от 19 ноября 1984 года Довлатов писал:

Я виделся с Людой в Америке раз шесть, и все наши встречи заканчивались ссорой. Видно, мне разрешается быть только спившимся люмпеном с сотней страниц неопубликованных произведений. Это довольно грустно. Все же Леша Лосев, например, человек яркий, талантливый, ученый, но более или менее посторонний, а с Людой я действительно дружил и признаю, что многим ей обязан.

Признание Довлатова, что он многим мне обязан, необычайно лестно. С той минуты, как я прочла ранние его рассказы, я безоговорочно уверовала в его талант. Кажущаяся простота и прозрачность его стиля, острая наблюдательность, абсолютный слух, блистательное чувство юмора и литературное целомудрие совершенно покорили меня. По-видимому, за «ленинградские» годы я так избаловала его вниманием, готовностью по первому звонку бежать, читать и восхищаться, я настолько считала все его дела выше и значительнее своих, что Сергей и представить себе не мог, что моя литературная жизнь стала для меня самым главным в жизни, что публикации моих сочинений меня живо интересуют, равно как и мнения о них.

В Америке изменился весь уклад жизни. Мы жили в разных городах и виделись реже, чем в Союзе. Разумеется, утверждение, что мы «виделись в Америке шесть раз» — беззастенчивое преуменьшение. Такое же, как утверждение, что «Соловьева видел за пять лет — три раза, провел с ним в общей сложности — час, считаю его штукарем и гнидой...»

Соловьев был его соседом, умудрился написать о нем книжку, выпустить фильм и представить на суд читателей бесконечные телефонные сообщения от Довлатова с просьбой прийти в гости и съесть вместе то ли пельмени, то ли свиную ногу.

Я приезжала в Нью-Йорк раза два, а то и три в месяц, а иногда неделями жила там, работая в картинной галерее Нахамкина. Как и в Ленинграде, я была готова помочь Сергею: куда-то позвонить, что-то для него узнать (он не желал демонстрировать несовершенство своего английского и предпочитал, чтобы я демонстрировала несовершенство моего). Я даже ходила с ним в журнал «Нью-Йоркер» получить экземпляр с его рассказом на два дня раньше, чем он появится на уличных стендах. Один он идти стеснялся — прямо как в «Крокодиле» в свое время.

Его противоречивое, лишенное какой бы то ни было логики поведение сбивало меня с толку. Верить ему или нет? Может, он за моей спиной злословит, то есть топит, а может, напротив, вытаскивает из болота. Как знать? Действительно, станешь тут нервной. Он никогда не отказывал мне в совете и в просьбах о помощи. Как-то я попросила придумать мне название для нового романа о многолетних телефонных отношениях двух людей, так никогда и не встретившихся (или пока не встретившихся, потому что роман до сих пор не окончен). Начинается он со случайного звонка. Герой звонит своему приятелю, ошибается номером и попадает к некоей замужней даме, которая его долгое время разыгрывает.

Иосиф прочел в свое время три главы, узнал в одном из героев гибрид себя с Женей Рейном, хмыкнул и сказал «очень даже», что означало одобрение. При этом он выразил опасение, что у меня не хватит усидчивости роман завершить, и где-то на семьдесят пятой странице герои мне остое… (надоедят) хуже горькой редьки, и я одного повешу, другую утоплю, а третий самолично выстрелит себе в висок или в сЭрдце (буква «э» в последнем слове была произнесена Иосифом с большим чувством). Он был прав, но только частично. Все герои живы, но роман, действительно, уже двадцать лет лежит в папке под названием «В работе».

Итак, я попросила Довлатова придумать название и получила такое письмо:

6 августа
Людмила!
Я не могу любить тебя, потому что ты годами отсутствуешь. Но дружеское чувство к тебе по-прежнему наличествует. Название для чужой вещи придумать трудно. Могу поделиться опытом. Названия бывают двух видов. Одни могут вытекать из сути: «Гранатовый браслет», «Каштанка», «Как уберечь себя от венерических болезней»… Существуют также названия-девизы. Берется просто красивая фраза. Или слово. Вот тебе и девиз. Так родился «Колокол» Хемингуэя. Согласись, что это название применимо абсолютно к любой вещи… Или: «Чайки умирают в гавани», «Деревья умирают стоя», «И не сказал ни единого слова». …В твоем же названии можно использовать двусмыслие понятия «связь». Например, «Обратная связь». Я бы назвал «Диалог», потом закончил и взвесил — годится ли. Или назови — «73-03-36». Это Аськин телефонный номер. Единственный номер в Ленинграде, который я помню. Даже свой забыл. Может, так и надо — цифра и снизу в скобках (роман в диалогах). А что?
Приезжай скорее. Да, насчет упреков и похвал. Меня не интересует ни то, ни другое. Просто я все знаю сам. При этом, как всегда, я готов жениться на тебе. Могу ждать еще двадцать лет. Могу сразу. Могу как только разбогатею. <…>

13 августа, Штерн — Довлатову
Милый Сережа!
Посылаю тебе маленький рассказец про санитарное состояние пограничной полосы Советского Союза. По-моему, смешной.
Спасибо тебе за лаконичные, деловые, но, по-видимому, искренние слова о любви. *I appreciate it very much.* Может, когда-нибудь и поженимся, чего не бывает?

Завтра я уезжаю очень далеко. Колорадо — Юта — Орегон — Калифорния. Вернусь в конце месяца и 5-го сентября появлюсь в Нью-Йорке.

Начала писать много разных высокохудожественных произведений. Спасибо за варианты названий. Может быть, «Диалог»? Предложенный тобой Асин телефонный номер никто не запомнит. А может быть, «Нечаянный звонок»?

Еще будут смешные байки и всякие случаи из жизни, которые мне без конца рассказывают приятели, «с тех пор как я стала писателем». И, поверишь ли, мемуары.

В общем, я наших планов люблю громадье!

Обнимаю тебя и целую,

Люда

В результате я остановилась на названии «Нечаянный звонок». Надеюсь закончить свой роман еще в этой жизни.

В оценке литературных произведений собратьев по перу Довлатов был абсолютно непредсказуем, но очень часто проявлял такт и доброжелательность. В своем архиве я нашла его письмо, адресованное Соломону Иоффе, который написал книгу о тайных намеках в творчестве Булгакова. Мне кажется, оно представляет интерес для понимания довлатовского взгляда на саму природу творчества.

Дорогой Соломон Иоффе!

Я получил Ваши рукописи и с увлечением их прочел. Написано легко, компактно, остроумно и, повторяю, чрезвычайно увлекательно. Однако, извините за прямоту, ни в одном пункте Ваши соображения меня не убедили, даже в таких, казалось бы очевидных случаях, как аналогия «Воланд — Сталин». И дело не в качестве Ваших исследований. Расхождения лежат в более глубокой сфере, а именно, во взглядах на природу творчества. Мне кажется, Вы недопустимо рационализируете процессы неясного, интуитивного, или, как говорится, метафизического характера. На эту «метафизику» с почти неправдоподобным единодушием указывали чуть ли не все крупные художники (Ахматова: «Мне голос был...»). Короче, по моим ощущениям, 90 процентов всего этого дела разворачивается в подсознании, остальные 10 — техника, канцелярия, почерк, ремесленные хитрости и прочее. А Вы, вслед за Фрейдом, совершаете челночные рейсы из подсознания в сферу разума, то есть переводите с незнакомого языка на язык знакомый, иначе говоря, абсурд.

Вот Вы создали целую концепцию вокруг имени Глеб Нержин, а между тем возьмите наугад десяток средних писателей славянского происхождения с не очень хорошим вкусом и дайте им задание придумать имя главному положительному герою, и Вы услышите: Стас Батурин, Юрий Стогов, Олег Иконников, Владимир Брагин, Петр Муромцев, Игорь Громов и т. д. Все они — психологические тезки Глеба Нержина.

Очевидно, для писателя выбор имени — серьезное дело, но производится эта работа на уровне «звучит — не звучит», «ложится — не ложится». Попробуйте, скажем, заменить Пьера Безухова на Жана Безносова. Ужас! <…>

Но разума в этом — 10 процентов, остальное — «голоса», интуиция.

Конечно, Булгаков жил в нервное время, и все это у него отразилось, и Сталина там навалом со всей его гоп-компанией, но рационально выполняемой задачи, мне кажется, не было.

А главное, зачем бы ему это понадобилось? Зачем надо так мучительно шифровать сообщение, что Ворошилов — говно? Что это — игра, демонстрация виртуозной техники (что было бы унизительно для художника такого калибра)? Или попытка донести правду истории? Если донести правду, то кому это, вообще-то говоря, нужно? Булгаков-художник — огромная величина, а Булгаков-историк — кандидат наук. Мне кажется, Булгаков выигрывает, если всю Вашу тайнопись убрать, гнать от себя, если она напрашивается, а в особо назойливых случаях («Троцкий — Бронштейн — Бронский») воспринимать ее как огрехи подсознания. Кстати, не все Ваши догадки столь же выигрышны, среди них немало произвольных, сделанных с нажимом.

Короче, даже если все так, как Вы пишете, — тем хуже для Булгакова.

И тут я перехожу к основному. Отдельно от всего, что я нагородил, Ваша книга «Тайнопись у Булгакова» (или как она там будет называться в окончательном варианте) необычайно увлекательное художественное произведение.

Убежден, что в глубине души Вы — беллетрист тыняновско-синявского облика. И я бы, конечно, очень хотел, чтобы такая книга вышла как можно скорее. И это будет вклад, но не в науку, а в литературу, и, между прочим, наша жалкая литература нуждается в таких капиталовложениях куда больше, чем сравнительно приличная наука.

От души желаю Вам удачи.

С. Довлатов

А вот другое письмо, написанное Игорю Ефимову после того, как Довлатов осудил сексуальные сцены в романе Ефимова «Архивы страшного суда».

Дорогой Игорь!

Я вдруг почувствовал, что, несмотря на всю Вашу мускулатуру, Вас могло огорчить то, что я написал об «Архивах», и поэтому я не то чтобы хотел взять свои слова обратно, но просто уточнить и подчеркнуть некоторые моменты. Я боюсь, что Вы, (как это сделал бы я), обратите внимание только на отрицательные соображения, и пропустите мимо ушей положительные [Кстати о выдержке и независимости от чужого мнения, которыми он так передо мной хвастался. — *Л. Ш.*]. Поэтому я хочу еще раз сказать, что роман увлекательный, я даже помню, как что-то быстро доедал, спеша улечься и читать дальше (при всей идейной нелюбви к детективным сюжетам), что все линии в романе сходятся, что история с кровью и Аверьяном очень занятная, что когда я высказывал критические замечания, то сравнивал «Архивы» с Вашими же другими произведениями, а если сравнивать с чужими, то в самой низшей части роман не опускается до уровня Львова (главное в котором пошлость), Суслова (который пишет не прозу, а что-то симпатичное иногда, но другое), или Алешковского (гнетущие однообразие которого стало уже чем-то болезненным), а ведь эти трое — не последние авторы в эмиграции.

Как и в других Ваших сочинениях, здесь все основательно, нет путей наименьшего сопротивления, не использована ни одна из уловок, облегчающих труд, ничто ниоткуда не заимствовано, все изображено, а не названо и т. д.

Далее хочу сказать, что «Последние слова» Алешковского — паранойя, Суслов в «Руссике–81» опубликовал моральную пропись на уровне журнала «Задушевное слово», второй роман Лимонова гораздо хуже первого, и — как это ни фантастически звучит — гораздо грязнее, и вообще, я считаю, литературе приходит конец, умирает куда больше писателей, чем нарождается. Вайль и Генис купили в «4-х континентах» сборник «Молодая ленинградская проза», и я не обнаружил там ни одного знакомого имени, это не значит, что кто-то народился, а значит, что многие исчезли.

У нас все более-менее хорошо. Халтуры на радио много, публикации грядут в двух или трех журналах, английское издательство (в Лондоне) прислало контракт на «Компромисс», чтобы издать его после Кнопфа, с остальными ведутся какие-то переговоры, даже с Японской страной, причем надо добиться, чтобы на обложке японского издания было мое фото, иначе никому не докажешь, что это написал ты.

Карл Проффер[16] давно задолжал Лене полторы тысячи, о напоминании не может быть и речи, потому что в любом напоминании сквозил бы чудовищный подтекст: верни, покуда жив. Можно было бы подумать, что он просто забыл, находясь в ужасном состоянии, но Карл звонит, уточняет производственные моменты следующего набора и вообще держится очень сильно…

Есть и такая сенсационная новость. Некто Вас. Шулькевич (он же Юра Дулерайн с Радио Свобода, человек, похожий на игрушечного Хемингуэя) написал в газете НРС, что роман Львова «Двор» выше «Буденброков» и «Саги о Форсайтах»… Все-таки, в СССР такого произойти не могло.

Некий Консон готовит первый номер сатирического журнала «Петух», для которого я написал статью «Обстановка в пустыне», в которой обругал всю эмиграцию. Надеюсь, журнал выйдет после того, как Седых даст в «Хронике» сообщение о выходе «Зоны». Говорят, в йельском архиве заморожены письма Бунина, в которых он называет Седыха «мой верный мопс».

В конце разрешите сказать без затей, что я Вас люблю и уважаю. Всем приветы.

Да, я написал большой (24 стр.) рассказ о моем брате, который мне настолько нравится (впервые за три года), что я, наверно, пришлю Вам рукопись для ознакомления, как в добрые старые времена — еще при советской цензуре, когда все окружающие читали «Войну и мир» и никто не говорил, что Львов выше Томаса Манна.

Обнимаю,
С. Д.

В своих взаимоотношениях с литературными агентами, редакторами и переводчиками Довлатов был не просто деликатен, он был по-детски застенчив и нерешителен, что создавало иногда забавные проблемы. Например:

19 мая 1979 года, из Нью-Йорка в Бостон
Милая Люда!
У меня к тебе просьба. Вернее — поручение. А может, ни то, и ни другое. Если тебе все это покажется неловким. Ситуация такова — я пытаюсь издаться в трех местах. По-русски — в Лондоне. Записные книжки — тут на деньги одного пищевого магазинщика, он же — начинающий меценат. Машинка, на которой пишу — его уместный дар. И еще. Хочу издаться по-англий-

---

16 Карл Проффер — хозяин и редактор издательства «Ардис» в то время был тяжело болен и вскоре умер.

ски. У меня есть «Зона», есть американец, переведший четыре рассказа. Но «Зоны» мало по объему. Мне известно, что кто-то в «Ардисе» переводил мое из другого сборника – «Компромисс». Может, сама О'Коннор. То, что она перевела, должно было войти в «Невидимую книгу». Не вошло. Я хотел бы знать, что с этими рассказами. Я написал О'Коннор письмо, но в силу приниженности организовал его так, чтобы можно было не реагировать. Она не реагировала. Снова писать неудобно. Как ты знаешь, мне почти все неудобно. Может, ты с ней поговоришь?

Мне даже нужна не она, а свобода распоряжаться «Компромиссом». Хотя, если бы она проявила заинтересованность, я был бы счастлив. Короче, варианты такие. Либо она посылает нас, и тогда американец переводит всю книжку. Он — большой энтузиаст, хоть и без квалификации. Иногда такой полезнее. Либо она согласна выслать то, что перевела, и я буду называть ее сопереводчиком. В общем, как-то надо прояснить это дело. Пожалуйста, Люда, сделай. К Леше боюсь обращаться. Он как-то сверхъестественно занят. К Игорю и так без конца обращаюсь.

Жду. Спасибо.

Почему ты не звонила 12-го, как обещала? <...>

Я легко смогла развязать затянутые им «узлы» между переводчицами, благо хорошо знала Кэтрин О'Коннор, профессора русской литературы Бостонского университета. Анн Фридман была моей близкой подругой. В конце концов, «Невидимую книгу» перевела Кэтрин О'Коннор вместе с Дианой Баргин.

Кстати, стычка Кэтрин О'Коннор с Анн Фридман в борьбе за право переводить Довлатова очень смешно подмечена Сережей в «Невидимой книге»:

Анн Фридман: Вы — настоящий Макиавелли, Кэтрин.
Кэтрин О'Коннор: Зато мои переводы — лючше.

24 мая, из Нью-Йорка
Милая Люда!
Во-первых, напоминаю тебе, что ты обещала сделать для меня копии с книжки Рейна. Огромное спасибо. Кроме того, пришли мне копию своего рассказа по-английски, того, за который тебе заплатили 1 500 долларов. Напомни мне, в каком журнале этот рассказ пойдет, а я все это передам моему агенту, который в довольно-таки грубой форме просил никогда и ничего ему не передавать, причем эта вспышка была прямой реакцией на какую-то рукопись И. М. Так вот, я передам твой рассказ своему редактору в «Вайденфельде», с которым я в июне начинаю рабо-

тать сразу над тремя книжками. Он — человек известный, его зовут Марк Полиццотти, он не только редактор, но и известный переводчик с итальянского и французского. Короче, вдруг он за это дело ухватится, а нет — так и черт с ним. Я не буду говорить с ним про сборник рассказов (это безнадежно), а скажу, что у тебя есть повесть «Двенадцать коллегий». Тема: абсурд советской науки. Так?

Всем привет. Чувствую я себя прилично, но анализы жуткие. Доктор сказал:

«Если норма — 20, то у вас полторы тысячи». Он даже звонил в лабораторию, предполагая, что это какая-то ошибка. В принципе с такими данными я должен бы быть уже на том свете.

Ладно. Обнимаю всех.

С.

Рассказ, упомянутый в Сережином письме, за который мне заплатили 1500 долларов — безумные деньги по нашим понятиям — был заказан журнальным конгломератом *Conde Nast* для журнала «Трэвеллер». Это рассказ об острове Искья в Неаполитанском заливе. Я его написала по-английски, потеряв 15 лет жизни, и тем самым как бы заработав по сто долларов за каждый год.

Из Бостона в Нью-Йорк
Милый Сережа!

С Новым Годом! Желаю тебе абсолютно не болеть, не худеть и не толстеть. И, наконец, стать знаменитым. Ибо! Хоть «быть знаменитым некрасиво», но очень приятно. По себе не знаю, но слышала от людей. Помнишь американскую присказку? «Все приятное в жизни либо аморально, либо противозаконно, либо толстит».

Поклон маме, привет Лене и Кате, поцелуй Коле.

Обнимаю тебя,

Люда

А мне в качестве новогоднего поздравления Довлатов прислал пластинку Оскара Питерсона. Чем привел в восторг. Оскар Питерсон — мой любимый джазовый импровизатор. Сергей Довлатов — мой любимый литературный импровизатор. А заметка о Питерсоне «Семь нот в тишине», написанная Сергеем еще в Таллине во время гастролей Оскара Питерсона — пример журналистики, написанной блистательно и изящно:

Питерсон менее всего исполнитель. Он творец, создающий на глазах у зрителей свое искусство. Искусство легкое, мгновенное, неуловимое, как тень падающих снежинок...

Вот он подходит к роялю. Садится, трогает клавиши. Что это? Капли ударили по стеклу, рассыпались бусы, зазвенели тронутые ветром листья?.. Затем все тревожнее далекое эхо. И наконец — обвал, лавина. А потом снова — одинокая, дрожащая, мучительная нота в тишине.

«Тень падающих снежинок»... Почему не я это придумала?

Глава шестнадцатая
«Новый американец»

С небольшим преувеличением можно сказать, что о газете «Новый американец» написано почти столько же, сколько об истории газеты «Нью-Йорк таймс». Работавшие в НА сотрудники, которые в начале пути были дружным сообществом способных журналистов, перегрызлись, обвиняя друг друга в предательстве, двурушничестве и просто, без затей, в воровстве. Поскольку я никогда не работала в этой газете, то решила ограничиться компромиссом. То есть оставила письма свои и Довлатова, приглашавшего меня занять пост менеджера, и мелкие сочинения, написанные по его просьбе специально для этой газеты.

Штерн — Довлатову
Милый Сережа!
Как ты живешь? Что слышно о вашей газете? Почему ты по-прежнему печатаешься в «Новом русском слове», вместо того, чтобы...
Кстати, статья очень хороша и остроумна, наше бостонское общество ее одобрило. И вообще ты тут у нас считаешься большой литературной звездой. Так что в отличие от тебя, который слышит в глаза только похвалу, а за глаза хулу (о себе и о других), твоя старая подруга Люда слышит о других много лестного. Это, знаешь ли, у кого на что уши открыты. Наше гетто пополнилось Кириллом Косцинским. Пока что он несколько растерян, но скоро войдет в норму. Вчера взяли его в культпоход в кино. Звонил Леша Лосев, звал в гости. Там у них, действительно, рай и красота.
Я время от времени пишу литературные произведения. Сейчас вот нацелилась написать повестуху о любви, но в связи с забве-

нием этого чувства общая интонация повести получается сварливой и ехидной. Каковы твои литературные идеи?

Привет маме и Кате (она очень милая), и Лене, если она не возражает.

Обнимаю тебя и целую.

Люда

Сергей ответил таким письмом:

1979 год, из Нью-Йорка в Бостон
Милая Люда!

Жутко хотелось ответить тебе на бланке. Они еще не готовы, и телефон еще не установили. Офис же мы поменяли. Наш адрес, извини: Таймс-сквер, 1. *Ар.* 701. Хотели выше, но либо занято, либо совсем уже дорого. Отвечаю на вопросы.

1. Газета — «Новый американец». Само название о чем-то говорит. Еженедельник, 32 полосы. Газета американская, на русском языке. Сначала уточняли — для евреев. Сейчас пользуемся более общей формулировкой — для третьей эмиграции. Цель — содействовать новому эмигранту. В бытовом, юридическом, социальном, культурном плане. Научить страховаться, есть, отдыхать, жить по-американски. Такой ликбез. И еще. Все русские газеты — печальны. Наша — оптимистическая. Есть раздел — чего не предпринимать в Америке. Называется «Я тебя умоляю».

2. Теперь о независимости. Газета — профитная. Это наша собственность. Зарегистрирована как тайп-принт бизнес. Гос. субсидии для нас закрыты. И вообще — здесь много тонкостей. Мы будем предоставлять страницы экстремистам — любавичевским евреям, украинским националистам-эмигрантам. Но — тактично отмежевываться. «Материалы подготовлены такой-то организацией». Газета политически — вялая. Умеренно либеральная, сахаровского тона. В равной степени избегаем коммунистической, антисемитской и фашистской пропаганды. Нас уже физически обругал (конкретно — меня) старый дурак Р. из НТС[17]. И ласково проклял старый жуир Ф. (почему-то у всех руководителей НТС — дурные зубы. Редкость на Западе).

3. Стоит газета — 60 центов (один полный тиви-гайд чего стоит?).

4. С бизнес-менеджерством такая история. Конечно, нужен американец. Но. Ему надо больше платить. Второе. У американца не поймешь, хороший ли он человек. И даже — умный ли. Наш друг и благодетель Стив кажется полным охламоном.

17 Народно-трудовой союз.

А написал две книги по экзистенциализму. Шутит довольно убого, как многие американцы. И т. д.

5. О подписке/страховке я уже излагал. Подробности — лично. Рекламу получить (американскую) трудно. Хоть деньги на рекламу и списываются. Тираж маленький. И все-таки. Эмигрантский рынок — скудный, однако — надежный. Нам все требуется. (Уезжали с четырьмя сумками).

6. Сейчас проблем — две. Хороший и дешевый бизнес-менеджер, плюс реклама. С рекламой дело подвигается. С первым — хуже.

Имеется просьба. Первый номер мы сопровождаем дешевыми театральными эффектами. Такими как бы напутствиями. От знаменитостей. И в самом подборе их — наше кредо. Там будут — Максимов, Бродский, Неизвестный и т. д. Иосиф отнесся хорошо, обещал договориться с Барышниковым и Ростроповичем. Так вот. У вас там живет Коржавин. Ты его знаешь? Может, напишет одну-две строчки? Такое дело не обязывает. Какой бы ни оказалась газета. Пусть напишет в своем роде, о поэзии, о культуре. Кто еще у вас знаменит? Читала про Уфлянда в НРС? Нет ли знаменитого американца? Или не очень знаменитого. В самой иностранной фамилии есть красота. Мои товарищи и коллеги — прелесть. Расскажу о них коротко. Боря Меттер — Остап, командор. Женя Рубин — Паниковский, я — Шура Балаганов. Алексей Орлов — Адам Козлевич. И «Антилопа» есть. Все, кроме меня, умеренно и охотно пьющие. Все рослые и толстые. Широкие и веселые…

Про нас уже говорят, что мы взяли деньги в КГБ (агент КГБ — здесь — такое же универсальное и отвлеченное выражение, как слово бля…) Боря дико обрадовался. Подписчики будут думать, что это солидно. И т. д.

Обнимаю тебя,
Твой Сергей

Это мой отчет об исполнении его просьб:

21 июня 1979 года, из Бостона в Нью-Йорк
Милый Сережа!

Посылаю тебе коржавинское напутствие. Вчера Эмма улетел в Лос-Анджелес.

Некричу я пока не дозвонилась, но попробую еще. А сама я пришлю какой-нибудь отрывок из «Заурядной биографии» или из «Телефонного ноктюрна» — такая скромная модификация «Гранатового браслета». Как продвигается газета? Растет ли ваша слава? Раздел «Я тебя умоляю» звучит ужасающе. Есть ли у вас кто-нибудь, обладающий вкусом и слухом? Или она вся будет в русле Брайтон-Бич?

И кто занимает руководящие посты? Все это ужасно интересно. Обнимаю тебя.

Л.

А вот еще:

Из Бостона
Сережечка, милый!
Не разбивай моего девичье-старческого сердца, не говори, что ты не получил моего письма с похвалой твоей статье, где хвалишь и благодаришь Америку. Очень хорошая журналистика. Снова прочла твой старый рассказ «Дорога в новую квартиру». По-моему, очень талантливо. А вот об Уфлянде (извини, если что не так) написал беспомощно, поспешно и не глубоко. А жаль!
Слушай, мы с тобой еще не условились, разрешается ли мне искренность и честность в оценках, или ты в них не нуждаешься, а воспринимаешь только почитание и шепот восторга. Дай знать, и я буду в русле.
У нас такая чудовищная жара и влажность, что я хожу с вентилятором в одной руке и с веером в другой. И я по тебе соскучилась. Я бы даже под черной чадрой приехала в Нью-Йорк, но через 12 дней улетаю в Колорадо. Когда вернусь — сразу приеду. Это будет в первых числах сентября.
Насчет отрывка для газеты я еще не решила. Есть смешных 18 страниц из «Заурядной биографии», но надо не больше четырех-пяти, да? И еще я пишу — нет, ты не поверишь — любовную повесть. Будь другом, присоветуй название.
Целую,
Л.

31 июня 1979 года, из Нью-Йорка
Людочка, милая!
Пишу, не дожидаясь ответа. Дело срочное.
Газетные наши хлопоты завершаются. Все продумано, и главные преграды устраняются. Короче, мы начинаем. Иначе нас опередят. Четыре группы вынашивают аналогичные планы. Выиграет тот, кто начнет первый. Ибо вторая газета — необходима (получается как бы однопартийная система), а третья уже лишняя [Двадцать лет спустя оказалось, что в Нью-Йорке могут выжить и сосуществовать не один десяток русских газет. — *Л. Ш.*].
У нас есть (маленькие, увы) стартовые деньги (25 тысяч. Для газеты — мизер), есть несколько организаций, заинтересованных в нас и в трибуне, найдены чрезвычайно гибкие и цельные при этом формы. Есть энтузиазм, талантливость и пр. Важно и то, что газета запускается максимально американским способом.

Короче. Отсутствует бизнес-менеджер. Его функции выполняет главный редактор. Что составляет эти функции — долго объяснять. Ты рождена для подобной работы. Плюс обаяние. Плюс — язык. Плюс — мастерство контактов.

Может, ты, побывав в Нью-Йорке и ознакомившись, решилась бы. В плане снобизма это очень лестно. То есть ты — зам. гл. редактора. Аналог Валеры[18] из НРС. И даже вот что. Мы первое время работаем бесплатно. Наборщикам же, переводчикам и менеджеру готовы платить. Сначала минимум. Когда закончится период выживания — значительно больше.

Поверь мне, дело очень серьезное. Газета — это издательство, типография и реклама.

То есть полное счастье. Мечта жизни.

Короче, постарайся быть в Нью-Йорке скорее. Я тебя познакомлю с людьми. Они тебе понравятся. Убедишься, насколько это серьезно. За нами гоняются различные комьюнити. Но мы сохраняем независимость. Чтобы не быть служащими. Чтобы не менять курс, выбранный очень точно. Так что наш вариант бедный (поначалу), зато независимый. Газета — наша. 25 тысяч дал американец, мелкий фабрикант. Он газету и читать не будет. Кроме того, он наш приятель.

В общем, жду тебя. Подумай, Люда. Это очень даже шанс. Представляешь, наша собственная газета! И дело это — решенное. Целую тебя и обнимаю.

С.

P. S. Умный Як. Моис. Цвибак[19] ищет нашей дружбы. Говорит (чуть ли не окая): «Худой мир лучше доброй ссоры».

С.

Сережино предложение, казавшееся на первый взгляд и лестным, и перспективным, конечно же, было утопией Томаса Мора. В это время я уже потеряла работу в геологической компании в Бостоне и работала в Нью-Йорке, в художественной галерее Эдуарда Нахамкина. Работала без зарплаты, на комиссионных. Если мне удавалось продать картину, я получала деньги, а если не удавалось — нет. Но, к сожалению, картины русских эмигрантских художников, даже если среди них — Шемякин, Неиз-

---

18 Валерий Вайнберг был в то время заместителем главного редактора «Нового русского слова» по финансовым вопросам. После смерти Андрея Седых стал хозяином газеты.

19 Яков Моисеевич Цвибак — настоящее имя Андрея Седых, главного редактора «Нового русского слова».

вестный и Целков — не являлись острой необходимостью для американцев. Тем более что Нахамкин так беззастенчиво задрал цены, что покупателями его картин могли быть очень богатые коллекционеры, а у них, как известно, имеется очень богатый выбор, и не обязательно русских эмигрантских художников.

Своего жилья у меня в Нью-Йорке не было, мама и Витя жили в Бостоне. Я кочевала по друзьям. Но Нью-Йорк меня манил чрезвычайно, особенно потому, что дочь Катя училась в Барнард-колледже Колумбийского университета. Вот я и разрывалась на части. Нахамкин давал мне возможность две недели быть в галерее, две недели дома. С работой в газете этот номер не прошел бы. В газете надо работать двадцать часов в сутки, и, как я правильно поняла из довлатовского письма, практически без зарплаты. Во всяком случае, без такой, на которую можно было бы хотя бы снять квартиру.

Из Бостона в Нью-Йорк
Сереженька, дорогой!
Твое письмо меня взволновало и обрадовало. Во-первых, я очень рада, что ты и твои друзья проявили такую энергию и хватку и сумели преодолеть действительно невероятные трудности. 25 тысяч — не состояние, но я прекрасно знаю, как трудно их добыть, и это не так уж мало для старта. Я уверена, что, если ты не остынешь, не опустишь руки, не соскучишься, такая газета (твоя газета) может, действительно, стать радостью и целью жизни. И я понимаю, сколько острого, интересного и талантливого ты (вы) сможете привнести и сделать ее украшением «зарубежной России».
У меня есть, разумеется, тысяча вопросов к тебе, потому что твое эмоционально-сумбурное письмо их не объясняет. Постараюсь спрашивать деловито:
Какая у газеты программа и цели? От кого и чего она будет независима?
Какие комьюнити за вами гоняются и какие за вами стоят?
На какой слой рассчитана газета? И чему она отдает предпочтение? Кто основной читатель? Одесский Бруклин? Интеллигенция? Молодежь? Вторая эмиграция и их дети? Какова роль политических диссидентов?
Объем? Стоимость? Как осуществляется подписка? Реклама?
Что это за «очень точно выбранный курс»?
Теперь о твоем предложении. Живи я в Н.-Й., я бы бросила любую работу и попробовала себя в качестве менеджера, ибо перечисленные тобой качества имеются у меня в достатке. Плюс неупомянутые тобой кое-какие связи, которые при же-

лании могут быть очень значительными. Однако ситуация не представляется мне столь легкой. Для переезда семьи в Нью-Йорк (три человека) нужна постоянная, стабильная зарплата. Я не представляю себе сегодня, чтобы я могла сорвать семью из налаженного быта, работы и квартиры в расчете на свою мизерную зарплату. Значит, сперва Витя должен найти работу в Н.-Й. Он уже и так ищет с февраля, но пока ничего конкретного нет. Катино обучение в будущем году будет стоить состояние, и мы должны платить за это, даже при наличии у нее гранта. При первой возможности прикачу в Н.-Й. за подробностями и энтузиазмом, познакомлюсь с коллегами, о которых ты упоминаешь, заражусь идеей и буду старательно работать над передислокацией семьи. Тем более что Витя отнесся к твоей идее очень положительно. Но вот сорваться завтра с зубной щеткой я не могу. А пока напиши подробнее и обстоятельнее о газете, чтобы было над чем подумать. Не ленись. У тебя это займет час, а для меня важно.

Ну, целую тебя, милый, очень за тебя рада и уверена, что все будет хорошо.

Твоя Люда

Переехать в Нью-Йорк «за журавлем в небе» я в конце концов отказалась, предлагая взамен давать в «Новый американец» развлекательный материал. Для начала я написала напутствие газете. Чтобы оно было понятно, я должна дать маленькое пояснение. В газете работали тогда Борис Меттер, журналист и писатель Марк Поповский, а также критики Вайль и Генис. И еще: буквально с первого номера «Новый американец» вступил в смертельную конкуренцию с газетой «Новое русское слово», хозяином и главным редактором которого был в то время Андрей Седых.

Итак, я послала «Новый американец» такое поздравление:

Дорогой «Новый американец»!
Вы поставили перед собой трудную и благородную задачу создать в одном лице газету русскую, еврейскую и американскую. Для успешного достижения этой цели позвольте внести несколько конструктивных предложений, которые, надеюсь, украсят новый рупор нашей эмиграции.
1) В целях создания моста дружбы между «Новым американцем», возглавляемым Сергеем Довлатовым, и «Новым русским словом», возглавляемым Андреем Седых, переименовать главного редактора «Нового американца» Сергея Довлатова в Сергея Довлатых.

2) В целях успешной американизации газеты переименовать ее хозяина Бориса Меттера в Бориса Ярда. Это уменьшит престиж издателя всего на десять сантиметров.

3) В целях успешной евреизации газеты переименовать сотрудника Марка Поповского в Марка Рабайского.

4) Для успешной русификации газеты публиковать произведения критиков Петра Вайля и Александра Гениса под псевдонимом Светильники Разума.

5) Для маскировки желтоватого оттенка газеты печатать ее на малиновой бумаге.

6) Во избежание искушения придумывать оскорбительные рифмы на слово «американец» переименовать газету в «Новую русско-еврейскую мысль».

С искренним уважением,
Людмила Штерн

Мое поздравление, к сожалению, не напечатали. Не хватило чувства юмора, хотя Довлатов похихикал в трубку и потребовал прислать развлекательные миниатюры. Для начала я послала байку о французской певице Жюльетт Греко, на концерте которой в Ленинграде мне удалось побывать.

Вечер с Жюльетт Греко

Однажды в культурной жизни Ленинграда произошло знаменательное событие: приехала на гастроли французская певица Жюльетт Греко. Певица слыла рафинированной, поэтому Большой зал консерватории был набит интеллектуальной элитой. Жюльетт Греко появилась в глухом черном платье без единого украшения. Прямые черные волосы падали на плечи. На огромной сцене, под ослепительным светом юпитеров, певица казалась хрупкой, почти эфемерной. Бледное, без следов косметики лицо выглядело строгим и печальным. Она едва заметно поклонилась, выжидая, пока смолкнет шквал аплодисментов.

И вот раздался хриплый голос из репродуктора:

— Начинаем вечер всемирно знаменитой певицы Жюльетт Греко. Песни ее посвящены вечной теме — любви. Но это не радостная любовь вступающей в жизнь молодой девушки. Это песни о горькой, безответной и трагической любви. Тексты песен написаны специально для певицы ее друзьями — лучшими современными поэтами и мыслителями Франции: Полем Элюаром, Жаном Кокто и Жан-Полем Сартром (в этом месте по залу пронесся восхищенный шепот — элита дорвалась до экзистенциализма).

Пианист тихо заиграл, создавая необходимый лирический настрой. Репродуктор откашлялся и продолжал:

— Певица поет свои песни по-французски, поэтому перед исполнением мы будем переводить тексты на русский язык. Первая песня называется «Давай же!»

«Я люблю тебя, но сплю с другим. Ты любишь меня, но спишь с другой. Давай же... убьем их и будем спать вместе!»

Исполняет Жюльетт Греко.

Довлатов ответил таким письмом:

Из Нью-Йорка в Бостон
Милая Люда!
Спасибо за доброе отношение к газете. Хотя она пока этого не заслуживает. Второй номер уже гораздо лучше. Мы заказали 12 000 копий. Это реально. К четвертому будет совсем хорошо. Байка про Жюльетт Греко весьма годится. Есть два предложения. 1. Название очень вялое. Нельзя ли — «Для вас, интеллектуалы»? 2. В предпоследнем абзаце. После слов «на русский язык» хочется вставить фразу: «Чтобы вы могли уловить их глубокий философский смысл».
Обе поправки как бы заостряют смысл. Помни о нашей брайтонской публике. И напиши еще что-нибудь, чтобы показать нашим эмигрантам ненавязчиво и не дидактично разницу между советским и американским менталитетом и поведением.
P.S. Люда, газета скоро выйдет. Ты во втором номере, рядом с Максимовым. В первом — Некрасов. Пришли еще что-то о культуре. О Бостоне. Рецензию на какое-нибудь мероприятие. Что хочешь. О Коржавине. Пожалуйста.
P.P.S. Люда, на днях я напишу тебе. Может, ты захочешь вести у нас один раздел. Изложу все подробно не позднее субботы. Теоретически, возможно ли это?
Твой С.

Первые два номера газеты мне понравились, о чем я поспешила уведомить Довлатова.

Из Бостона в Нью-Йорк
Милый Сережа!
Газету получила, спасибо. По-моему, получилось очень симпатично. Во всяком случае, она написана живым энергичным языком, и я уверена, что будет иметь успех. Прилагаю чек для подписки на шесть месяцев и буду уговаривать других. Хочешь ли ты подобные краткие миниатюры? У меня их вагон. Также

есть рассказ на четыре страницы, привезу в начале марта. Вере Набоковой уже написала. Еще раз спасибо. Не пропадай. Рассказ про деда очень милый.
Обнимаю,
Люда

В ответ на просьбу Довлатова написать что-нибудь, показывающее эмигрантам ненавязчиво и недидактично разницу между советским и американским менталитетом и поведением, я сочинила миниатюру об очереди в Америке. Как ни странно, очереди здесь тоже бывают, и мне хотелось продемонстрировать, как ведут себя продавцы и покупатели в подобных ситуациях. Кстати, этот рассказ писался во время тягостных для Америки событий, а именно захвата американских заложников в Иране.

Would you believe it?

Однажды в супермаркете, в отделе деликатесов образовалась очередь. Она возникла не из-за медлительности продавца — он был расторопен, и не из-за появления редкого деликатеса. Причиной очереди явилась сухая, как кузнечик, старушонка.

— *Can I help you?* (Что для вас?) - любезно спросил продавец.

Старушка просияла, несколько раз прошлась взад-вперед вдоль прилавка, разглядывая яства, и, наконец, решилась:

— Скажите, детка, что вы думаете об этом ростбифе?

— Ростбиф великолепный, первый класс.

— Вы уверены? А то я пригласила на ланч мою приятельницу Мариам. Вы представить себе не можете, какая она разборчивая. Чуть что не так, разнесет по всему городу.

— Ваша подруга Мариам останется довольна, — твердо обещал продавец.

— Ну, ладно, уговорили. На вашу ответственность... четверть фунта.

— Что-нибудь еще, мэм?

— Погодите, не так быстро... Да, вот что... Лососина. Это просто позор, как дорого вы дерете. Но... придется купить... В прошлый вторник у Гофманов было полно лососины.

— Сколько вы желаете, мэм?

— Хм... Надо подумать... Что вы скажете о четверти фунта?

— Прекрасная мысль! — обрадовался продавец, — итак, четверть фунта.

— Минуточку. Лососину покупает каждый, у кого нет воображения. А что, если взять шримпы?

Сзади невозмутимо дожидались девять человек. Меня охватило любопытство: когда начнутся оскорбления в адрес старушки и когда разъярится продавец? Я засекла время. Между тем наша героиня в розовых брюках и фисташковой блузе сконцентрировала свое внимание на ветчине.

— Вот тут у вас шесть сортов ветчины, а по мне все они на один вкус. Почему?

— Не знаю, мэм, я не ем ветчины, это же свинина.

— О, извините, ради бога, я не хотела Вас обидеть. А как насчет рубленой селедки?

Она постучала ручонкой, по стеклянному прилавку зазвенели браслеты, и в глаза мне ударили лучи как бы бриллиантовых колец.

— Многие люди любят рубленую селедку, — в голосе продавца прозвучала первая тоскливая нота.

— Неужели? Очень странно. Я ее в рот не беру. Я как раз подумываю о маслинах. Как вы считаете, какие лучше, черные или зеленые?

Я сделала рейд вдоль прилавка, вглядываясь в лица: люди улыбались.

— Теперь самый важный момент: сыр. Вы убеждены, что бри первоклассный?

— Могу поклясться, — пробормотал продавец.

— А почему же он на сэйле? Это меня настораживает. Ну, да ладно, полфунта… Нет, лучше четверть.

— Что-нибудь еще, мэм?

— Не знаю, право. Может быть, паштету… Совсем чуть-чуть.

Продавец ринулся к паштету, но был остановлен.

— Нет, нет, не беспокойтесь, я передумала. — Она уставилась на халву.

Продавец прикрыл веки, как засыпающий воробей. Мне показалось, что он вот-вот упадет в обморок. Очередь добродушно улыбалась.

Халва старушку не пленила, и она переключилась на молочные изделия.

— Раньше я у вас творог покупала, а теперь моя подруга, миссис Кэмбл, показала мне одну итальянскую лавку: там потрясающая рикотта! Так что этого я брать не буду.

— Что-нибудь еще, мэм?

— *Well...* Не знаю... Дайте мне подумать... Я сейчас вернусь.

Я посмотрела на часы. Старушка развлекалась 18 минут, не истратила в магазине ни цента и удалилась в розовом блеске своих панталон.

А что продавец? Запустил в нее колбасорезкой? Метнул в нее нож? Ничего подобного. Он только обвел смирную очередь беспомощным взглядом и тихо пробормотал: «*Would you believe it?*» (Вы не поверите! Или — Представляете? Или — Подумать только!)

Вот уже сколько месяцев, следя за событиями в Иране, я вспоминаю эту нелепую житейскую сценку. И странные возникают у меня ассоциации.

Когда вижу по телевизору оголтелые толпы с портретами полубезумного аятоллы, терпеливых американцев и кроткого, беспомощного президента, мне кажется, что Джимми Картер вот-вот обведет растерянным взглядом нашу планету и с тихим отчаянием спросит: «*Would you believe it?*»

Глава семнадцатая
Как стать писателем

Когда мы с Сережей встречались в Нью-Йорке, наши разговоры крутились вокруг литературных дел. Нам очень хотелось «вырваться» из эмигрантского круга и «ворваться» в *mainstream* американской литературы. Публикации в «Нью-Йоркере», самом знаменитом интеллектуальном журнале, не сделали и не могли сделать из Довлатова американского писателя. Его там печатали за яркость, необычность, экзотику, в прекрасных переводах Анн Фридман и Кэтрин О'Коннор, но это неизбежно должно было скоро кончиться, потому что его рассказы были «страшно далеки» от интересов и опыта жизни американских интеллектуалов.

В Америке очень популярны юмористические книжки, в том числе *How to* для идиотов. Разумеется, они не имеют ничего общего с «высокой» литературой. Но, написанные остроумно и легко, они вполне могут рассчитывать на финансовый успех.

Сережа предложил две темы: «Как уберечься от венерических болезней» и «Как быстро и безболезненно разбогатеть».

Для пробы мы решили написать по рассказу (разумеется, по-русски) и, если они понравятся нашим друзьям американцам, читающим по-русски, перевести на английский, вероятно, с помощью той же Анн Фридман. Я тогда только начинала писать по-английски сама и была недовольна результатами.

Довлатов решил писать «Как мгновенно разбогатеть от укуса собаки».

Я взялась за тему «Как стать писателем».

Я никогда не видела Сережиного рассказа. Думаю, что он так его и не написал, а идеи как разбогатеть вложил в уста одного из персонажей нашего будущего сценария. Я же, прилежная ученица, выполнила свое задание, посвятила рассказ Довлатову и даже опубликовала в эмигрантском журнале «Русская Америка». Итак.

Как стать писателем

С. Д.

Студенты на лекциях и слушатели на творческих вечерах часто спрашивают, как написать высокохудожественное произведение, будь то стихи, рассказы, пьеса или роман.

Лучший рецепт, как написать приличный стих, много лет тому назад дал моей маме, Надежде Крамовой, Николай Степанович Гумилев, у которого мама занималась в поэтическом семинаре. На мамин вопрос, можно ли научиться писать стихи, как Ахматова, Гумилев сказал: «Как Ахматова вряд ли. Но вообще писать стихи просто. Надо найти две подходящие рифмы, и пространство между ними заполнить по возможности не очень глупым содержанием».

Поскольку последнее стихотворение я сочинила в пятом классе, и оно, к сожалению, не оказалось поэтическим шедевром, мне к этому мудрому совету добавить нечего...

Другое дело — проза, тут я могу кое-чем поделиться. На самом деле нет ничего проще. Начните с главного — купите компьютер и принтер. Компьютер должен быть самым современным, самым мощным и самым дорогим. Важно, чтобы в нем было восемь гигабайтов памяти, чтобы вы могли работать над несколькими произведениями одновременно. Диск должен иметь не менее 200 гигабайтов, на случай, если, устав от творчества и чудотворства, вы захотите сыграть на компьютере в *tetris*.

Если вам чужды эти игры, то ваши дети и внуки наверняка их обожают.

Не стесняйтесь своего невежества. Если вы не знаете, что такое мегабайт или гигабайт — не беда. Почти никто этого не знает, но говорить о них может каждый. В конце концов, мы живем в свободной стране. Главное, проследите, чтобы у вашего соседа не оказалось этих гигабайтов больше, чем у вас.

Принтер желательно иметь цветной и лазерный. Если вы собираетесь писать также по-русски и по-китайски, желательно иметь русские шрифты и китайские иероглифы, ибо русский и китайский тексты, написанные английскими буквами, угнетают нервную систему.

Истратив два часа на знакомство с компьютером, сядьте перед голубым экраном и… полный вперед!

Но сперва несколько технических советов.

Титульный лист. На титульном листе следует указать имя автора, название произведения, а также место и время его создания. При кажущейся простоте, это — тонкая и деликатная задача.

Автор указывается в центре верхней трети страницы. Но не спешите отстукать свое имя. Если вы собираетесь узнаваемо вывести в произведении своих знакомых, придумайте псевдоним. Иначе вы можете публично схлопотать по шее, ваш невыплаченный дом может нечаянно сгореть, а на вашей новой (также невыплаченной) машине будет нацарапано гвоздем краткое, но выразительное слово. В зависимости от этнической принадлежности царапавшего это слово может состоять из трех или четырех букв.

Какой выбрать псевдоним? Допустим, на прежней родине вас звали Соломон Борухович Паркинсон. Понятно, что в проектном институте, где вы работали руководителем группы, вы фигурировали как Семен Борисович (к сожалению, все-таки Паркинсон). И хотя в Америке вы превратились в *Mr Sol Park*, вашим знакомым прекрасно известно, кто вы на самом деле такой. Если лень придумывать причудливый псевдоним, просто поменяйте местами имя и фамилию, и становитесь м-р Парк Сол. Человек, лишенный комплексов, может прибавить букву-другую к этой фамилии и стать Парк Солж или Парк Солжен. А уж если вы совсем бога не боитесь, прибавляйте и остальные буквы.

Натуры романтичные склонны к псевдонимам типа Женевьева де Куртуаз. Писатель, практикующий буддизм и верящий в свою прану, может войти в мировую литературу под именем Калидас Вишакхадатта. Желающие покончить с сионизмом, скорее всего, польстятся на псевдоним Тимофей Гуляев. А те, кто хочет раз и навсегда расстаться со своим русско-еврейским прошлым, может превратиться в *Sir Stuart Spenser, Jr.*

Название произведения печатается в центре страницы заглавными буквами. Название — важный фактор. От него во многом зависит, будет ли ваше произведение иметь коммерческий успех или закончит свои дни на уличном развале по 25 центов за штуку.

Избегайте пословиц, поговорок и глаголов в повелительном наклонении. Только провинциал мог назвать свой опус «Много шума из ничего», или «Не в свои сани не садись», или «По ком звонит колокол». Скучно звучат названия с участием дней недели или месяцев. Например: «Месяц в деревне», «Ленин в Октябре» или «Воскресенье». Исключение составляет американская песня «Мне декабрь кажется маем».

Для интеллигентного читателя с хорошим вкусом привлекательны названия, состоящие из существительного и прилагательного, особенно, если последнее описывает число, размер, цвет, географическое положение или возраст предмета. Например, «Три поросенка», «Малая Земля», «Белая береза», «Египетские ночи», «Молодая гвардия».

Самое верное — назвать произведение по имени и фамилии героев: «Евгений Онегин», «Ефим Шапиро», «Манон Леско», «Робинзон Крузо». Возьмем для примера «Ефима Шапиро». Как можно варьировать это название в зависимости от литературного жанра произведения?

Балет требует воздушно-легкого названия, например, «Ефимиана». Но если вы написали оперу, не пренебрегайте традиционным названием — «Ефим и Раиса» звучит не хуже «Руслана и Людмилы» или «Тристана и Изольды». Для фильма студии «Парамаунт» эффектно название «Прошлым летом с Ефимом». Патриотическую статью в «Правду», «Известия» или *Jerusalem Post* неплохо назвать «Ефимы не умирают».

Для детских книжек удачны названия «Фимкин дом» и «Дядя Фима —программист». А если это сказка и содержит элементы фольклора — нет лучшего названия, чем «Ефимушка».

Эдуарду Макашову для его сборника политических эссе я бы посоветовала название «Куда мы с копытом, туда Ефим с клешней». Сентиментальный рассказ в журнал «Работница» или «Космополитен» можно назвать «Ефимерное счастье». И, наконец, гимн либерально-демократической партии Жириновского украсит название «По Ефимам и по взгорьям».

В нижней трети страницы необходимо указать, где и когда ваше произведение создано. Элегантно выглядит такая комбинация: Львов — Сидней, Ленинград — Санкт-Петербург, Москва — Петушки.

Итак, стать писателем — просто, ума не надо. Проблема в том, как стать знаменитым писателем. К сожалению, на пути к Пику Славы нас подстерегает множество препятствий. И одно из них, хотя далеко не главное — **бездарность**.

Как узнать, талантливы вы или бездарны? Полагаться на ощущения чревато. В ненастный день, когда жена канючит и жалуется на безденежье и на столе — кипа неоплаченных счетов, вам кажется, что вы бездарны. Немедленно прекратите творить. Лягте на диван спиной к телевизору, закройте глаза и начинайте медитировать. Темой медитации могут быть размышления о судьбах друзей. Вспомните, что у Левинсона угнали новую машину, Левкович потерял работу, а сын Левзона балуется кокаином и водит домой кофейного цвета девчонок. Такая медитация утешает.

В другие дни, без всяких, кстати, оснований, вы убеждены, что чертовски талантливы. Ловите миг удачи! Бросайтесь к компьютеру и творите.

Но существует ли объективный критерий таланта? Да, безусловно существует. Если вы, описывая прелести возлюбленной, придумали метафору «твои глаза, как тормоза» — вы, скорее всего, гений. А, если, воспевая весну, вы написали «пускай трясет визгливым рылом» — вам лучше расстаться с поэзией, и чем скорее, тем лучше.

Метафора «твои глаза, как тормоза» принадлежит Бродскому. «Пускай трясет визгливым рылом» — А. Блоку («Ненужная весна»).

Второе препятствие — **наличие других дел**, или стопроцентная занятость. Часто бывает, что, решив создать художественное произведение или, на худой конец, мемуар, вы спохватываетесь, что не достроили в подвале сауну, не отполировали купленный по случаю кокосовый орех и не устроились на работу. Сделайте сперва все срочные дела, или, как говорят американцы — *first things first*.

Третья преграда — **лень**. Это наиболее тяжелое препятствие, потому что оно часто принимает неузнаваемые формы. Наиболее распространенная из них — голод. Включив компьютер, вы внезапно ощущаете непереносимый приступ голода. Научно он называется «падение сахара в крови» и может косвенно указывать на наличие диабета. Не вздумайте себя мучить. Ешьте на доброе здоровье, выкинув весы — источник отрицательных эмоций. И возьмите направление к врачу на предмет проверки всех без исключения внутренних органов. Вторая форма — сонливость. То есть буквально слипаются глаза, и веки падают, как занавес в Мариинском театре. Не перечьте природе: закройте их и спите.

Четвертая проблема — отсутствие в голове **фабулы** или **сюжета**. Иначе говоря, о чем писать? Самое верное — о себе. Писать о себе можно бесконечно, потому что писать о себе (равно как и говорить о себе) необычайно увлекательно.

А если писать о себе ну совершенно нечего? Не смущайтесь. Сядьте у окна и ждите событий. Что-нибудь да произойдет.

Отчаявшись от безденежья, молодой человек из неблагополучной семьи может на ваших глазах буквально за доллар укокошить старушку. Само по себе, событие рядовое и не заслуживает внимания. Интересно, что убийца может впоследствии раскаяться.

А то соседка из дома напротив, оставив восьмилетнего сына на мужа, может поехать в Питтсбург навестить брата, который не ладит с женой и гуляет на стороне. В самолете она влюбляется в молодого программиста, уходит от мужа и уезжает с любовником на остров Барбадос. Придумайте остросюжетный, желательно трагический конец. Например, пусть она бросится под поезд компании «Амтрак». В литературе еще не встречалось.

В умелых руках любой пустяковый семейный конфликт может послужить сюжетом. Скажем, приезжает студент из Гарварда в Сан-Франциско на каникулы, и узнает, что его отец скоропостижно умер, а мать также скоропостижно вышла замуж за дядю. Молодой человек подозревает неладное, да и приятели его науськивают: нечего чикаться, пореши их и дело с концом. Но наш герой тянет резину, ставит спектакли и ходит к психиатру…

А то еще за углом две дочери-стервы выгнали из дому старого, беспомощного отца… Слава богу, у третьей, младшей дочки, оказалось доброе сердце.

Большим успехом пользуются романы из жизни военных. Например, один лейтенант спустил свои денежки в Лас-Вегасе и влюбился в горничную отеля, бабушка которой знала тайну игры в 21. Он явился к бабке по-хорошему, просто разузнать, как отыграться, а она — возьми да и помри с испугу… Или сержант пограничных войск закрутил роман с мексиканкой. Бесстыжая занималась контрабандой наркотиков и изменяла ему с ковбоем…

Как видим, сюжеты — не проблема, они всегда под рукой. Главное, правильно выбрать тему. Наиболее животрепещущей темой является л ю б о в ь, в особенности — любовь к себе. Современная литература шагнула далеко вперед в раскрытии этой темы. Сергей Довлатов утверждал, что Шекспир сегодня не тратил бы свой талант на такой тривиальный пустяк, как «Ромео и Джульетта». Он создал бы эпическое полотно под названием «Это я, Вилечка».

Не гнушайтесь советами друзей. Ведь слава все равно достанется вам. Например, один курчавый знакомый (кстати, из негров) подсказал Гоголю тему и сюжет «Ревизора». Гоголя знает весь мир, а кто слышал о его приятеле?

Одним из существенных компонентов писательского мастерства являются – язык и стиль. В современной прозе очень популярен мат. Некоторые прозаики достигли в употреблении мата истинной виртуозности. Но, как это часто бывает, оторвались от народных масс. Повсюду слышатся жалобы, что мат современной прозы усложнен, рассчитан на интеллектуалов и не доходит до простого народа.

Соблазнительно, конечно, переключиться на английский мат. Не поддавайтесь искушению. Английский мат прочно вошел в литературу пятьдесят лет назад. Используя его, вы рискуете плестись в обозе. Мой совет — освоить мат не оправившихся от каменного века народов Верхней Вольты и Бельгийского Конго. Им вы можете украсить блеклую речь толпы одесского Привоза.

Наконец, произведение закончено. Что делать дальше? Звонить в издательства? Нести в издательства? Посылать в издательства? Не советую ни того, ни другого, ни третьего. Даже если вы и ваша семья уверены в гениальности написанного, очень трудно сказать о себе: я — талантливый, практически, гениальный неизвестный писатель. Для этого существуют литературные агенты. В их обязанности входит звонить, писать и бегать. За услуги агенту причитается 15 процентов вашего гонорара. Например: вам заплатили за рассказ 30 долларов. Вы должны 4 доллара 50 центов отдать агенту. Не огорчайтесь. Зато он, а не вы, заплатит 250 долларов за телефонные переговоры, обеды с редакторами и почтовые расходы.

Идеальным разрешением проблемы являются личные связи. Закрутите роман с дочерью или сыном редактора, а еще лучше — с самим редактором. Но и тут имеется загвоздка. Романы, как известно, не вечны, и от любви до ненависти — один шаг. Лучше на редакторе жениться, но надежнее всего — родить и вырастить редактора. Тут ему так просто не отделаться. Если вы и впрямь решили связать свою жизнь с редактором, не хватайте первого попавшегося. Проверьте родословную. Лучшим редактором является тот, у которого дядя или тетя заседают в Нобелевском комитете.

Невредно напомнить, что путь к славе в значительной степени зависит от прессы. Достаточно одной фразы маститого литературоведа: «Эта штука посильней, чем „Фауст“ Гете», — и бессмертие у вас в кармане.

Закончить перечень литературных советов мне хочется цитатой из классика. Как-то раз, кося на приусадебном участке траву, Лев Николаевич оперся на косу, вытер взмокший лоб и сказал дворнику Карташову: «Вот тебе, Тимофеич, мой добрый совет:

Если можешь не писать – не пиши».

Глава восемнадцатая
Не гений, но злодейство

Я собираюсь рассказать здесь историю, в которой Довлатов повел себя, как благородный рыцарь, вставший сразу на защиту трех человек: Горького, Маяковского и моей мамы, писательницы Надежды Крамовой.

Маме в юности очень повезло. Она дружила или была знакома со многими блистательными представителями русской литературы, в частности, с Гумилевым, Ахматовой, Горьким, Маяковским, Зощенко, Евгением Шварцем, Виктором Шкловским, Борисом Эйхенбаумом, Михаилом Козаковым (старшим) и другими. Мама охотно рассказывала в компаниях о тех временах и встречах, а я все уговаривала ее написать об этом, понимая, что она почти что «последняя из могикан». Мама говорила «успею» и, в конце концов, уже в 90-х годах, написала книжку «Пока нас помнят», вышедшую в издательстве «Эрмитаж». Ее рассказы — «Неизвестное об известных» — были опубликованы в «Новом русском слове», «Новом журнале», «Бостонском курьере», «Русской мысли» в Париже, в журнале «22» в Израиле и других изданиях.

Но за несколько лет до маминых публикаций в газете «Новое русское слово» появилась статья журналистки Майи Муравник под названием «Гений и злодейство». Мы познакомились с Муравник и ее тогдашним мужем Александром Глейзером в 1975 году в Вене по дороге в Америку, и мама за столом рассказала о своих встречах с Горьким и Маяковским.

И вот несколько лет спустя мамин рассказ о ее знакомстве с Маяковским Муравник изложила в своей публикации. Это было нечто перевранное, убогое, написанное совковым языком. Мама ответила довольно резкой отповедью, которая и была напечатана в том же «Новом русском слове». Называлась мамина статья «Не гений, но злодейство». Вот выдержка из нее:

В последнее время стало модным среди некоторых эмигрантских журналистов чернить и обливать грязью выдающихся русских писателей. Майя Муравник, следуя этой моде, избрала наиболее легкий путь. Не вдаваясь в критику и анализ творчества Горького и Маяковского, она «разносит» их по бытовой линии, причем в абсолютно недопустимом тоне бульварной лексики. Муравник спрашивает: «Были ли они гениями, либо злодейскими гениями, либо благородно-злодейскими гениями? Очень заковыристый вопрос».

На мой взгляд это не только не заковыристый, но и вообще не вопрос, а безвкусное и достаточно бессмысленное сочетание слов... Но спорить с этим не стоит. Спорить следует о фактах. Муравник пишет якобы со слов Зинаиды Гиппиус: «Горький жадно собирал всякие вазы и эмали у „презренных“ буржуев, умирающих с голоду... Квартира Горького имеет вид музея или лавки старьевщика...»

Мне приходилось бывать в ленинградской квартире Горького. Свидетельствую: никаких антикварных ценностей там не было. Квартира была обставлена более чем скромно — самой простой дубовой мебелью с допотопным зеркальным шкафом и продавленной оттоманкой.

Если мое свидетельство недостаточно убедительно, мне бы хотелось привести отрывок из воспоминаний о Горьком В. Ф. Ходасевича: «...Город был мертв и жуток... В нетопленных домах пахло воблой. Электричества не было. У Горького был керосин. В его столовой на Кронверкском проспекте горела большая лампа. Каждый вечер к ней собирались люди... Приходили рабочие и матросы, артисты и художники, бывшие сановники и великосветские дамы. У него просили заступничества за арестованных, через него добывали пайки, квартиру, одежду, лекарства, жиры, железнодорожные билеты, командировки, табак, писчую бумагу, молоко для новорожденных... Горький выслушивал всех и писал бесчисленные письма...»

Разделавшись мимоходом с Горьким, Майя Муравник переходит к «уничтожению» Маяковского.

Она рассказывает историю о том, как Маяковский обыграл в карты «некую» даму. Муравник отлично знает, что эта история произошла именно со мной, ибо точно сообщает (не называя моего имени) год моей эмиграции и место жительства. Почему ей кажется позволительным печатать услышанный от кого-то рассказ, украсив его пошлейшими деталями? Но это еще не все. Муравник позволяет себе приводить мою и Маяковского прямую речь, а также приводить текст письма моего отца, никогда им не писанного.

Кроме самого факта моей с Маяковским игры в карты — все остальное фантазия М. Муравник».

Прочтя статью М. Муравник и мамин ответ, Довлатов написал маме открытое письмо, появившееся в НРС. Оно жестко и справедливо описывает проблемы эмигрантской журналистики.

Уважаемая Надежда Филипповна!
Ввиду чрезвычайной, бессмысленной занятости, я сократил почти до нуля неделовую переписку, и все-таки хочу поблагодарить Вас за отповедь Майе Муравник в связи с ее бреднями о Маяковском. Все публикации такого рода основаны на хамском стремлении навязать большому человеку параметры собственной личности, востребовать от него соответствия нашим, как правило — убогим моделям, беззастенчиво взятым за образец. Маяковский, например, следуя эмигрантским критериям, должен был написать похабные частушки о Ленине, распространить их в самиздате, затем попросить политического убежища во Франции и оттуда по западному радио героически критиковать советскую власть. Майя Муравник (которую я давно и хорошо знаю с плохой стороны) никогда не поймет, что Маяковский служил не советской власти, а своему огромному пластическому дару, служил неправильно, ложно, и решился на такую для себя меру наказания, каковой не потребовал бы для него ни один из самых железных оппонентов…
Подобная же низость творится в эмигрантской прессе относительно Горького, Блока, Есенина, Клюева и Пильняка (убитых), Олеши, и даже в адрес Булгакова раздавались упреки насчет недостаточного антисоветизма.
Бич эмиграции — приниженность, неполноценность и холуйство, и Вы оказались первым человеком, отчитавшим холуев резко и без церемоний, дабы отбить у них охоту к осквернению монументов, что на языке цивилизованных народов называется вандализмом.
Еще раз — спасибо, и простите, что не могу написать более внятно, четко и коротко, полуторагодовалый ребенок Николай буквально физически сидит у меня на голове.
От души желаю Вам здоровья и благополучия.
Ваш С. Довлатов

***

Вот как на самом деле моя мама, писательница Надежда Крамова, описала свои встречи с Горьким и Маяковским в цикле «Неизвестное об известных».

Синее сукно
(печатается с сокращениями)

Был пронзительный ноябрьский вечер. Нева, оскорбленная неистовым ветром, помрачнела, вспучилась, вот-вот хлынет на город.

Мы шли по набережной с Виктором Шкловским, возвращаясь со студенческого вечера. Ноги промокли. Я дрожала в легкой жакетке, а до дома было далеко.

Виктор Борисович вдруг остановился и исподлобья взглянул на меня.

— Почему Вы, собственно, без пальто?

Я пожала плечами.

— Понятно, — сказал он.

Я удивилась его вопросу. Шкловский обычно не замечал окружающего. Он был замкнут, погружен в свои мысли и невосприимчив ко всему, что не имело отношения к формальному методу литературного анализа.

В этой связи я сделаю маленькое отступление. Однажды, вернувшись домой, я застала записку: «Был. Не застал. Рассчитывал на кашу. Досадно. Шкловский».

Дело в том, что в то голодное время я случайно обнаружила в недрах буфета мешок перловой крупы и подкармливала моих друзей.

— Он только что ушел, — сказала соседка.

Я кинулась вниз по лестнице: мне непременно хотелось догнать Шкловского, — я знала, что он голоден. На мою удачу возле дома стоял извозчик.

— Поезжайте по Николаевской, а когда увидите сумасшедшего, остановитесь, — сказала я. Через несколько минут извозчик придержал лошадь.

— Этот, что ли?

Извозчик угадал. Виктор Борисович шел, размахивая руками, внезапно останавливался, подмигивал, улыбался.

— Виктор! - крикнула я, — садитесь! Поехали есть кашу!

Я вспомнила об этом эпизоде, чтобы объяснить свое удивление, когда Шкловский заметил, что я дрожу от холода.

— Интересно, как вы дойдете в таком виде, — помолчав, сказал он, — надо что-то придумать.

Я промолчала, и мы зашагали дальше. У Троицкого моста он снова остановился.

— Есть предложение, — сказал он, что-то соображая. Решение бытовых вопросов давалось ему с трудом:

— Я сегодня ночую тут поблизости. Идемте со мной.

— Не беспокойтесь. Я дойду до дому.

— Не спорьте. Пустая квартира. Хозяева уехали. Позже туда придет ночевать один товарищ, поэт Л. Ключ у меня. Поэтому я даже проводить вас не могу. Пошли!

Трамваев не было. Начался дождь. Я согласилась.

Минут через десять Шкловский открыл входную дверь. Это была большая, типично петербургская квартира. Добротная мебель, зеркальные шкафы, громадный обеденный стол. В комнатах было нетоплено, но все выглядело так, будто хозяева уехали только вчера. В буфете нашелся чай, сахар и даже банка варенья. Вскоре пришел поэт Л. и принес полбуханки хлеба и кусок шпика. Я разожгла примус и вскипятила чайник. Стало уютно и даже тепло. Прихлебывая с наслаждением горячий чай, я спросила:

— Виктор, а чья это квартира?

— Только не обожгитесь, — засмеялся он, — это квартира Горького.

Я не только обожглась, но поперхнулась: горячий глоток попал не в то горло.

Полночи мы просидели за столом. Потом мужчины ушли в кабинет, а мне постелили в столовой на диване.

Утром Шкловский бродил по квартире и заглядывал в шкафы — он явно что-то искал. Наконец, из спальни раздался его голос:

— Идите сюда.

Он стоял у раскрытого книжного шкафа и рылся на полках, набитых вещами.

— Вот! Нашел! — он удовлетворенно крякнул. — Кажется, это то, что надо.

Он вытащил отрез синего сукна и протянул его мне.

— Сшейте себе пальто.

— Вы с ума сошли?! Это же… Это кража!

— Не кража, а взаимопомощь. Нельзя же всю зиму ходить без пальто.

— Не возьму! Ни за что! Какая низость!

— Не буйствуйте, — спокойно возразил Шкловский. — Я договорюсь с Алексеем Максимовичем, когда он вернется.

— Не могу… — сказала я чуть не плача. — Не могу и все.

— Ладно. Не можете — не берите, — ухмыльнулся Шкловский.

С тяжелым ощущением от неприятного разговора я попрощалась и ушла.

На следующий день Виктор Борисович пришел есть перловую кашу и протянул мне пакет.

— Что это?

— Синее сукно. Не вы взяли, а я принес. Откуда — не ваше дело.

Отрез остался у меня, и в мастерской мне сшили пальто. К этому пальто я не могла привыкнуть, как обычно привыкают к повседневной одежде, почти ее не замечая. Каждый раз, когда я надевала его, у меня екало сердце.

Прошло, наверно, месяца четыре. Однажды вечером в Студии всемирной литературы ожидалось выступление молодых поэтов. Помню, я болтала с кем-то из приятелей, когда в комнату ворвался Михаил Слонимский и крикнул:

— Горький приехал!

Я оцепенела. Потом заметалась — где Шкловский? Ринулась в одну комнату, в другую — его нигде не было. Вдруг кто-то поймал меня за рукав в коридоре. Это был Виктор Борисович.

— Господи… Господи… Что будет? — лепетала я.

— Попробую выяснить… хотя к нему сейчас не пробиться… Подождите меня здесь.

Он ушел. Я вжалась в стену. Не знаю, сколько прошло времени. Мне казалось, что неделя. Наконец, появился Шкловский с насупленным лицом.

— Идите на расправу. Он ждет вас в гостиной.

Не помню, как я шла, как дошла, как вошла. Горький стоял посреди гостиной, окруженный плотным кольцом. С ним была

Мария Игнатьевна Бенкендорф. У меня ноги подгибались, будто ватные. Шкловский подталкивал меня сзади. Горький, увидев Виктора Борисовича, шагнул нам навстречу. Несколько секунд он разглядывал меня острым недружелюбным взглядом. Все замолчали. Выдержав мучительную паузу в полной тишине, Алексей Максимович громко спросил:

— Это вы стащили у меня синее сукно?

Все с любопытством уставились на меня. Я кивнула, глядя ему в глаза.

— Нехорошо, — сказал Горький, — нехорошо… Ну, вот что, подите наденьте пальто. Я посмотрю, ладно ли оно сшито. Ежели испортили мое сукно, — не прощу!

Я бросилась в раздевалку, замирая от стыда и страха. Напялив на себя злополучное пальто и провозившись с пуговицами — руки тряслись — я вернулась в гостиную.

— Подойдите ближе, — сказал Горький. он оглядел меня с ног до головы, — а теперь повернитесь… Так. Воротник, будто немного морщит… А в общем, ничего, хорошее пальто. Прощаю. Носите на здоровье… От меня подарок. — И он похлопал меня по плечу.

И тут все прыснули. Горький хохотал громче всех.

Потом я узнала, что с первых же слов Шкловского Алексей Максимович развеселился, но решил позабавиться и срежиссировал весь спектакль, прямо скажу, довольно жестокий.

Визит поэта

Шел 1920 год. Мои родители жили в эмиграции, а я, выехав вместе с ними, вернулась с полдороги в Петроград и поселилась в нашей бывшей квартире, заняв две комнаты — кабинет и мою прежнюю детскую. Остальные уже были заняты.

Училась я днем в Театральном институте, а вечером посещала Студию всемирной литературы. Занимались мы в пальто, питались ржавыми плюшками, кипятком с сахарином и розовой мороженой картошкой.

Неожиданно я получила письмо, что отец прислал с оказией две тысячи рублей, и мне надлежит приехать за ними в Москву. Это были огромные деньги, рассчитанные примерно на год жизни. В самом радужном настроении я возвращалась из Москвы в Петроград.

В те годы билетные кассы находились в здании гостиницы «Метрополь». Стоя в очереди за билетом, мы с приятельницей увидели впереди себя Маяковского.

— Подойди к кассе, — прошептала я подруге, — и выясни, в какой вагон он получит билет.

Через минуту я уже знала номер вагона.

— Дайте мне, пожалуйста, место в пятом вагоне, — попросила я кассира, — там едут мои друзья.

Так, стоя в коридоре у окна, я познакомилась с Маяковским. Он ехал в соседнем купе, а в моем находился молодой военный, почти все время куривший в тамбуре, и пожилая дама, проводившая время в другом вагоне у подруги. Таким образом, я оказалась в купе единственной хозяйкой. У меня были две булочки, плавленый сырок и печенье из овсяной муки, которое моя приятельница спекла мне в дорогу.

Немного робея, я пригласила Владимира Владимировича выпить со мной чаю, на что он благосклонно согласился. Беседа велась односторонняя. Великий поэт был молчалив и рассеян, я же от смущения тараторила без остановки, пытаясь блеснуть остроумием и эрудицией. Наконец, вернулась пожилая дама, и Маяковский поднялся. И тут я неожиданно выпалила, холодея от собственной отваги:

— Приходите ко мне завтра вечером в гости!

Владимир Владимирович как-то странно посмотрел на меня и усмехнулся:

— И приду! — почти угрожающе пробасил он. — В девять часов. Давайте адрес!

Утром, выходя из вагона, я столкнулась с Маяковским. Он милостиво кивнул мне.

И тут меня охватило муторное чувство, которое определяется выражением «как лягушку проглотила». Он, конечно, не придет. И слава богу! А вдруг?..

Дома я, ненавидя себя, шагала из угла в угол, но, на всякий случай, убрала комнату, потом вспомнила об угощении. К счастью, в буфете обнаружился изюм, случайно уцелевший с прошлых времен, и я решила сварить кашу из перловой крупы — единственной, имевшейся в доме.

В девять часов раздался звонок — на пороге стоял Маяковский.

— Не ждали? Сознайтесь.

Он прошелся по комнате, увидел лежавшую на столике свою книжку «Облако в штанах».

— Положила напоказ? — скорчил он презрительную гримасу. — Конечно, для автографа?

— Не положила, а случайно валяется, — вспыхнула я. — За такими автографами я не гоняюсь. Если авторский подарок — тогда другое дело, а на купленной книге... мне не надо.

— Ишь ты!... — сказал он, усаживаясь на диван. — Ну, что делать будем?

— Хотите перловую кашу с изюмом? — с гордостью предложила я.

Он поморщился.

— Вы в карты играете?

— Конечно! — я обрадовалась возможности его чем-то развлечь. — В покер?

— Э, нет, — протянул Владимир Владимирович, — в покер вдвоем не играют! Давайте в «железку» — проще и быстрее.

Я смутилась, потому что никогда не играла в «железку» и не знала ее коварную простоту.

Маяковский истолковал мое смущение по-своему:

— У вас, вероятно, денег нет?... Ну тогда конечно...

— Деньги есть... Две тысячи... За ними я в Москву и ездила.

— Ну что ж, рискнете? — он вытащил из кармана колоду карт.

Внезапно у меня возникло ощущение, что я еще в вагоне упоминала о цели моей поездки в Москву... о деньгах... А что, если его визит...

Мы сели играть. Владимир Владимирович выигрывал методично, небрежно и деловито. Это уже перестало походить на игру. Я крепилась.

Когда упорхнула первая тысяча, Маяковский насмешливо взглянул на меня.

— Может быть, хватит?

— Нет! — почти с отчаянием вырвалось у меня. — Я ведь... Я ведь еще могу отыграться!

— Как хотите, — пожал плечами Маяковский.

Через полчаса все было кончено. Маяковский поднялся. Я, сдерживая слезы, достала из ящика пачку денег и протянула Маяковскому.

— Да, — сказал он, пряча деньги в карман, — не повезло вам. Но что поделаешь: игра есть игра.

Растерянная стояла я в дверях, провожая своего гостя. Он спустился на несколько ступенек, потом вернулся и протянул мне десять рублей.

— Вот вам... завтра... на обед.

Глава девятнадцатая
Дорога в Голливуд

Как-то Довлатов позвонил мне в Бостон и сказал, что получил предложение написать сценарий для полнометражного художественного фильма о жизни русских эмигрантов. В его пересказе это предложение выглядело как-то невнятно. Никакого договора, никаких сроков. Но Сергей звучал очень вдохновенно, и я почувствовала, что он загорелся и полон энтузиазма. Довлатов сказал, что хотел бы написать сценарий в соавторстве со мной, и тут же, по телефону, потребовал исходных идей. Я обещала прислать «рыбу» заявки, как только что-нибудь придумаю. И прислала. К сожалению, этот первый вариант не сохранился.

Из Бостона в Нью-Йорк
Сереженька!
Нотки пессимизма и неверие в светлое будущее так понятны и естественны. Они всегда сменяют эйфорию первых месяцев. Я помню, как мне было смешно и грустно читать твои наставления из Ленинграда, что «лучше всего искать себя или работать в области русской культуры». Кому она тут нужна и что мы можем к ней добавить? Дюжину иронических историй, памфлетов, очерков или книгу о нашей неудачной жизни? Или сплетни об оставшихся там друзьях и недругах?
Сережа, единственное, что может принести деньги, славу и независимость, — это кино или телевидение. Сценарий о «Доме» звучит очень мило, но я, к сожалению, не знаю бруклинской атмосферы, не слышу историй и анекдотов, из которых складываются «мафиообразные» сюжеты. Впрочем, и это не безнадежно. Что же касается моего обруганного тобой варианта заявки, то ты не представляешь, какие в ней таятся возможности. Я уже

постепенно добавляю и придаю смысл вещам, которые кажутся тебе бессмысленными и пародийными. Впрочем, «Дом» тоже надо обдумывать. Я скоро буду в Н.-Й. Если тебе удастся не напиться, мы сможем обстоятельно и подробно обо всем поговорить. Только не впадай в уныние! Читал ли ты рассказ Львова «Отель Амбассадор»? По-моему, Перельмаша от сексуальной недостаточности повредился, раз печатает этот маразм. Роман Лимонова «Это я, Эдичка» по сравнению с этим — просто «Бедная Лиза». Хотя бы есть в нем сила и страстность его низковатых чувств.

В общем, как писал Булгаков, я приеду, и все станет на свои места. Не грусти, обнимаю тебя, поцелуй маму.

Люда

Прошло месяца полтора, Довлатов меня не теребил, и я решила, что идея завяла на корню. Но осенью я получила от него письмо.

13 октября 1981 года

Людочка, здравствуй!

Обращаюсь к тебе по литературному делу. У меня есть реальная возможность завязать отношения с Голливудом. Они хотят русский эмигр. фильм (как известно, эмигр. тема в Голливуде очень ходовая. «Крестный отец», «Хлеб и шоколад»...). У меня есть исходная ситуация. По-моему, ничего...

Некий Черняк, в эмиграции лет шесть. Возраст — 50-60. Такой брутальный еврей из Кишинева. Еврейский Зорба. Немного Бендер, немного Крик. Подонок и герой. Многое перепробовал в эмиграции. Имеет трак[20], занимается перевозками. Знакомится с неким, допустим, Аликом. Тот врач, приехал недавно. Для получения медицинской лицензии требуется несколько лет. А у Алика сын — вундеркинд. Новый Буся Гольдштейн[21]. Его надо учить, денег нет. И вот Черняк решает: «Жизнь прожита глупо. Жен бросил. Родину бросил. Детей не завел. Надо раздобыть деньги вундеркинду. Любой ценой».

Алик же знакомится с американкой. Приехала из Теннесси учиться живописи. Живет у богатой тетки. Склеить местную — один из ходовых путей ассимиляции. Чаще в мечтах нежели реально. У Алика смесь корысти и эротического влечения. Девушка еще менее устроена. Черняк решает жениться на бога-

20 Трак (англ.) — грузовик.

21 Буся Гольдштейн — одесский вундеркинд, скрипач, эмигрировавший из России в США после революции 1917 года.

той тетке (это я уже приблизительно фантазирую. Образы Бендера и Крика можно эксплуатировать нещадно. Американцы их не знают). Тот же Черняк создает пародийную еврейскую мафию. Короче, не знаю, что дальше… Нужна афера, грандиозная и смехотворная. Основанная на трогательном полузнании Америки. Нужен какой-то анекдот… финал, условно и пошло говоря — мальчик, играющий на скрипке. Его концерт… А спаситель Черняк в траффике[22]… Все это условно.

Люда, придумай срочно что-нибудь. Напишем вдвоем заявку. Режиссер, очень заинтересованный, есть. Американский гражданин. С американским киноопытом и связями. Зовут Яша Бронштейн[23]. Наведи справки. О нем много писали года два назад. Все это, мне кажется, реально. Жду.

Из *Бостона в Нью-Йорк*
Серёженька!
Прости, не сразу отвечаю. Когда я получила твое письмо, меня охватил такой энтузиазм, что я ринулась звонить, но никто не отвечал. Потом уехала на три дня и только сегодня вернулась. У нас такая золотая осень, что… Но, прости, ты ненавидишь природу.

Итак, идея писать сценарий для Голливуда, да еще в соавторстве с тобой — идея соблазнительная настолько, что приближается к мечте. И, более того, это осуществимая мечта, мне кажется, у нас бы получилось — мы обладаем схожей системой мышления, юмором и подходом. Но!!! Надо хотя бы приблизительно понять мотивы. На одной странице письма ты допустил две кардинальные (или радикальные, черт их знает) ошибки, основанные на даже приблизительном незнании Америки. А ведь ты что-то на этом строил.

1. Для того, чтобы учить вундеркинда музыке (назовем его условно Буся Гольдштейн), в Америке деньги не нужны. И чем ты беднее, тем лучше: получишь полную стипендию. На ученье, на еду, на жилье, на книги. Еще какой-нибудь маразматический миллиардер подарит Страдивариуса. Плохо *middle class*'у, который зарабатывает 25–30 тысяч в год. Ниже этой цифры вундеркиндов и очень талантливых детей учат бесплатно.

2. Врач не должен тратить «долгие годы», чтобы получить лицензию. Он должен сдать экзамены. Некоторые умудряются сделать это через пять-шесть месяцев, другие, побездарнее,

---

22 Траффик (англ.) — автомобильная пробка.

23 Яков Бронштейн — кинорежиссер, эмигрант «второй», послевоенной волны.

через один-два года. [Тут я была неправа. У многих врачей действительно ушли «долгие годы» на сдачу экзаменов и прохождение резидентуры. — *Л. Ш.*]

Мне кажется, смешнее, если просто человек 35-40 лет, мечтавший о красивой жизни там, в СССР, и представляющий ее себе своим кривобоким, искаженным сознанием, приезжает с твердым намерением ни минуты НЕ работать. Он видит, что это возможно, но красоты от вэлфера[24] нет, и он (как Остап, пожалуйста) изыскивает доступные ему способы разбогатеть. Тут и роскошные бабы с Ист-Сайда[25], и Лас-Вегас, и мажордом в богатом доме (как Лимонов), соблазняющий хозяйку... Конечно, он терпит фиаско. (Мой шеф в университете говорил «теряет фиаску».) Кончить это можно курсами программистов, или женитьбой на своей же черновицкой еврейке. (У меня прекрасные есть эпизоды — напомни, расскажу подробнее.)

Он может временно открыть секс-шоп или подъезжать на лодке к советским судам, покупать у советских моряков рыбу и продавать эмигрантам в Бруклине. Примеры имеются.

Если это серьезно, давай напишем вместе вариант заявки. Я приеду, обсудим. Беднягу Остапа можно эксплуатировать нещадно с последующей ссылкой на первоисточники.

Обнимаю, отвечай.

Люда

31 октября 1981 года
Милая Люда!

Твои замечания справедливы. Давай изменим акценты. Вернее — уточним.

Сценарий называется «Дом». Первое — это синоним родины. Второе — реальный эмигрантский дом в Куинсе или Бруклине. Там происходит какая-то жизнь. Психологическая основа всех событий такова. Люди не знают Америки. Набиты информацией «от противного». Жаждут немедленной реализации «возможностей». Такие всплывшие советские камбалы. Есть Зорба, он же Бендер или Крик. Пытающийся жениться на вдове-миллионерше. Привыкший, что быть женихом — высокая должность и милость. Организующий смехотворную русскую мафию. Есть врач (да какой он врач — жалкий зубной техник). Провоцирующий американского дога на укус себя. И получить, как он слышал, большие деньги за это. Пытающийся вызвать автокатастрофу. Умеренно пострадать и тоже нажиться.

---

24 Вэлфер — пособие по бедности для неработающих.

25 Upper East Side — дорогой район Нью-Йорка.

Представь такую сцену. Врач и собака. Собака безнадежно добра. А он готов ее сам укусить. На бумаге это глупо. Как всякая пантомима. Но в кино может быть смешно необычайно.

Мальчик не Буся Гольдштейн. Это дядя Моня так полагает. Мальчик играет в бейсбол. А скрипка ценою в 28 рублей хранится в банковском сейфе.

Короче — показать русскую жизнь в Нью-Йорке. Видя ее смешной и трогательной. С голодовкой возле ООН. И с этой собакой. С приехавшей умирающей старухой. Не безнадежной, и, поэтому, поправившейся. Не хватает ключевого анекдота. Надо бы поговорить три-четыре часа. Потом сесть и написать заявку. В один день.

У меня все хорошо. Все постепенно куда-то движется. <...>

Мы оба считали, что фильм должен быть многоплановым. Главная идея, как я уже сказала, заключалась в показе жизни русских эмигрантов в Америке. Но не «вообще» абстрактной русской эмиграции, а различных ее слоев. Ошибка наша заключалась в том, что мы хотели объять необъятное, то есть затронуть многие наболевшие американские проблемы — экологическое загрязнение, сексуальные аномалии, промышленный шпионаж, активность КГБ (обсуждение сценария происходило в разгар холодной войны, за несколько лет до перестройки).

При этом фильм, разумеется, должен был быть коммерческим, но не позорным...

В течение десяти дней мы увлеченно работали по телефону. Скрипач сменялся пианистом, пианист — баскетболистом, баскетболист — певицей. Включались сцены драк и перестрелок, взрывов и взломов. Но нам все казалось вялым и недостаточно драматичным.

Следующее Сережино письмо было вполне обнадеживающим:

10 ноября 1981 года
Милая Люда!
Яша очень торопит с заявкой. Говорит, что перспективы и возможности укрепились. Что Си-би-эс[26] как-то особо заинтересовано и что мне будет звонить вице-президент, некая Эстер Шапиро (что заведомо приводит меня в ужас). Может, в финале

---

26 Си-би-эс (*Columbia Broadcasting System*) — одна из крупнейших телерадиовещательных компаний США.

засадить какой-то поджог со страховкой. Пожар — обновление — мудрость?

Он сказал: «Вы будете идиотом, если не попытаете счастья».

Я сказал ему о тебе. Он что-то прочел, слышал. Давай твои соображения.

С.

«Некая» Эстер Шапиро нас подстегнула. Мы обсуждали, спорили, соглашались и отметали предложения друг друга, пока весной 1982 года не остановились на варианте, который понравился нам обоим. Наш сценарий Сергей назвал элегантно и загадочно:

Солнечная сторона улицы

Действующие лица:

Главный герой — брутальный одесский еврей, 50-55 лет по имени Моня. По характеру — немного грек Зорба, немного Беня Крик, немного — Остап Бендер. Добрый, широкий подонок, полууголовник, полугерой. У него есть грузовик, и официально он занимается перевозкой мебели. Живет он, естественно, на Брайтон-Бич.

[Часто бывая на Брайтон-Бич, Сережа со многими такими персонажами был знаком, и они боготворили его. Он этим гордился и этого стеснялся. — Л. Ш.]

Героиня — молодая женщина, Рита, 22 года, из Москвы. У нее чудесный голос — колоратурное сопрано, но она из-за еврейства не была принята в Московскую консерваторию и работала воспитательницей в детском саду. Она вышла замуж за молодого инженера, но он бросил ее еще в Вене. Рита оказалась в Нью-Йорке без языка, без профессии, без единой близкой души. При этом она — дама с фанаберией, не желает общаться с эмигрантами, а хочет ассимилироваться и стать настоящей американкой. Для того, чтобы выучить язык, она поступает работать прислугой в богатый дом в фешенебельном пригороде Нью-Йорка. Это может быть Весчестер или Скарсдейл.

Хозяин дома — Джулиан, 55 лет [списан с кузена моей мамы — Л. Ш.]. Импозантный, успешный, энергичный бизнесмен, символ сегодняшнего делового мира. Он ведет торговые дела с советскими — продает буровые трубы, компьютеры и медицинское оборудование. Он немного говорит по-русски, и они наняли Риту для практики в русском языке. Джулиан летает на «Конкорде» то в Европу, то в Сингапур, привозит дорогие подарки жене, водит ее в фешенебельные рестораны. Рита им восхищается и, может быть, немного влюблена.

Хозяйка дома — Викки, 40-45 лет, очень миловидная дама, от скуки слегка лесбиянка, капризна, взбалмошна, но добрая и отзывчивая. Викки неплохо рисует, играет в теннис, состоит в нескольких благотворительных организациях, но ее ничего не радует. У нее время от времени бывают депрессии (так называемый *middle age crisis* — кризис середины жизни).

Сын хозяев — Давид, 21 год, студент Колумбийского университета, вегетарианец, «зеленый», то есть борец за экологическую чистоту планеты и то ли сторонник, то ли противник абортов, защитник животных, обливающий красной краской меховые шубы. Постоянно участвует в различных демонстрациях протеста.

Итак, желая развлечь скучающую жену Викки, Джулиан преподносит ей на день рождения новую игрушку — концертный рояль, в надежде, что музицирование развеет ее сплин. Рояль привозит в дом наш главный герой одессит Моня. В процессе установки рояля он знакомится с Ритой, и она поражает его воображение. После всех его корыстных, вульгарных девок, она представляется ему существом из другого мира. Он влюбляется в нее с первого взгляда. При этом умный Моня понимает, что если он не придумает серьезную причину бывать в этом доме, он никогда ее больше не увидит. И он предлагает хозяйке Викки любую помощь по хозяйству, уверяя, что он и садовник, и водопроводчик, и электрик, и столяр, в общем, мастер на все руки. Это звучит соблазнительно, и Викки поручает ему какую-то мелкую работу. Моня ее быстро выполняет за очень умеренное вознаграждение, и, таким образом, начинает часто бывать в доме. Перед Ритой он робеет, не смея объясниться. Она, конечно, замечает его взгляды и вздохи, но не принимает его всерьез. Впрочем, и не отталкивает — все же в ее тотальном одиночестве есть с кем поговорить по-русски.

В Риту также слегка влюблена хозяйка Викки, может быть, от скуки или в поисках острых ощущений, но наивная Рита ничего не подозревает.

В доме устраивается грандиозный прием в честь удачной сделки с советской стороной — так называемое *garden party*. Среди советских гостей — сотрудники «Внешторга», журналист, много лет аккредитованный в Америке — этакое подобие Мэлора Стуруа — и двое его друзей, сотрудников советского посольства — фактически, агентов КГБ. Возможен честный советский физик, который впоследствии попросит политическое убежище.

Советские понимают, какой находкой для них является Рита (у Джулиана в доме может быть важная документация для их промышленного шпионажа). Но действовать надо осторожно. Для начала их устроит, чтобы у нее завязался роман с сыном хозяев Дэвидом, потому что он — левый, бунтарь, ненавидящий американский капитализм и общество потребления.

Для этого праздника Моню нанимают развешивать по деревьям лампочки, таскать мебель, парковать автомобили. Моня знакомится с советскими гостями. Хотя он, конечно, не знает об их планах, он их ненавидит, интуитивно чувствуя опасность. Возможно, он боится, что они в курсе его уголовного прошлого.

Риту просят спеть, и американские гости восхищаются ее голосом и советуют участвовать в конкурсе для поступления в «Метрополитен-оперу». Для нее это неосуществимая мечта — нужен педагог, нужен аккомпаниатор, нужно время и условия для подготовки. Моня про себя решает, что это его единственный шанс и тут же, на вечере, объявляет, что *no problem*, он будет ее крестным отцом. Все считают это шуткой. Все, кроме советских. Они знают этот тип людей: для них нет ничего невозможного. Советские не могут этого допустить. Им важно, чтобы в Америке Ритина жизнь не состоялась, чтобы ее постигло крушение всех надежд — тогда с ней легче будет иметь дело.

Моня понимает: для того, чтобы зацепиться за этот дом, мастером на все руки быть недостаточно. Надо понравиться хозяйке Викки. И он начинает бурно за ней ухаживать с одесско-грузинско-брайтонским размахом. Через день посылает ей корзины роз и клубники, делает потрясающие шашлыки, привозит с Брайтон-Бич черную икру и прочие русские разносолы. Он красит гараж, подстригает деревья и постепенно становится в доме как бы своим человеком. Хозяйка над ним подшучивает, но польщена вниманием этого русско-еврейского медведя.

Однажды циничный и наблюдательный Джулиан, выпив несколько порций скотча, говорит Моне, что он зря тратит время и деньги, потому что у его жены Викки теперь новая сексуальная ориентация. Она имеет виды на Риту. Моня в ярости рассказывает это Рите, она отказывается верить, но потом вспоминает все подаренные ей дорогие платья, сумки, духи и призадумывается.

Как-то она плохо себя почувствовала, и Викки принесла ей в комнату сок и лекарства. Она сидит около Ритиной постели, и тут начинается очень легкая квазисексуальная сцена [Сережа, в душе пуританин, настаивал, чтобы в этой сцене не было ничего явного. — *Л. Ш.*].

После удачной сделки и последующего турне по барам приезжает Джулиан с советскими друзьями. Он хочет позвать Викки и Риту, и находят их в Ритиной спальне в неакадемических позах. От злости и хмеля он докладывает советским гостям, что жена «занята» с домработницей…

Рита в панике убегает из дома. Ночь. Машины у нее нет, адреса, куда бежать — тоже. Ее на машине догоняют советские гости. Они предлагают подвезти куда она скажет. Рита колеблется. К Моне она не хочет, а больше не к кому. Они советуют ехать в Нью-Йорк к сыну хозяев Дэвиду. Он — добрый и честный, он поймет и приютит. Они приезжают в его квартиру. Дэвид смущен, потому что он не один, у него молодой человек (по замыслу авторов он гомосексуал).

Тем не менее он радушно приглашает всех в дом. Начинается спонтанная вечеринка. Дэвид делится с советскими товарищами своей мечтой: улететь завтра в Колорадо на демонстрацию протеста против строительства атомной станции. Не забудем, что холодная война в разгаре. Русские предлагают оплатить поездку и ему, и Рите, и самим лететь с ними.

Моня повсюду ищет Риту, и тоже летит в Боулдер (задача оператора — показать величественную природу Колорадо, на фоне которой разворачиваются демонстрации, аресты, борьба совестливых американцев, защитников окружающей среды и бездушных чиновников Пентагона и правительства, стремящихся к мировому господству). В Колорадо происходят первые столкновения Мони с гэбэшниками.

Моня уговаривает Риту ехать с ним и почти насильно увозит ее в Нью-Йорк. Он снимает ей комнату, находит ей русскую аккомпаниаторшу, смешную и провинциальную женщину, впрочем, хорошую пианистку. Она начинает с Ритой готовиться к конкурсу в «Метрополитен-опере», который должен состояться через месяц.

Советские, не теряя времени, вербуют Дэвида. Они действуют осторожно, играя на его тщеславии. Дэвид хотел бы сам быть организатором какой-нибудь антиправительственной акции и появляться на страницах газет, журналов и экранах телевизоров, но у него нет ни денег, ни команды. Советские обещают ему финансовую помощь и советуют для начала взять в помощники Риту. Моня раскрывает Дэвиду их планы и становится врагом номер один...

Наконец финальная сцена.

Рита допущена к участию в конкурсе в «Метрополитен-опере». Этот день должен стать поворотным в ее судьбе. Для Мони — тоже, потому что совершенно очевидно, что после этого дня решится и его судьба. Он стал Рите самым близким человеком. К тому же он ведет себя очень умно — не пристает и не навязывается. Непонятно, откуда в этом грубияне нашлись такая деликатность и такой такт.

И вот этот день настал. Моня обещал приехать в час дня и отвезти Риту с пианисткой в «Метрополитен». Пора ехать, а его нет. Обе дамы, в парадном облачении, нервничают и каждую минуту подбегают к окну в ожидании его машины. Но Мони нет. В половине второго Рита в панике набирает его номер. Никто не отвечает. Они уверены, что он застрял в траффике, вызывают такси и уезжают.

Флешбек. Час назад. Моня у себя дома бреется (второй раз в этот день), выбирает костюм, пробует разные галстуки. Внезапно, взглянув на часы, он спохватывается, надевает первую попавшуюся рубашку и куртку. И в этот момент раздается звонок в дверь (в этом доме на Брайтон-Бич живут преимущественно русские, у Мони полно друзей, и он без колебаний открывает дверь). В квартиру врываются трое молодчиков. Надрывается телефон (это Рита), но они не подпускают Моню к телефону.

Они требуют, чтобы он ехал с ними в советское посольство разговаривать с каким-то гэбэшным чином. Грозят, что у них в руках такой компромат из его одесского прошлого, что если он только пикнет, они передадут его ФБР, и Моню депортируют. Он знает, что его ожидает в Одессе. Моня не хочет в этот день никаких силовых эксцессов и пробует их урезонить. Но начинаются угрозы и голливудская драка.

Моня пырнул ножом одного из них, а другой выстрелил в Моню из бесшумного пистолета. Моня падает. Киллеры выбегают, садятся в машину, но их замечают два русских таксиста (в доме, как уже упоминалось, живут преимущественно русские). Они чуют что-то неладное и начинают их преследовать. Гонка по всем американским правилам. Сергею нравился вариант катастрофы на Бруклинском мосту...

Телефонный звонок. Моня, истекая кровью, берет трубку. Это Рита. Она говорит, что ее выход через десять минут, и что конкурс показывают по Пятому каналу телевизора. Моня просит извинения, что не заехал за ними, объясняя, что у него сломалась машина. Он желает ей удачи и говорит, что постарается приехать к концу. Пусть не волнуется и поет. Последним усилием воли он включает телевизор. Рита на экране поет арию мадам Баттерфляй, под которую Моня и умирает.

Было решено, что Сергей пишет все сцены разборок, драки и гонки, а также характеры жителей Брайтон-Бич: Моню и его окружение. Я создаю дом Джулиана и Викки, светские, гейские и лесбийские сцены. Над эпизодами с участием КГБ трудимся мы оба. В процессе работы мы не на шутку размечтались в качестве режиссера-постановщика пригласить Милоша Формана. Его фильм «Пролетая над гнездом кукушки» мы считали шедевром. Да и с выбором актеров никаких разногласий не было. На роль Мони идеален был бы Энтони Куинн, несравненный Грек Зорба и Дзампано из фильма Феллини «Дорога». В 1981 году ему было 66 лет... Всего на 10 лет старше нашего героя.

Русскую эмигрантку Риту прекрасно бы сыграла Джоди Фостер. Она родилась в 1962 году, и к моменту, когда наш сценарий был бы готов, ей было 20 лет. Нам казалось, что из молодых актрис она самая утонченная и талантливая. В роли избалованной и нервной Викки мы видели Мерил Стрип. К моменту съемок ей было бы 32-33 года. Роль хозяина дома Джулиана мы предложили бы Роберту Редфорду — выбор Довлатова — или Ричарду Гиру (мой выбор). И, наконец, на роль их сына Дэвида, совестливого гея-вегетарианца, мы единогласно избрали двадцатишестилетнего Тома Хэнкса.

Как прекрасно все складывалось! Классный режиссер, парад суперзвезд и два очень талантливых, но пока (временно) неизвестных эмигрантских сценариста.

Наш фильм забрал бы всех «Оскаров». И за оригинальный сценарий, и за режиссуру, и за исполнение главных и второстепенных ролей.

Мы отправили заявку заказным письмом и стали ждать. И дождались. Вице-президент Эстер Шапиро позвонила Сергею и сказала в чисто американской манере, что хотя ничего более увлекательного она не читала, но, с другой стороны, заявка как-то не совсем вписывается в их планы.

Она будет в восторге, если мы будем продолжать работу над сценарием, но без определенного заказчика и обязательств с их стороны. Более того, нам предоставлена свобода предлагать наш сценарий любому покупателю по нашему выбору.

К тому времени мы уже знали, что шансы пробиться в Голливуд «без приглашения» практически ничтожны. Мы решили не тратить силы и не подвергать себя унижениям. Каждый из нас был закручен в водовороте повседневной жизни, и дорога в Голливуд показалась нам слишком крутой и тернистой. Мы забросили эту идею, да так, что у Сергея не осталось никаких материалов о сценарии, кроме моих и его писем.

Напомню, что я не оставляла себе копий моих писем, и их прислала мне Лена Довлатова, когда она помогала мне писать эту книгу. За что я ей, конечно, благодарна. Но когда вышло первое издание этой книги, Лена сказала, что историю со сценарием я выдумала. Мне это обидно как свидетельство ее низкой оценки моего писательского мастерства — неужели она думает, что я не могла придумать что-нибудь поинтереснее, чем история о неудавшемся сценарии?

Глава двадцатая
MacDowell Colony

В 1984 году в издательстве *Sellerio Editore* на Сицилии была опубликована на итальянском языке моя повесть «Двенадцать коллегий», а в русско-американском издательстве «Эрмитаж» вышла на русском моя вторая книга «Под знаком четырех».

Вооружившись ими, в феврале 1985 года я подала документы в артистическую «колонию», называемую *MacDowell Colony*. Это своего рода дом творчества писателей, художников и композиторов. Находится колония в городе Питерборо в штате Нью-Гэмпшир, в полутора часах езды от Бостона на машине. Это совершенно волшебное место. В сосновом лесу стоит викторианский деревянный дом с колоннами и башенками, а вокруг него на довольно большом расстоянии друг от друга разбросаны домики — индивидуальные студии, где живут и работают «колонисты». У композиторов — студии с роялем. У художников — *skylight* (то есть окна в крыше). У писателей — только письменный стол, камин и кресло. В этих студиях есть и спальня, и крошечная кухня, хотя никто никогда ничего не готовит. В студиях нет ни телевизоров, ни телефонов, и на дверях висит просьба не стучать в дверь до половины седьмого вечера. Утром колонисты собираются в центральном доме на завтрак и выбирают из обширного меню ланч (любое разумное желание удовлетворяется). В час дня подъезжает к студии машина, и на крыльцо ставят корзинку с заказанным ланчем. А в половине седьмого вечера обед при свечах — снова в большом доме. Тут уж колонисты всласть общаются.

После обеда можно пойти в город в кино, можно навестить друг друга, иногда кто-то объявляет, что закончил картину, скульптуру, рассказ, поэму или сонату — все приглашаются в его (ее) студию посмотреть или послушать. Самое главное, что проживание в этих райских условиях — бесплатное для тех, кто находится в стесненных материальных обстоятельствах. Основал эту колонию в 1896 году Эдвард МакДоуэлл и его жена Мариан. Эдвард МакДоуэлл был композитором. Исполняли его произведения редко, он всю жизнь преподавал и жил на мизерную зарплату. Мариан была из очень богатой семьи, но гордый МакДоуэлл не хотел пользоваться ее деньгами. Когда он заболел и оставил преподавание, они купили в Нью-Гэмпшире землю с лесными угодьями, и Мариан построила ему студию, чтобы он мог там сочинять музыку. Но он уже был так болен, что работать не мог. И тогда им пришла в голову мысль пригласить в эту студию молодого начинающего композитора, чтобы он сочинял, не зная материальных и бытовых забот.

Теперь в колонии больше двадцати студий, в которых живут и работают композиторы, писатели и художники от двух недель до двух месяцев, в зависимости от того, сколько хочет и может прожить там колонист.

Колонию поддерживали богатые меценаты, многие из которых в прошлом были сами нуждающимися колонистами: Джон Апдайк, Леонард Бернстайн, Аарон Копленд, Торнтон Уайлдер и многие другие. Для того, чтобы попасть туда, надо послать несколько произведений (писателю — рассказы, главы из романа или мемуаров, поэту — стихи, художнику — слайды, композитору — пленки или диски). И еще нужно три рекомендации от известных в твоей профессии людей. Мне дали рекомендации поэтесса Маргарет Бувард, журналистка Патриция Блэйк и Бродский. Меня приняли.

Я прожила в колонии пять недель, начала писать роман, но он не клеился. Наутро я перечитывала свои листочки, и меня охватывал такой ужас, что я, изображая из себя Николая Васильевича, бросала вчерашнюю продукцию в камин на растопку (компьютеры еще не вошли в нашу жизнь). Вероятно, я была так ошеломлена комфортом и беззаботностью своей жизни, что считала обязанной сочинить что-нибудь вроде «Капитанской дочки» или «Анны Карениной». Но шедевра не получалось.

Подружившись с колонистами, я узнала, что мои комплексы — обычный синдром новичка. Единственное, что я писала охотно, так это письма родным и друзьям.

14 марта

Здравствуй, милый Сережа!

Вот уже три недели я живу в МакДоуэлл-колонии. Игорь [Ефимов — *Л. Ш.*], который был здесь несколько лет тому назад, пугал меня скукой и одиночеством. Ничего подобного я не ощущаю. Я попала чуть ли не в самую отдаленную студию в глубоком лесу. Вокруг только птицы и белки, сосны и снег (прости, ты же ненавидишь природу). Моя студия — двухэтажная. Внизу кабинет и кухня, наверху — спальня и ванная. Кухня не нужна, потому что завтракаем и обедаем в нашей викторианской столовой, с чудесной антикварной мебелью, портретами в рамах и свечами. Каждому гарантируется полное одиночество с 8.30 утра до 6.30 вечера. Сейчас в колонии живут восемнадцать человек. Из них пять композиторов, семь художников, шестеро — поэты и писатели. Твори на здоровье. Я и пытаюсь. Сочиняю «полнометражный» роман. Готовой продукции — 90 страниц, то есть 11 глав. Это примерно одна треть. В романе один из героев, к сожалению, не главный, похож на тебя в юности. Такой же высокий, нечеловеческой красоты, застенчивый молодой прозаик. Вчера написала главу о его первом литературном вечере в ССП. В жизни он гораздо лучше, чем на страницах моего несчастного романа.

Я подружилась здесь с несколькими колонистами. Один из них — композитор из Техаса, только что кончил сочинять оперу «Три сестры». Я учила его правильно произносить фамилии Чебутыкин и Соленый. Музыка прекрасная, пьеса, извини, по-моему, посредственная. Другой приятель — довольно известный гейский драматург. Еще обзавелась подругой — эссеисткой, феминисткой, этакой Сьюзен Зонтаг в уменьшенном масштабе. Мне очень интересно и полезно слушать их разговоры о судьбе современной американской литературы. Я пробуду здесь еще две недели, а в апреле приеду в Нью-Йорк. Мои новые приятели обещают познакомить меня со своими литературными агентами.

И еще здесь замечательные прогулки. Когда в голове нет ни одной мысли, а это довольно частое явление, я встаю на лыжи и брожу по заснеженным лесам, полям и весям. Замшелые булыжники, овраги, тишина. Похоже на Комарово. Из наших русских приятелей здесь жили Игорь Ефимов и Юз Алешковский. В один из первых вечеров в колонии Игорь, желая развлечь за обедом колонистов, рассказал антикварный русский анекдот: петух гонится за двумя курицами и думает: «Не догоню, так хоть согреюсь». А курица говорит своей подруге: «Не слишком ли быстро мы бежим?». Анекдот был встречен гробовым молчанием. Дамы, среди которых преобладали феминистки, насупились, как мыши на крупу, и на следующий день с Игорем не здоровались. Он заскучал и покинул колонию раньше срока. А Юз, которого тут называли дядя Джо, имел в колонии бешеный успех. Он научил повара варить борщ, от которого все в восторге.

Если когда-нибудь захочешь мне позвонить, я досягаема с 6.30 до 8.00 вечера по телефону (603) 924-7739. Телефон в столовой, и все ждут звонков с Большой Земли. Если напишешь письмо, буду очень рада.

Обнимаю тебя, поклон всем домашним.

Люда

Вот как реагировал на мое письмо Довлатов:

Милая Люда!

Спасибо за письмо. Ничего похожего на твою райскую жизнь у меня нет и не будет. У Доната страшные приступы астмы, мама практически всегда нездорова, Лена ходит по врачам со своим глазом, который ей повредил сынок. Катя почти не бывает дома, неделями живет у своего кавалера, единственный плюс которого в том, что он не еврей. Я работаю в шуме, в одной комнате с телевизором, Колей, мамиными гостями и Лениными заказчиками, и с каждым днем мне все это труднее дается. Но изменить ничего нельзя, при нынешних ценах за такую квартиру, как наша (не говоря о большей), в Форест-Хиллс надо платить 1 000 долларов.

Тем не менее недавно сдал две книжки. Одну (похуже) в «Ардис», другую — Игорю. Третью, в соавторстве с Сагаловским и Бахчаняном, пришлось отдать в «Руссику». Поскольку и Эллендея[27], и Ефимов публиковать ее отказались. Там есть нападки на нашу сраную номенклатуру, а «Руссике» после Лимонова ничего не страшно[28].

Параллельно жду каких-то иностранных публикаций, за «Компромисс» мы наконец-то с «Кнопфом» в расчете, «Зона» выйдет в сентябре, договора на «Наши» ждем и даже надеемся.

22-23 буду в Гарварде на славистской конференции, а 9 апреля уеду с дурацкой лекцией в Филадельфию, Питтсбург и Нэшвилл, а до этого или после хотелось бы повидать тебя в Нью-

---

27 Эллендея Проффер — вдова Карла Проффера, хозяина «Ардиса».

28 «Руссика» опубликовала роман Лимонова «Это я, Эдичка», вызвавший шок у читателей.

Йорке. Надо бы не разминуться, потому что я еще собираюсь во Франкфурт на сессию «Посева». Вообще я теперь соглашаюсь на все поездки, это для меня единственный отдых.

Новостей у нас мало, а приятных — тем более. Приезжал Гладилин, проявил глубокое восхищение собой. Сказал, что его не издают на иностранных языках, потому что он «слишком правдиво» пишет.

Провел я двое суток у Ефимовых, немного огорчился, потом расскажу.

Первого апреля в Н.-Й. будет вечер памяти Карла Проффера, организованный Бродским и Сьюзен Зонтаг. Я, наверное, пойду делать скрипт для Радио Свобода.

Владимов со страшной силой преобразует «Грани», ссорится с НТС, посмотрим, что из этого выйдет.

С Радио Свобода уволено все начальство, четыре наших чиновника (один из них носит фамилию Шекспир). Судя по ликованию В. Белоцерковского, вместо них придут социалисты с человеческим лицом.

Читала ли ты Найпола[29]? Если нет, сейчас же прочти. Он, а также любимец Бродского — Кальвино[30] — изданы недавно по-русски. Кальвино мудрен и скучен, а Найпол похож на раннего Стейнбека. Кстати, Найпол тоже любимец Бродского. Страница кончается, нет сил переворачивать. <...>

В своем письме Довлатов ни словом не обмолвился о подарке, который он мне сделал и о котором я узнала лишь вернувшись из колонии домой. В то время, как я пыталась создать литературный шедевр в лесах Нью-Гэмпшира, он опубликовал очень лестную рецензию на мою новую книжку в еженедельном альманахе «Панорама» в Лос-Анджелесе. Называлась она «Документальная проза: расцвет или кризис?». В ней он назвал мое творчество «ареной борьбы между документальным и художественным направлением в прозе».

Не могу устоять против соблазна привести отрывок из этого эссе:

> В юности Людмила Штерн была связана с неофициальной ленинградской литературой, хотя ее собственные творческие попытки относятся к более позднему возрасту. В гостеприимном

---

29 Видиадхар Найпол — тринидадский писатель, лауреат Нобелевской премии.

30 Итало Кальвино — итальянский писатель.

доме Штернов молодые литераторы читали свои стихи и рассказы, вели нескончаемые споры, всегда могли рассчитывать на заинтересованное внимание и, кстати, на хороший обед, что при наших стесненных обстоятельствах было далеко не лишним.

Людмила Штерн никогда не пыталась обнародовать на этих вечерах свои собственные произведения, но ее вкусу доверяли многие, ее отзывы ценились высоко, а ее иронических реплик побаивались даже наиболее самоуверенные и дерзкие из нас. Насколько я знаю, Штерн ничего в те годы не писала, но все мы восхищались ее устными рассказами — лаконичными, яркими и необычайно смешными... В них сказывалась острая наблюдательность, безошибочное чувство юмора и ощущение слова, единственного, точного, незаменимого...

Десять лет назад Людмила Штерн оказалась в эмиграции, и вскоре ее рассказы стали один за другим появляться в американской периодике. Эти рассказы были продолжением устных новелл, но не в бесхитростной записи, а в умелой литературной интерпретации с использованием богатых и разнообразных приемов.

Похвалы и дальше льются рекой. В конце рецензии выясняется, что Людмила Штерн отказывается от своего двойника... решает более сложные психологические задачи... дает волю своей фантазии... проделывает сложный путь от жизненного материала к художественному сюжету... Новые мотивы в творчестве Людмилы Штерн, как справедливо заметил старейший публицист русского зарубежья Андрей Седых, «открывают перед писательницей большую дорогу».

Вот и пришло долгожданное время расслабиться и начать почивать, хотя Андрей Седых, «старейший публицист русского зарубежья», фигурирует в письмах Довлатова к Ефимову как «довольно крупный уголовный преступник... уголовные прегрешения этого отпетого негодяя — разнообразны».

Тем не менее от Сережиных похвал «воронья» вскружилась голова. Он как бы зажег мне зеленый свет на писательском шоссе.

После приезда из колонии я попросила Бродского написать рекомендацию Довлатову и попытаться отправить его в МакДоуэлл хотя бы недели на две, чтобы он мог отдохнуть и спокойно пописать. Иосиф сказал, что сам об этом думал, но уверен, что Довлатов там запьет и что-нибудь вытворит. И это испортит его, Иосифа, репутацию и напрочь закроет двери для всех русских.

Глава двадцать первая
«У Бога добавки не просят»

Оглядываясь на долгие годы — почти четверть века, — прожитые «в окрестностях Довлатова», я нахожу удивительное сходство его характера с характером литературного идола нашей юности Эрнеста Хемингуэя. На старости лет мои сверстники делают пренебрежительные гримасы, когда слышат это имя. Видите ли, мы его переросли. И поколение наших детей оказалось к нему равнодушным. Но в начале шестидесятых замечательный писатель, супермен, путешественник, отважный воин, не раз глядевший, не мигая, в пустые глаза смерти, будоражил наше воображение. Разговаривали мы друг с другом хемингуэевским телеграфным стилем: короткие фразы, загадочный подтекст, который Довлатов называл «великой силой недосказанного». А слова — коррида, сафари, розадо, Килиманджаро — звучали как заклинание. Фотографии бородатого папы Хэма в рубахе, похожей на рыболовную сеть, висели у нас над столами.

Жизнь Довлатова ничем не напоминала хемингуэевскую. Хемингуэй не служил охранником в уголовном лагере, не обивал безнадежно пороги редакций, не эмигрировал в другую страну и не умер от инфаркта. И после смерти его не настигла невероятная, непостижимая популярность. Слава, как тень, сопровождала его в течение жизни, а уже лет через двадцать после смерти даже соотечественники стали о нем забывать.

А Довлатов в возрасте двадцати трех лет не ловил кайф в парижских ресторанах «Куполь» и «Ротонда», не дружил с Дос

Пассосом, Эзрой Паундом и Скоттом Фицджеральдом, не воевал в Испании, не ловил форель, не убивал тигров, не якшался с тореадорами, не жил на Кубе, не сочинил три прекрасных романа и не получил Нобелевской премии.

И тем не менее между ними было много общего. И к тому, и к другому писателю применимо удачное довлатовское выражение «сквозь джунгли безумной жизни».

Они жили в разные временные отрезки XX века, на разных континентах и говорили на разных языках. И тот, и другой считали свой язык, вернее, слово, высшим проявлением человеческого гения и подарком Бога, в которого оба не верили. И обращались оба писателя со словом бережно, экономно и целомудренно.

Недаром одним из любимых стихотворений Довлатова было стихотворение Гумилева «Слово»:

> В оный день, когда над миром новым
> Бог склонял лицо Свое, тогда
> Войны останавливали словом,
> Словом разрушали города.
> И орел не взмахивал крылами,
> Звезды жались в ужасе к луне,
> Если, точно розовое пламя
> Слово проплывало в вышине…

Хемингуэй и Довлатов, как, впрочем, многие литераторы в юности, писали стихи. Свои поэтические попытки Довлатов впоследствии назвал «игры месяца молодого», но, по словам Бродского, почтительное отношение к пишущим стихи и ощущение, что проза должна мериться стихом, у него осталось на всю жизнь.

Оба писателя начинали свою профессиональную деятельность как газетные журналисты.

Хемингуэй работал в «Канзас-Сити стар», а позже — в «Торонто стар». Довлатов работал в «За кадры верфям» и в «Советской Эстонии».

Любимым писателем Хемингуэя в ранней юности был Киплинг, а из русских классиков — Толстой и Достоевский. Довлатов, в силу своего характера, не позволявшего ему любить тех, кого любят все, назвал своим любимым писателем Куприна.

Я думаю, что на самом деле проза Куприна была тем уровнем, которого Довлатов хотел достичь как профессионал.

Близким другом Хемингуэя был Джон Дос Пассос, один из самых любимых американских писателей Довлатова после Шервуда Андерсона. Шервуд Андерсон называл себя рассказчиком. Так же называл себя и Довлатов. Позже и Хемингуэй, и Довлатов очень высоко ценили Джойса.

Обоих писателей ввели в официальный поток литературной жизни поэты. Эзра Паунд, под чьим влиянием находился молодой Хемингуэй, знакомя его с литературным агентом Мэдоксом Фордом, рекомендовал его как «тончайшего и блистательного стилиста». Бродский, рекомендуя Довлатова в журнал «Нью-Йоркер», назвал его «замечательным стилистом».

Хемингуэй никогда не учился в университете и никогда не жалел об этом.

Довлатов был отчислен с третьего курса университета и тоже не убивался по этому поводу.

Хемингуэй трансформировал способ самовыражения американцев и англоговорящих людей во всем мире (разумеется, читавших его произведения), и создал «как бы» простую, лаконичную, моментально узнаваемую манеру речи.

Проза Сергея Довлатова прозрачна, лаконична и узнаваема по прочтении первой же фразы.

В 1927 году Дороти Паркер, рецензируя сборник рассказов Хемингуэя «Мужчины без женщин» писала: «Его фразы просты и незамысловаты. Кажется, что нет ничего проще, чем имитировать его стиль. Но посмотрите на молодых писателей, пытающихся подражать Хемингуэю. У них получаются пародии, потому что его стиль неотделим от существа повествования и, в особенности, от морального отношения к происходящему. Его цель была избежать нравоучений и осуждения героев в любой форме».

Не этими ли словами можно характеризовать прозу Довлатова? В своих рассказах он никогда не осуждает героев и скрупулезно выполняет христианскую заповедь «не суди и не судим будешь». Если бы он поступал так же в жизни, цены бы ему не было.

В юности Эрнест Хемингуэй создал свой собственный кодекс чести, основанный на правде и верности, но не сумел следовать ему и не взял высоко поставленную им самим планку честности и благородства. Он совершил в жизни много ошибок, которые сам называл провалами. Он изменял своим принципам, своей религии, своим женам. Только литературе он не изменил ни разу. И когда осознал, что как писатель он не может больше быть равным себе, что он исчерпал себя, — жизнь потеряла смысл. Наступила глубокая депрессия, с которой он не сумел справиться.

Его отец, врач, смертельно заболев, не захотел терпеть долгую и мучительную агонию и покончил с собой. Хемингуэй, страдавший циррозом печени, плохо работавшими почками, литературной и физической импотенцией, боялся, что его болезни не смертельны, и длить свою жизнь не хотел. 2 июля 1961 года он снял со стены свою лучшую английскую двустволку, зарядил оба ствола и снес себе череп.

Довлатов был на тринадцать лет моложе Хемингуэя, когда его настигли почти те же синдромы и по той же причине. И того, и другого разрушил алкоголь. У Хемингуэя в последние годы случился *writer's block*. Он убедился, что больше писать не может.

И Довлатов понял, что он исчерпал свои ресурсы. Его полная горечи фраза «у Бога добавки не просят» звучит как приговор. Просто Довлатов покончил с собой другим способом — утопил себя в водке. Он пил, прекрасно зная, что каждый следующий запой может оказаться последним, а впервые о самоубийстве говорил и писал мне за двадцать лет до своей трагической гибели.

Теперь о человеческих качествах: недостатков у Довлатова было миллион, и далеко не последние — злословие и коварство. Следуя заповеди «не суди» в литературе, он пренебрегал этой заповедью в жизни. Он обидел стольких друзей и знакомых, что не только пальцев на руках и ногах не хватит, но и волос на голове недостаточно. Кажется, только Бродского пощадил, и то из страха, что поэту донесут. Конечно, хочется понять, искренне ли он так думал о людях, которых порочил и о которых нес всякие небылицы? Вряд ли. К нему применима поговорка «ради красного словца не пожалеет и отца». И, действительно, отца своего он не пожалел и писал о нем в издевательском тоне, полагая, что это остроумно, метко и непременно рассмешит всех, включая Доната Исааковича. Кроме того, таким странным способом он давал волю своим чувствам, а чувствовал он себя почти всегда несчастным.

Когда я впервые прочла опубликованную переписку Довлатова и Ефимова, я была очень расстроена как фактом ее публикации, так и ее содержанием. Даже читателям, совершенно не знакомым с авторами, ясно, что корреспонденты не совершили по отношению друг к другу ни одной подлости. Они не передали друг друга в руки КГБ, не писали друг на друга доносов в налоговое управление, не увели друг у друга жен, не посягнули на недвижимость друг друга, не украли друг у друга рукописи и серебряные ложки, и не распространяли друг о друге слухов о растлении малолетних. Когда Сережа только возник на литературном горизонте и познакомился с уже известным писателем Ефимовым, Игорь сразу оценил его талант, стал его поклонником, очень поддерживал и помогал ему. Он был верным товарищем, никогда не предал его и не сделал ему ничего плохого. Что же возбудило в Довлатове такую неприязнь, почти ненависть? Ефимов ни в коей мере ее не заслужил.

Но вот прошло три года со времени публикации той книги, страсти улеглись, и теперь я думаю, что этот «эпистолярный роман» окажется полезным для понимания Сережиной внутренней трагедии. Последнее его письмо, завершающее опубликованную переписку, приоткрывает завесу над истинными причинами этой трагедии. Сережа находился в глубокой депрессии, усиленной периодическими запоями. Его мучило, что он так и не стал американским писателем.

Десять опубликованных в «Нью-Йоркере» рассказов были бы пределом мечтаний для любого американского автора. Они ласкали довлатовское эго, позволяя свысока относиться к тем, кто этой чести не удостоился.

Показать пренебрежительное отношение к Ефимову ему казалось особенно приятным. Довлатов почтительно относился к Игорю в юности, когда Ефимов ему покровительствовал. А в Америке Довлатов оказался успешнее, и он поспешил дать Игорю об этом знать. Благодарность — чувство сложное, далеко не всем удается его испытывать в течение долгих лет.

Но боюсь, что самой главной причиной депрессии Довлатова был страх потери воображения, прозрачности стиля, высокого дара слова и блеска шуток. Последнее письмо Сергея в «эпистолярном романе» полно такого отчаяния и свидетельствует о таком аде в душе, что я, перечитывая его, плакала. И, хотя это письмо звучит как реквием самому себе, но и в нем, зная Сережу, я вижу некоторую игру и кокетство (пусть простят меня читатели за ложку дегтя в бочке меда, иначе говоря, за каплю скептицизма в море любви к нашему герою).

Но суть внутренней драмы выражена в этом письме довольно четко: он всю жизнь старался стать другим человеком, но ему это так и не удалось. И проницательный Ефимов понял это и дал Сереже об этом знать.

Как уже писали десятки друзей и приятелей, Довлатов был блистательным рассказчиком и уступал в этом мастерстве разве что Жене Рейну. Но жанр у них был различный. Женя плетет очаровательные, захватывающие небылицы, почти всегда добродушные и безвредные. Довлатов, помимо смешных историй, обожал сплетничать и злословить. При своей собственной «ранимости-уязвимости», по отношению к другим Сергей бывал желчен и безжалостен. Бог наградил его гипертрофированной наблюдательностью. Он подмечал малейшие промахи в поведении, речи, облике, одежде, в литературных опусах друзей и знакомых и кровожадно превращал их в горстку обглоданных костей. Я помню десятки таких случаев. Например, они с приятелем ехали на Сережиной машине из Нью-Джерси на Манхэттен. Кстати, этому приятелю (назовем его М. Р.) Довлатов многим обязан. Переезд через мост Джорджа Вашингтона стоил тогда, кажется, четыре доллара. Обычно в таких случаях водитель и пассажир учтиво борются за право заплатить. Сергей с упоением рассказывал в большой компании, что М. Р. вытаскивал из кармана бумажник, как в замедленной съемке, неприлично долго в нем рылся и, наконец, вытащил доллары в момент, когда Сергей уже протянул деньги в платежную будку. От симпатичного и дружелюбного М. Р. осталась пригоршня праха. Все умирали со смеху, и я в том числе.

«Относился я к товарищам сложно, любил их, жалел их, издевался над ними. То и дело заводил себе приличную компанию, но всякий раз бежал, изнывая от скуки…» — пишет Довлатов в «Невидимой книге». Это — полуправда. Смотря из какой компании бежал. В Ленинграде, например, из компании Бродского, Наймана и Рейна Довлатов никуда не бежал, напротив, очень дорожил их обществом и вниманием, так же как и обществом «Горожан» — Вахтиным, Ефимовым, Марамзиным и Губиным.

Довлатов утверждал: «По отношению к друзьям владели мной любовь, ирония и жалость. Но в первую очередь любовь». Это тоже полуправда.

Да, он любил неудачников, несчастных, а то и подонков, жалел и поднимал их «со дна». Но более или менее успешные, здоровые и веселые его безмерно раздражали. Особенно злили его люди гармоничные, живущие в мире с самими собой. По части злословия и разрушения репутаций Довлатов преуспел, сравнявшись с замечательным американским писателем Труменом Капоте и почти догнав Анатолия Наймана.

— Откуда, Сережа, в твоем организме столько яда? — удивлялась я. — Природа явно что-то перепутала, создавая тебя. Найман, понятно, маленький и тщедушный... Но ты-то, здоровый верзила, к тому же красивый и талантливый. По закону сохранения энергии должен быть добродушным и мягкосердечным.

Хотя, по справедливости и доброжелательности характеристик, щедро рассыпанных в письмах Ефимову, Довлатов напоминает Собакевича, надо признаться, что среди них попадаются и меткие, и очень смешные.

О Нормане Мейлере он писал так: «...изумил меня тем, что оказался старым еврейским карликом, у которого пальчики едва виднеются из рукавов пальто. Мейлер сказал, что Вознесенский равен Пастернаку и Мандельштаму вместе взятым. При этом чистосердечно добавил, что на даче Вознесенского в Переделкине ел очень много икры и получил в подарок котиковую шапку».

Обо всех: «...Все участники этой истории, кроме нас с Леной... — хитрые свиньи. Все без исключения русские в Нью-Йорке — дрянь».

А вот пассаж из довлатовского письма Тамаре Зибуновой в Таллин:

Кажется, я писал тебе, что три года назад испортил отношения со всеми общественными группами в эмиграции — с почвенниками, еврейскими патриотами, несгибаемыми антикоммунистами и прочей сволочью. К сожалению, я убедился, что в обществе, и тем более — эмигрантском, то есть тесном, завистливом и уязвленном, циркулируют не идеи, а пороки и слабости. И монархисты, и трубадуры Сиона, при всех отличиях — злобная, невежественная и туповатая публика. Пятьдесят лет назад эта падаль травила Набокова, а сейчас терзают Синявского. В общем, такой гнусной атмосферы, как в эмиграции, я не встречал даже в лагере особого режима. Поверь мне, что здешняя газета в сто раз подлее, цензурнее и гаже, чем та, в которой я трудился с Рогинским...

Когда я это читала, у меня сердце сжималось от тоски и жалости к нему. Что же творилось в его душе, если он видел мир и окружающих его людей в таком свете?

На подаренном мне экземпляре «Зоны» Довлатов написал: «Дорогие Люда, Надежда Филипповна и Витя! Какими бы разными мы ни были, все равно остаются: Ленинград, мокрый снег и прошлое, которого не вернуть... Я думаю, все мы плачем по ночам... Обнимаю вас... С».

Мне бы хотелось помнить Сережу Довлатова молодым в зимнем Ленинграде. Снег вьется вокруг уличных фонарей. Заиндевевший, словно сахарный Исаакий. Сережа в коричневом пальто нараспашку. Белеет лжегорностаевая королевская подкладка. Он без перчаток и без шапки. Черный бобрик волос покрылся корочкой заледеневшего снега, на ресницах — долго не тающие снежинки. Подмышкой у него папка с рассказами.

И предвкушение чуда, когда, придя домой, я застывшими руками развяжу тесемки этой папки и начну читать. Жизнь еще впереди.

2005–2023

Именной указатель

www.ingramcontent.com/pod-product-compliance
Lightning Source LLC
Chambersburg PA
CBHW061144120626
46546CB00005B/1921